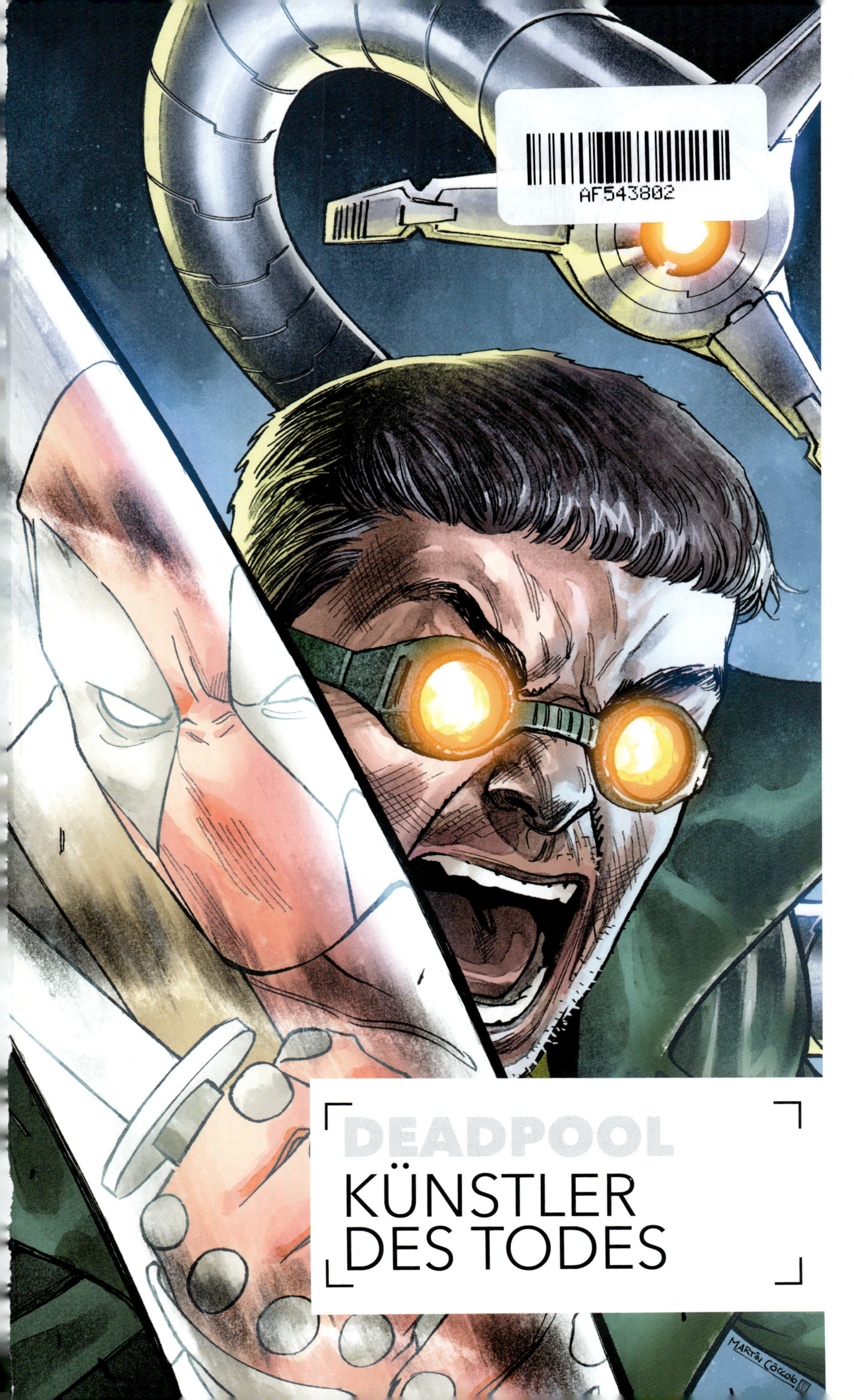
AF543802
DEADPOOL
KÜNSTLER
DES TODES
MARTIN COCCOLO

[DEADPOOL]

ALYSSA WONG
STORY

MARTÍN CÓCCOLO (1-5)
GEOFF SHAW (New Mutants 30 (V))
ZEICHNUNGEN & TUSCHE

NEERAJ MENON (1-5)
NOLAN WOODARD (New Mutants 30 (V))
FARBEN

SIMONE DOMIZI (New Mutants 30 (V))
WALPROJECT (Deadpool 1-5)
LETTERING

MICHAEL STRITTMATTER
ÜBERSETZUNG

LAUREN AMARO
SARAH BRUNSTAD
ANITA OKOYE
JORDAN D. WHITE
REDAKTION USA

C. B. CEBULSKI
CHEFREDAKTEUR USA

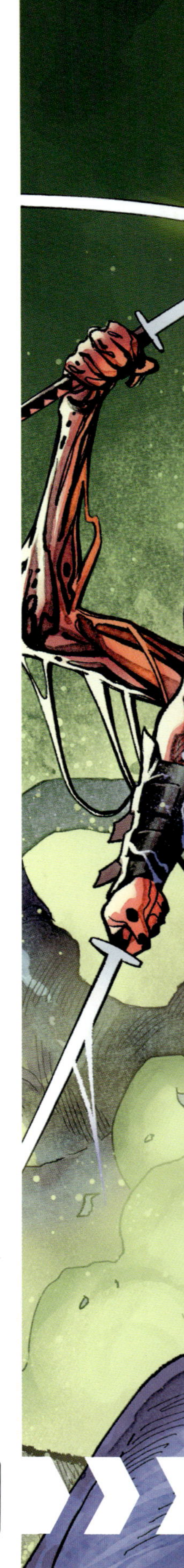

DEADPOOL: KÜNSTLER DES TODES erscheint bei **PANINI COMICS**, Schloßstraße 76, D-70176 Stuttgart. Druck: Tecnostampa srl – Pigini Group – Loreto – Trevi. Pressevertrieb: Stella Distribution GmbH, D-22297 Hamburg. Direkt-Abos auf **www.paninicomics.de**. Geschäftsführer **Hermann Paul**, Publishing Director Europe **Marco M. Lupoi**, Finanzen/Logistik **Felix Bauer**, Marketing Director **Holger Wiest**, Marketing **Fabio Cunetto**, Vertrieb **Alexander Bubenheimer**, PR/Presse **Steffen Volkmer**, Publishing Manager **Lisa Pancaldi**, Redaktion **Genoveva Fincias Alonso**, **Harald Gantzberg**, **Marco Rizzo**, **Anja Seiffert**, **Nicola Soressi**, **Kristina Starschinski**, **Daniela Uhlmann**, **Thomas Witzler**, Übersetzung **Michael Strittmatter**, Proofreading **Enza Ceraudo**, Lettering **Simone Domizi**, **Walproject**, grafische Gestaltung **Marco Paroli** (coordinator), **Simone Campisano**, **Cinzia Morando**, Art Director **Alessandro Gucciardo**, Redaktion Panini Comics **Annalisa Califano**, **Beatrice Doti**, Prepress **Cristina Bedini**, **Daniela Guidetti**, **Andrea Lusoli**, Repro/Packager **Alessandro Nalli** (coordinator), **Anna Boselli**, **Mario Da Rin Zanco**, **Valentina Esposito**, **Luca Ficarelli**, **Linda Leporati**. Deutsche Edition bei Panini Verlags-GmbH unter Lizenz von Marvel Characters B.V. Cover von **Martín Cóccolo**, *Deadpool* (2023) 1; Variant-Cover von **Martín Cóccolo**, *Deadpool* (2023) 3.

Digitale Ausgaben:
ISBN 978-3-7569-1355-8 (.pdf) / ISBN 978-3-7569-1356-5 (.epub) /
ISBN 978-3-7569-1357-2 (.mobi)

Bibliografische Information der Deutschen Nationalbibliothek
Die Deutsche Nationalbibliothek verzeichnet diese Publikation in der Deutschen Nationalbibliografie; detaillierte bibliografische Daten sind im Internet über dnb.d-nb.de abrufbar.

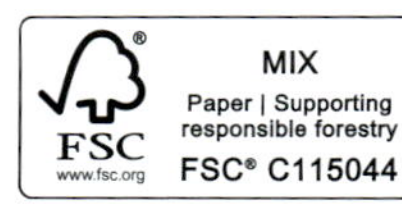

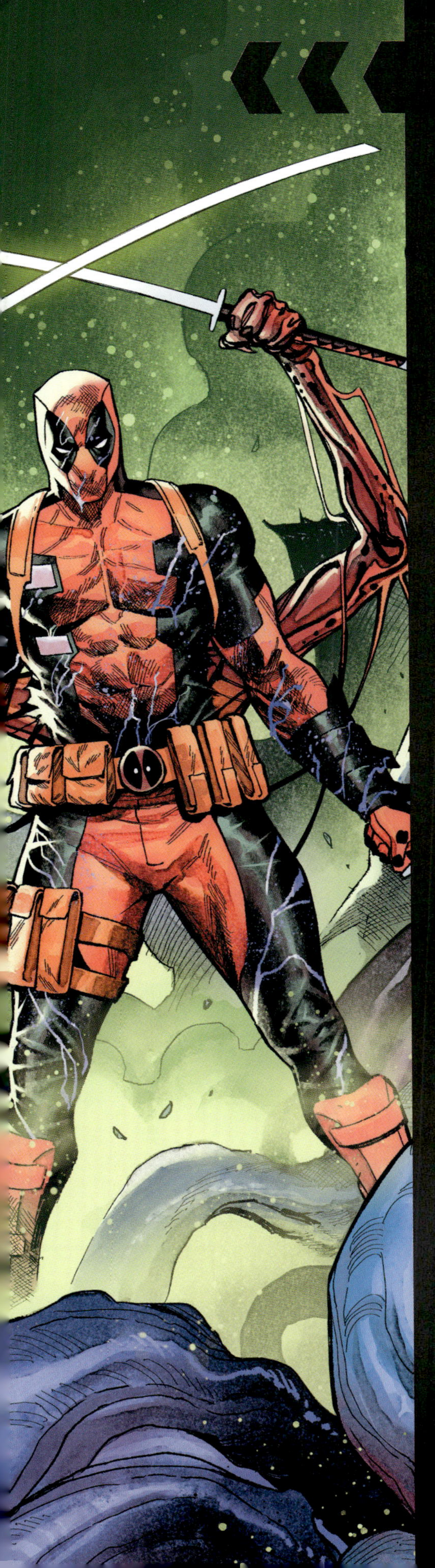

Die Geschichte von **Deadpool** begann 1991 im Heft *New Mutants* 98. Ursprünglich als Teenagerversion der **X-Men** gestartet, hatte die Reihe kurz zuvor unter der Ägide von **Rob Liefeld** und **Fabian Nicieza** eine 180-Grad Wende vollzogen. Wo einst **Charles Xavier** oder **Magneto** junge Mutanten wie **Magik**, **Mirage**, **Karma** oder **Wolfsbane** im Gebrauch ihrer Kräfte geschult hatten, gab nun ein kampferprobter Haudegen namens **Cable** den deutlich raueren Ton an. Der Söldner aus der Zukunft scharte mehrere neue Gesichter um sich und formte aus den **New Mutants** eine Art paramilitärische Einheit, die sich gegen Mutantenfeinde recht radikal zur Wehr setzte. Schon bald legte sich die Truppe einen Namen zu, der besser zur veränderten Attitüde passte: **X-Force**, Marvels militantestes Mutantenteam war geboren.

Anfangs noch als Gegenspieler von Cable und Crew konzipiert, avancierte **Wade Wilson** spätestens nach dem Start seiner ersten fortlaufenden Serie vom zynischen Schurken zum unentwegt plappernden Antihelden. Irgendwann kam heraus, dass er sich kaum etwas sehnlicher wünschte, als in die Reihen der X-Men aufgenommen zu werden. Zwei Argumente sprachen allerdings dagegen: zum einen seine nervig-chaotische Art, zum anderen ist der regenerierende Degenerierte kein Mutant, sondern – ähnlich wie **Spider-Man** – nur ein mutierter Mensch. Der elementare Unterschied: Der eine wird mit übermenschlichen Fähigkeiten geboren, der andere erhält sie auf sonstige Weise. Oder etwas präziser: Nicht-Mutanten fehlt das X-Gen. Deadpool hatte seine Selbstheilungskräfte im Zuge der **Waffe X**-Experimente von **Wolverine** bekommen. Damit war er eigentlich aus dem Rennen. Allerdings hatte ihn **Cyclops** bereits vor geraumer Zeit in einer streng geheimen Killer-Variante der X-Force eingesetzt. Als auf der Mutanteninsel **Krakoa** eine Geheimdienst-Version des Teams ins Leben gerufen wurde, ließ sich **Logan** von Wades Flehen erweichen und nahm ihn als Mitglied der neuen Gruppe auf. Der Traum hatte sich erfüllt. Aber während die originalen New Mutants inzwischen selbst Verantwortung übernehmen, weigert sich unser Chaos-Agent, erwachsen zu werden …

Thomas Witzle

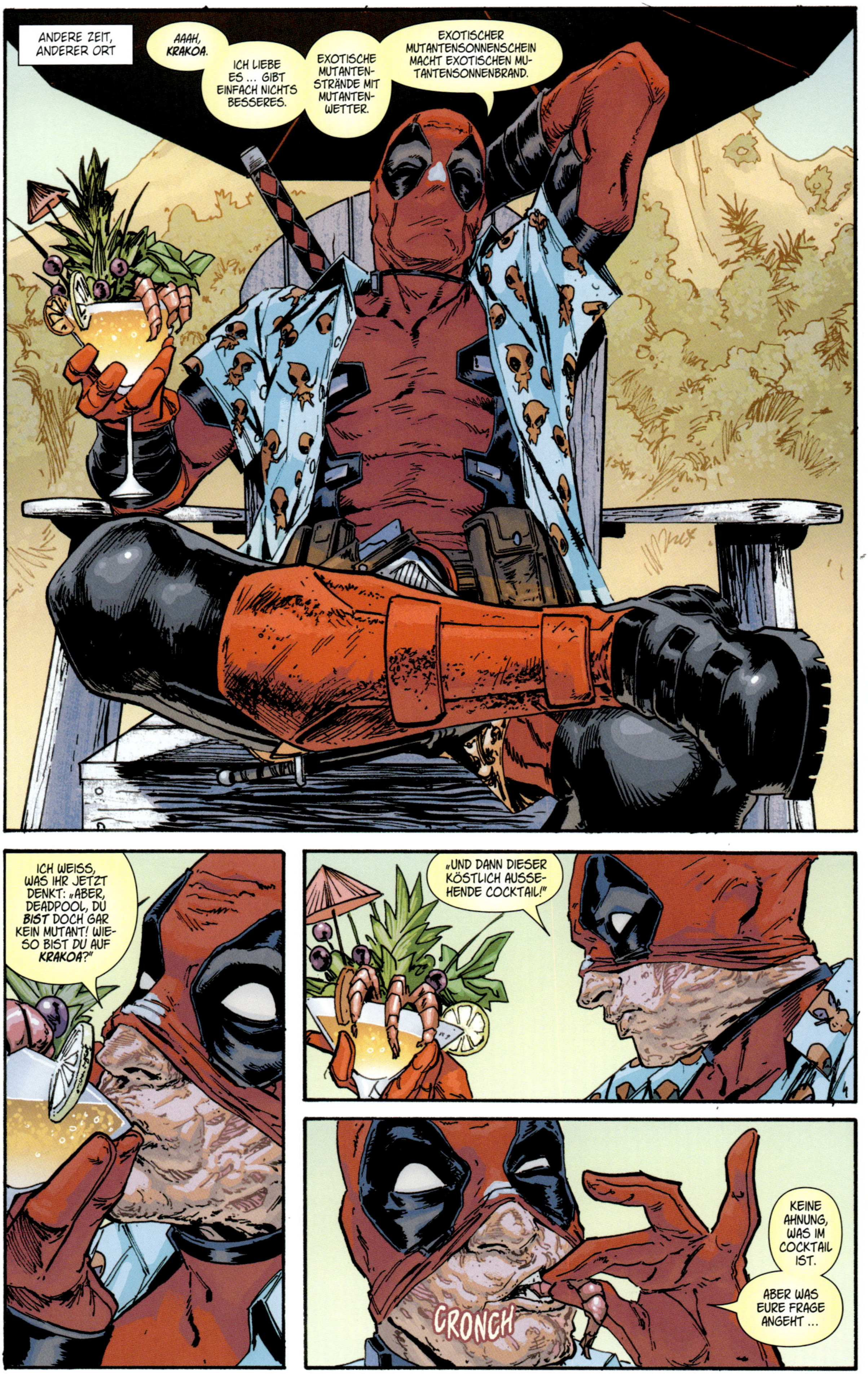

ANDERE ZEIT, ANDERER ORT
AAAH, *KRAKOA*.
ICH LIEBE ES … GIBT EINFACH NICHTS BESSERES.
EXOTISCHE MUTANTEN-STRÄNDE MIT MUTANTEN-WETTER.
EXOTISCHER MUTANTENSONNENSCHEIN MACHT EXOTISCHEN MU-TANTENSONNENBRAND.

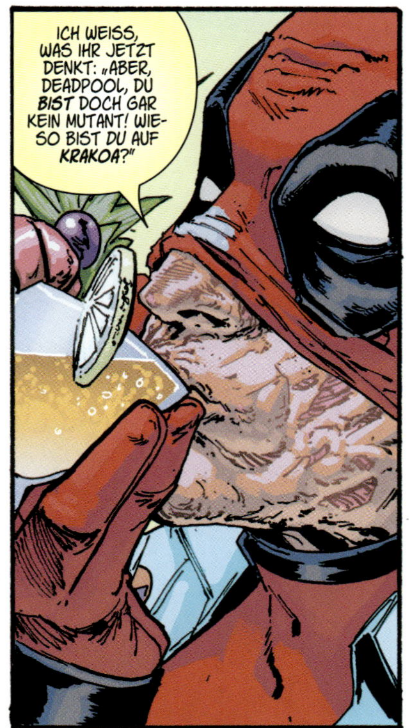

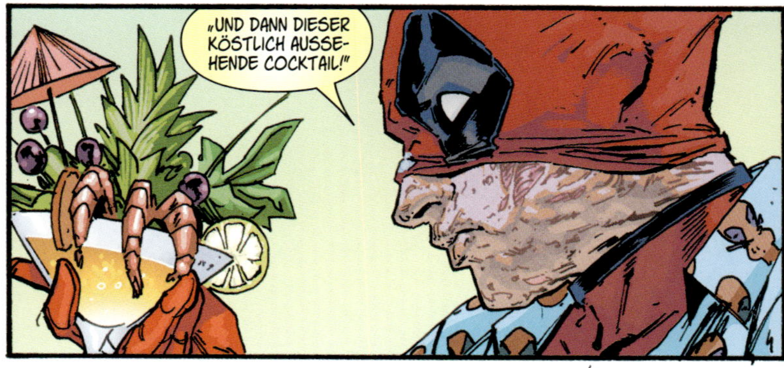

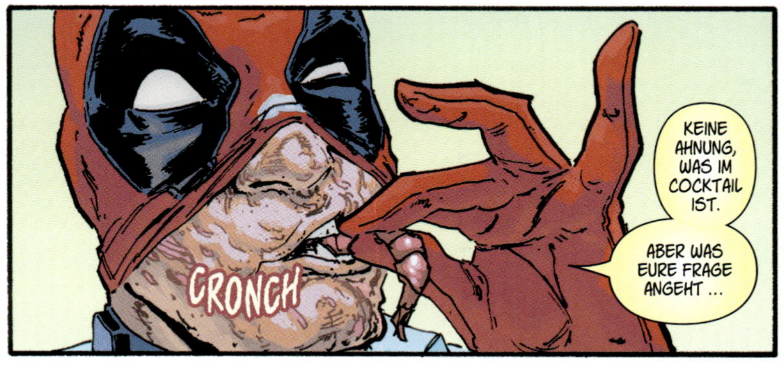

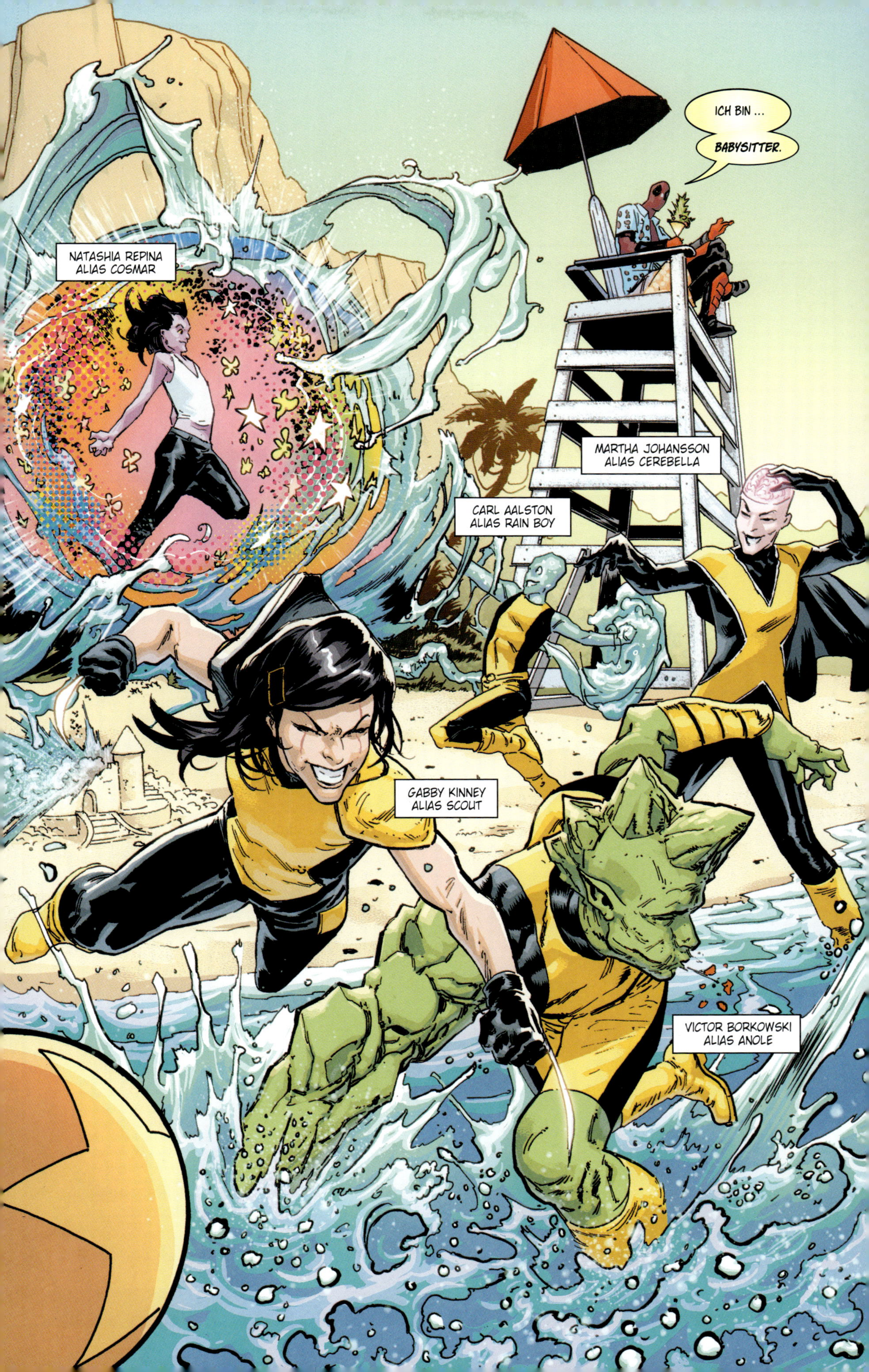
ICH BIN ...
BABYSITTER.
NATASHIA REPINA ALIAS COSMAR
MARTHA JOHANSSON ALIAS CEREBELLA
CARL AALSTON ALIAS RAIN BOY
GABBY KINNEY ALIAS SCOUT
VICTOR BORKOWSKI ALIAS ANOLE

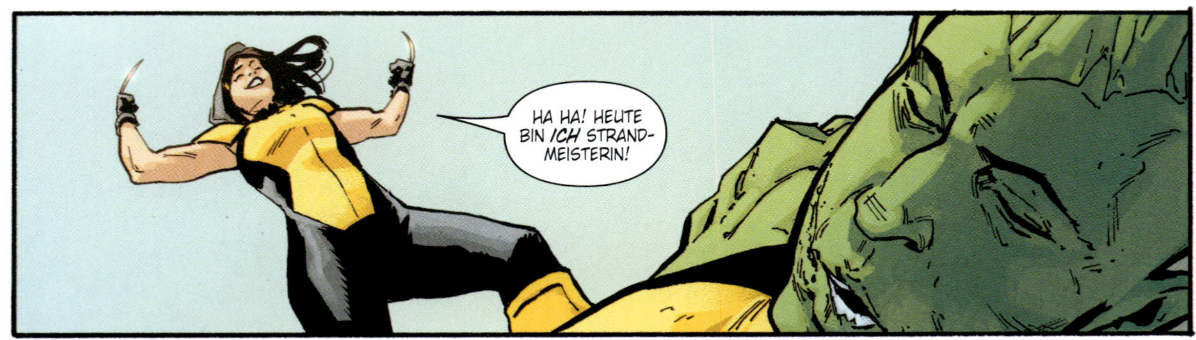
HA HA! HEUTE BIN *ICH* STRAND-MEISTERIN!

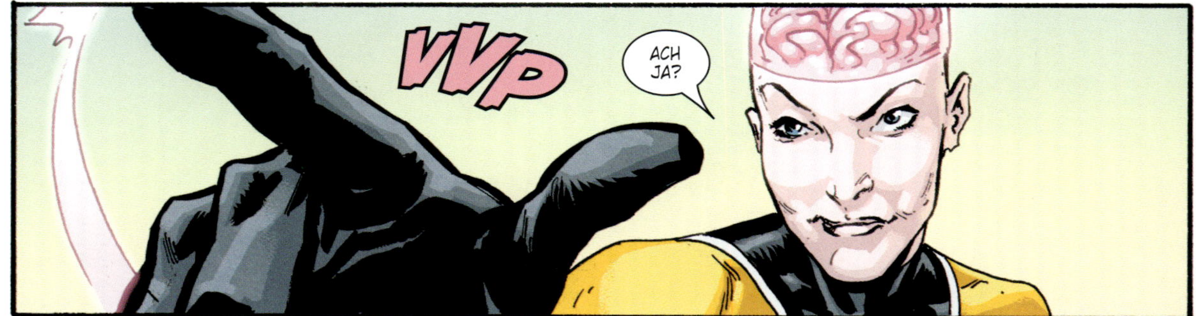
VVP
ACH JA?

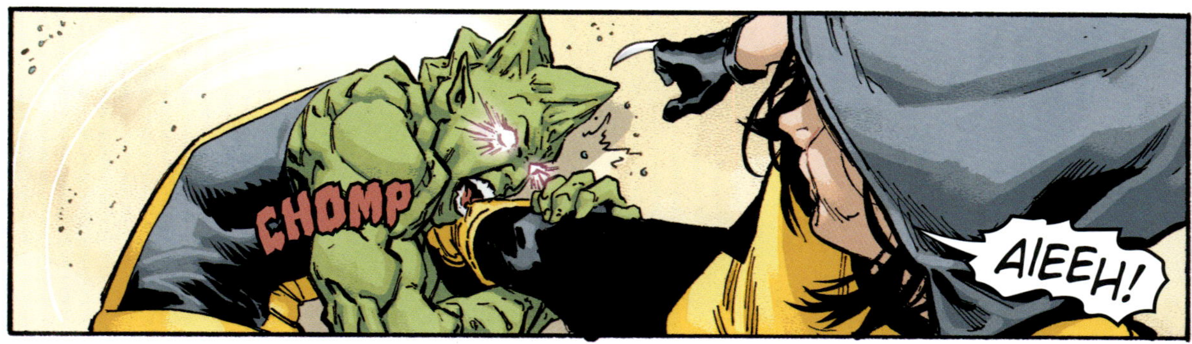
CHOMP
AIEEH!

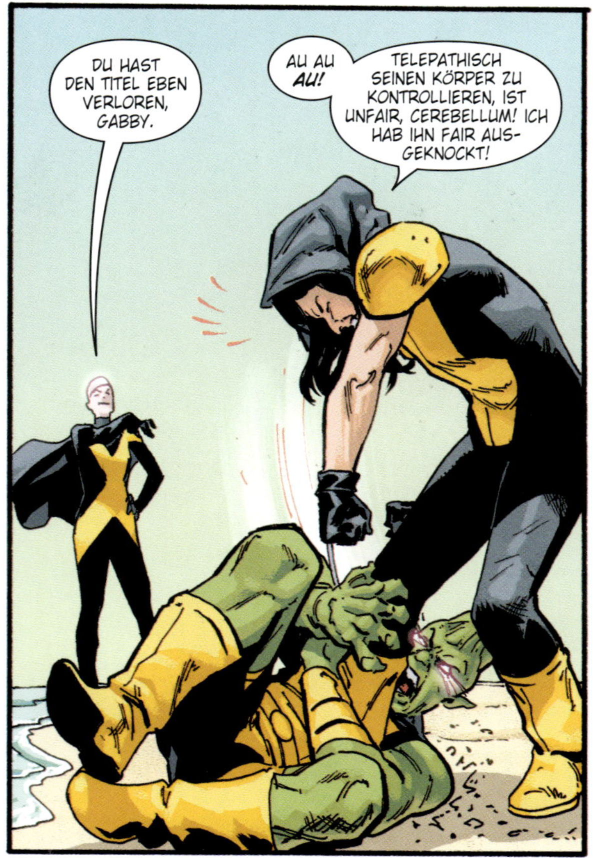
DU HAST DEN TITEL EBEN VERLOREN, GABBY.
AU AU *AU!*
TELEPATHISCH SEINEN KÖRPER ZU KONTROLLIEREN, IST UNFAIR, CEREBELLUM! ICH HAB IHN FAIR AUS-GEKNOCKT!

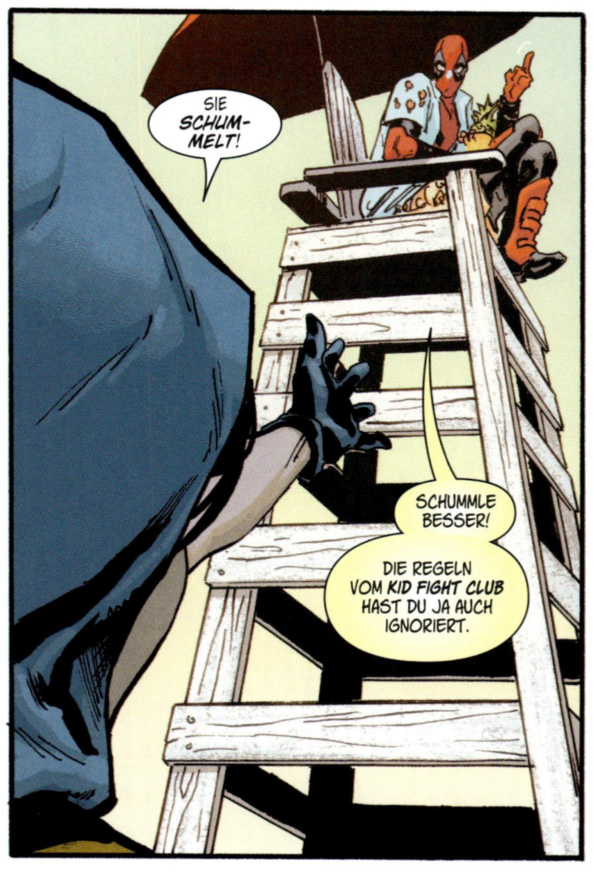
SIE *SCHUM-MELT*!
SCHUMMLE BESSER!
DIE REGELN VOM *KID FIGHT CLUB* HAST DU JA AUCH IGNORIERT.

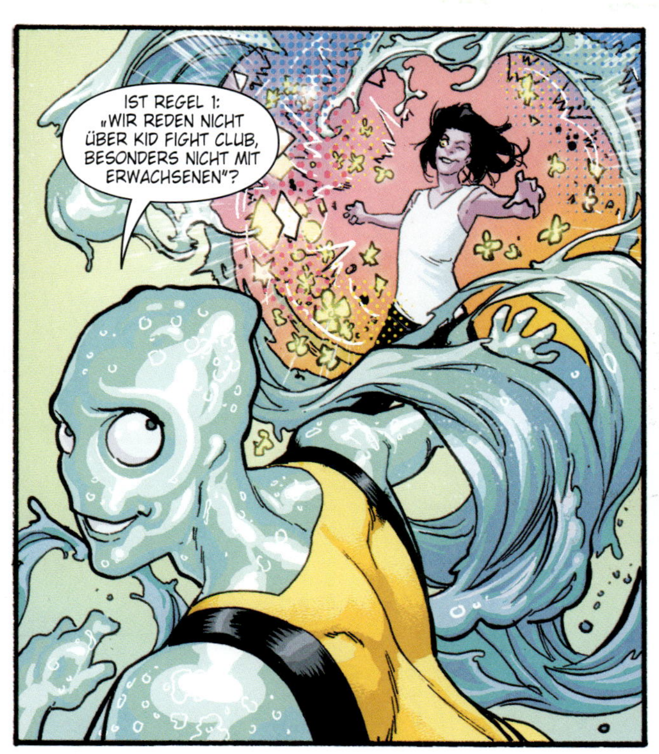
IST REGEL 1: „WIR REDEN NICHT ÜBER KID FIGHT CLUB, BESONDERS NICHT MIT ERWACHSENEN"?

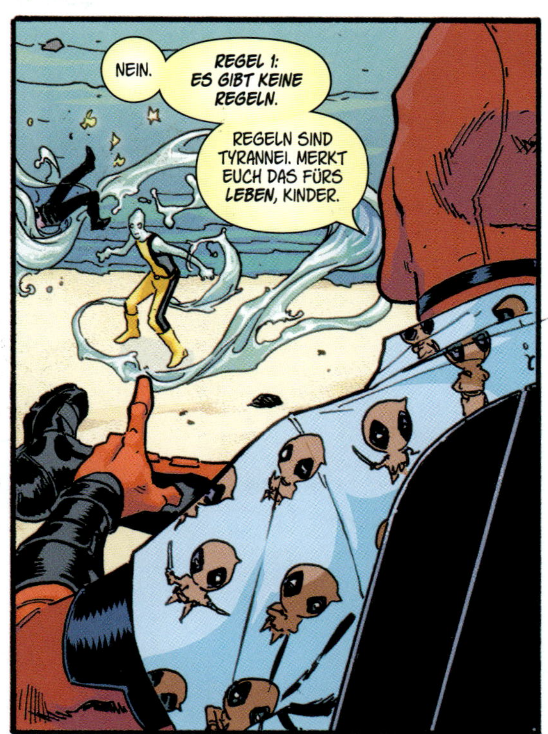
NEIN.
REGEL 1: ES GIBT KEINE REGELN.
REGELN SIND TYRANNEI. MERKT EUCH DAS FÜRS LEBEN, KINDER.

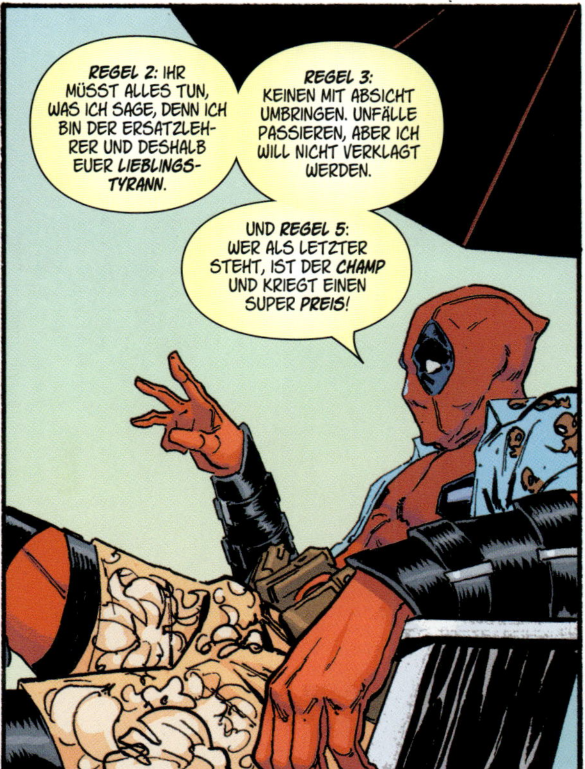
REGEL 2: IHR MÜSST ALLES TUN, WAS ICH SAGE, DENN ICH BIN DER ERSATZLEHRER UND DESHALB EUER LIEBLINGS-TYRANN.
REGEL 3: KEINEN MIT ABSICHT UMBRINGEN. UNFÄLLE PASSIEREN, ABER ICH WILL NICHT VERKLAGT WERDEN.
UND REGEL 5: WER ALS LETZTER STEHT, IST DER CHAMP UND KRIEGT EINEN SUPER PREIS!

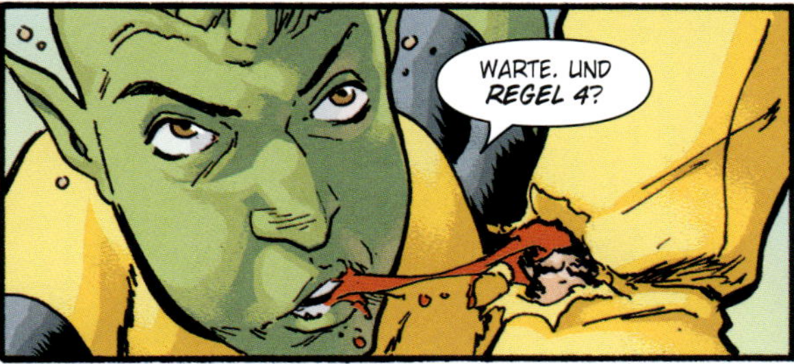
WARTE. UND REGEL 4?

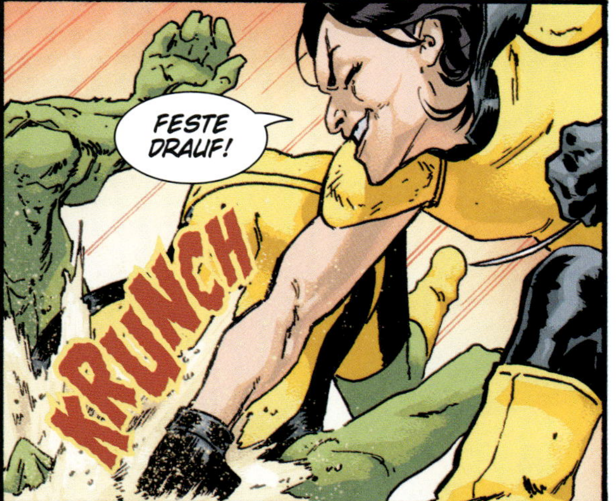
FESTE DRAUF!
KRUNCH

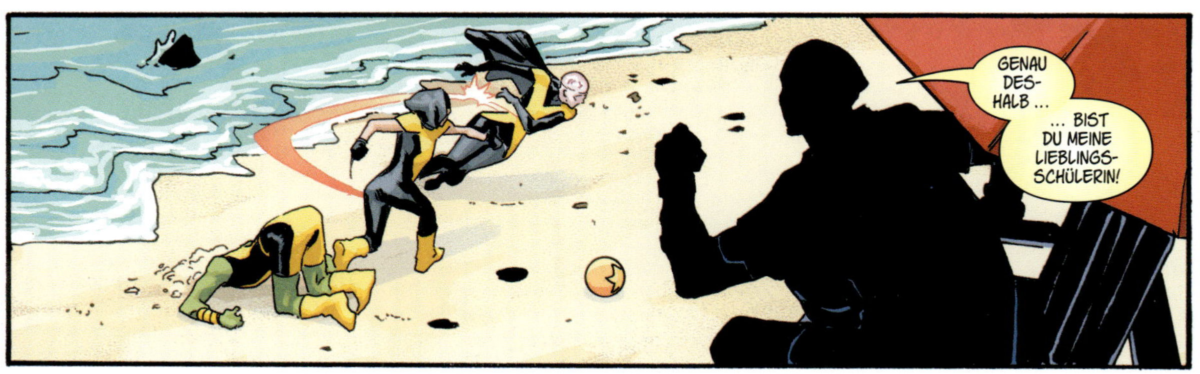
GENAU DES-HALB ...
... BIST DU MEINE LIEBLINGS-SCHÜLERIN!

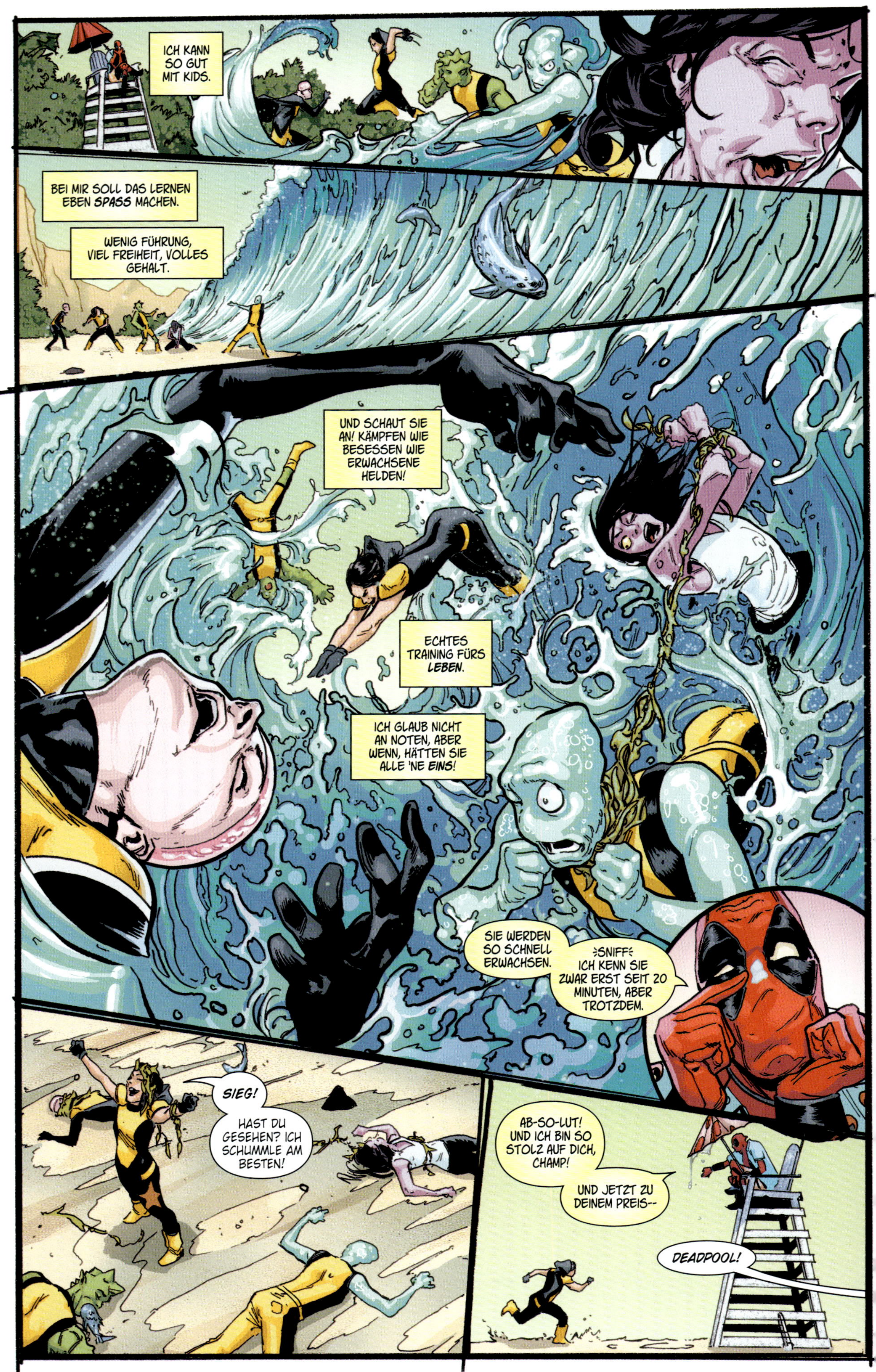
ICH KANN SO GUT MIT KIDS.
BEI MIR SOLL DAS LERNEN EBEN SPASS MACHEN.
WENIG FÜHRUNG, VIEL FREIHEIT, VOLLES GEHALT.
UND SCHAUT SIE AN! KÄMPFEN WIE BESESSEN WIE ERWACHSENE HELDEN!
ECHTES TRAINING FÜRS LEBEN.
ICH GLAUB NICHT AN NOTEN, ABER WENN, HÄTTEN SIE ALLE 'NE EINS!
SIE WERDEN SO SCHNELL ERWACHSEN.
SNIFF ICH KENN SIE ZWAR ERST SEIT 20 MINUTEN, ABER TROTZDEM.
SIEG!
HAST DU GESEHEN? ICH SCHUMMLE AM BESTEN!
AB-SO-LUT! UND ICH BIN SO STOLZ AUF DICH, CHAMP!
UND JETZT ZU DEINEM PREIS--
DEADPOOL!

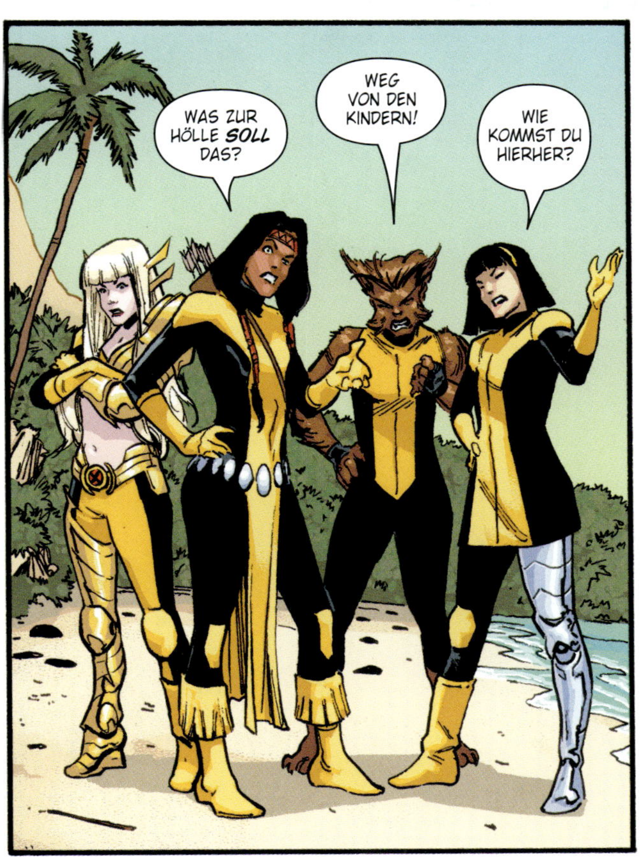
WAS ZUR HÖLLE **SOLL** DAS?
WEG VON DEN KINDERN!
WIE KOMMST DU HIERHER?

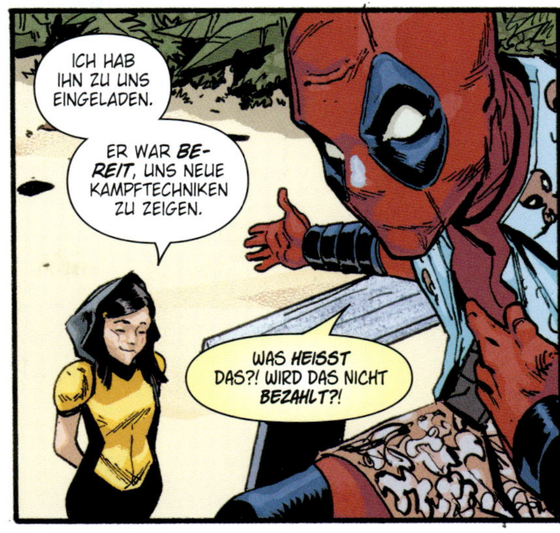
ICH HAB IHN ZU UNS EINGELADEN.
ER WAR **BEREIT**, UNS NEUE KAMPFTECHNIKEN ZU ZEIGEN.
WAS **HEISST** DAS?! WIRD DAS NICHT **BEZAHLT?!**

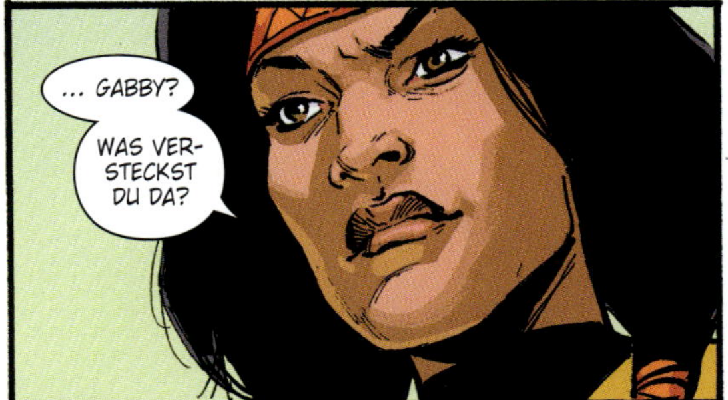
... GABBY?
WAS VERSTECKST DU DA?

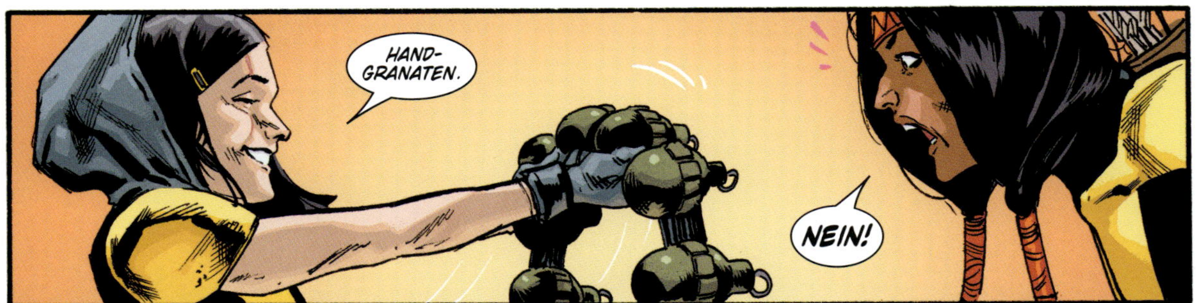
HANDGRANATEN.
NEIN!

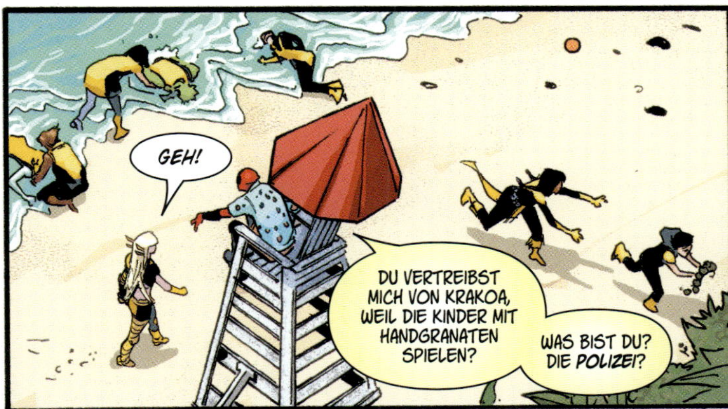
GEH!
DU VERTREIBST MICH VON KRAKOA, WEIL DIE KINDER MIT HANDGRANATEN SPIELEN?
WAS BIST DU? DIE **POLIZEI**?

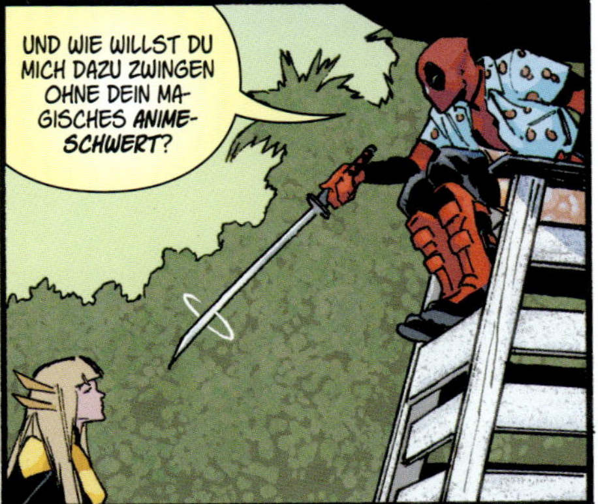
UND WIE WILLST DU MICH DAZU ZWINGEN OHNE DEIN MAGISCHES **ANIMESCHWERT**?

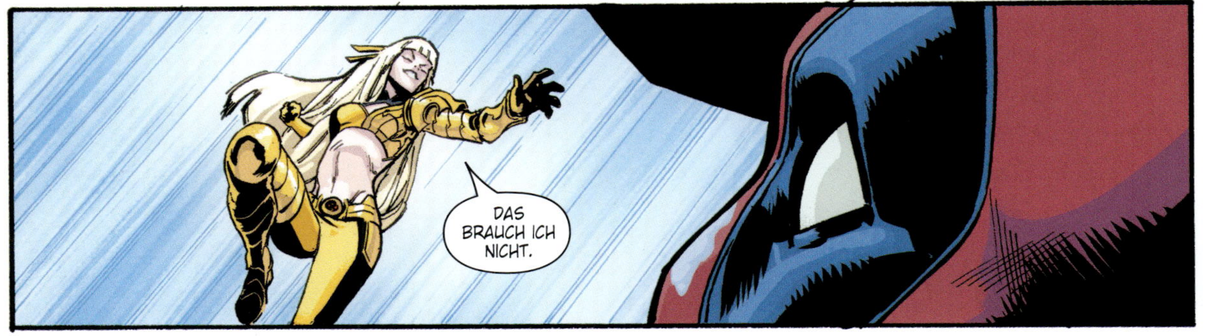
DAS BRAUCH ICH NICHT.

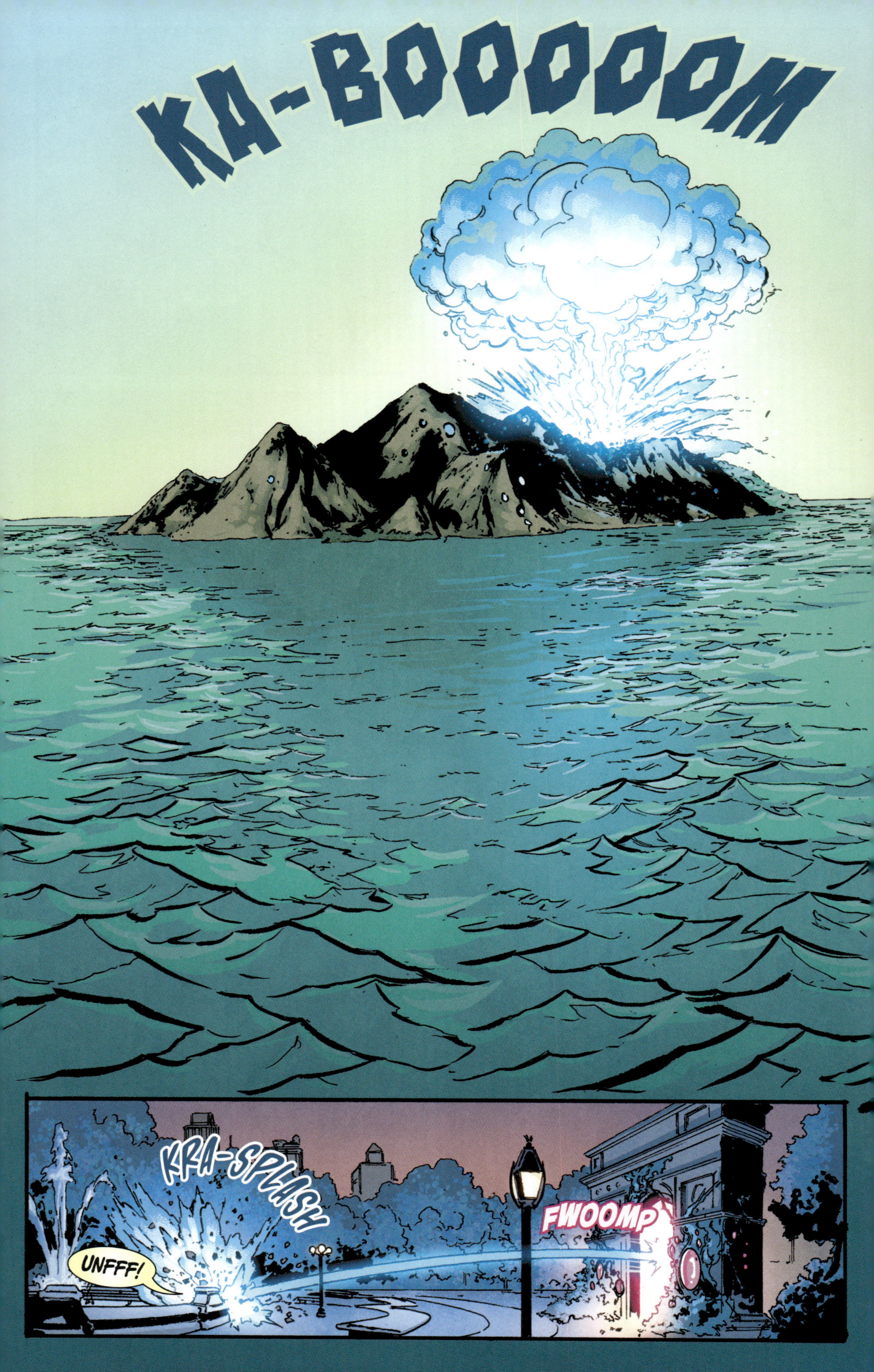
KA-BOOOOOM
KRA-SPLASH
UNFFF!
FWOOMP

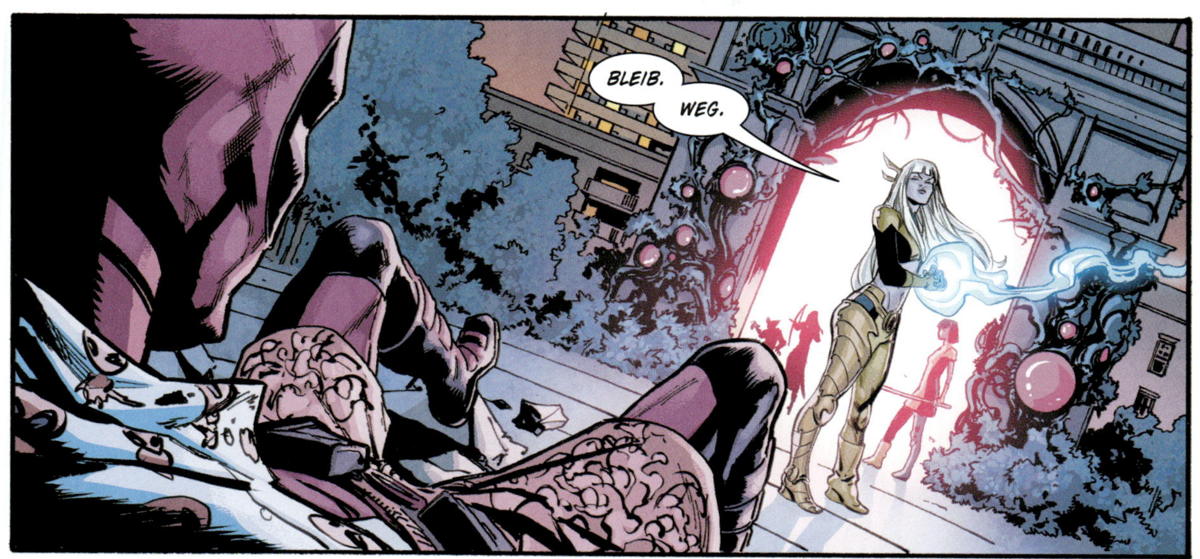
BLEIB.
WEG.

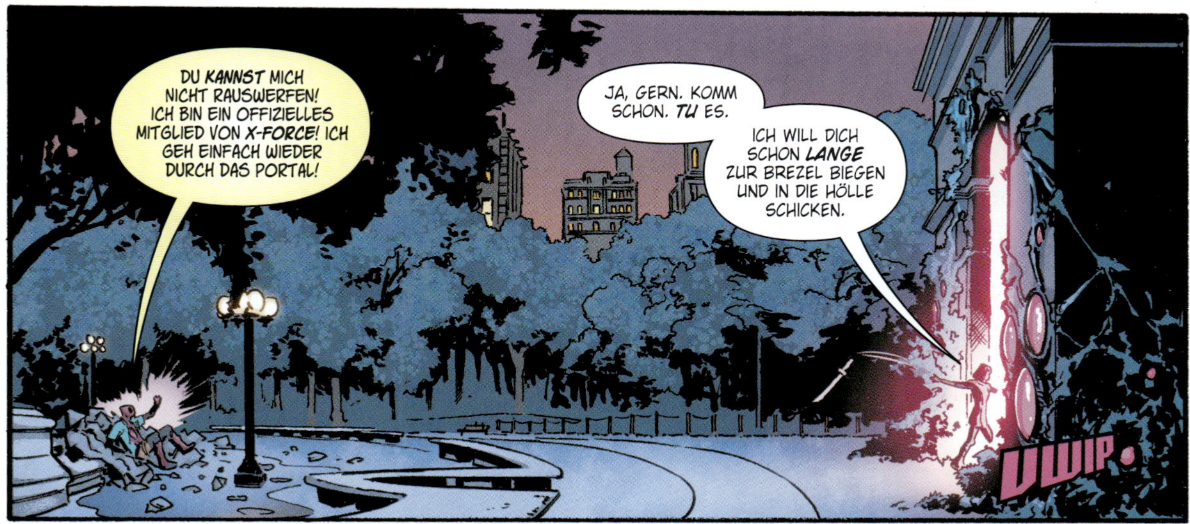
DU KANNST MICH NICHT RAUSWERFEN! ICH BIN EIN OFFIZIELLES MITGLIED VON X-FORCE! ICH GEH EINFACH WIEDER DURCH DAS PORTAL!
JA, GERN. KOMM SCHON. TU ES.
ICH WILL DICH SCHON LANGE ZUR BREZEL BIEGEN UND IN DIE HÖLLE SCHICKEN.
UWIP

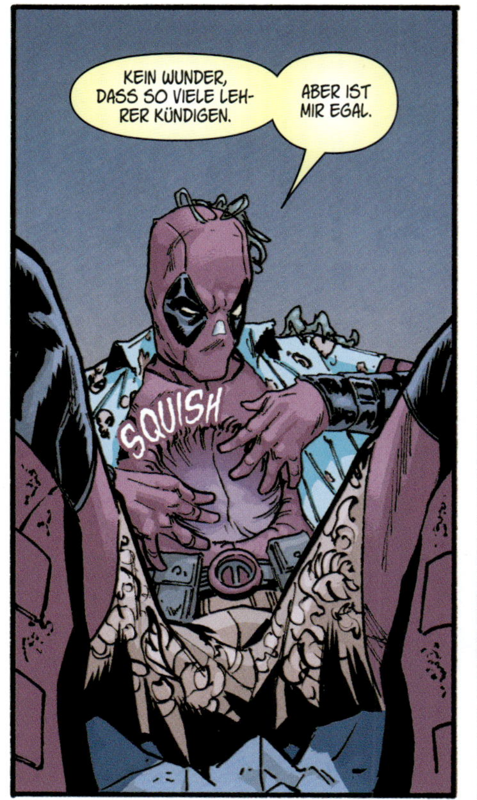
KEIN WUNDER, DASS SO VIELE LEHRER KÜNDIGEN.
ABER IST MIR EGAL.
SQUISH

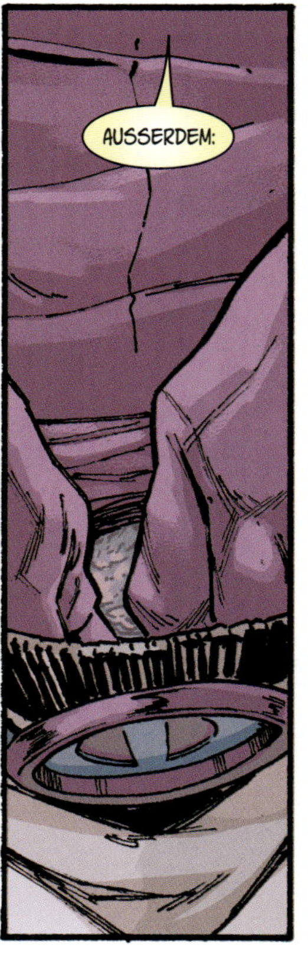
AUSSERDEM:

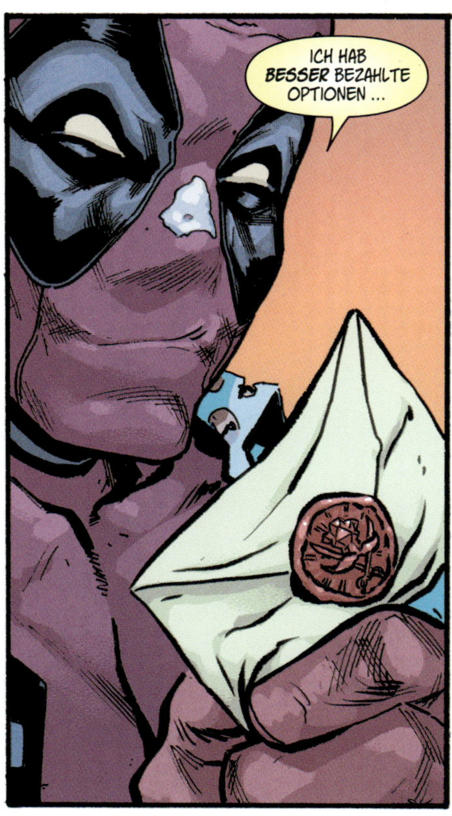
ICH HAB BESSER BEZAHLTE OPTIONEN ...

ATELIER

An Mr. Wade Wilson:

Atelier freut sich, Sie in die letzte Runde unserer Testaufgaben einzuladen.

Sie werden eine Zielperson erhalten, deren Elimination in einer vorgegebenen Zeit zu erfolgen und mit einem Beweis der erfolgreichen Aktion bei uns nachzuweisen ist.

Sollte Ihnen dies gelingen, werden Sie als vollwertiges Mitglied in unserer exklusiven Organisation aufgenommen und können alle mit ihr verbundenen Vorteile nutzen.

Sollten Sie versagen, bleiben Ihnen die Türen unserer Organisation für immer verschlossen.

Wir freuen uns auf Sie.

Beste Grüße,
Horned Emperor

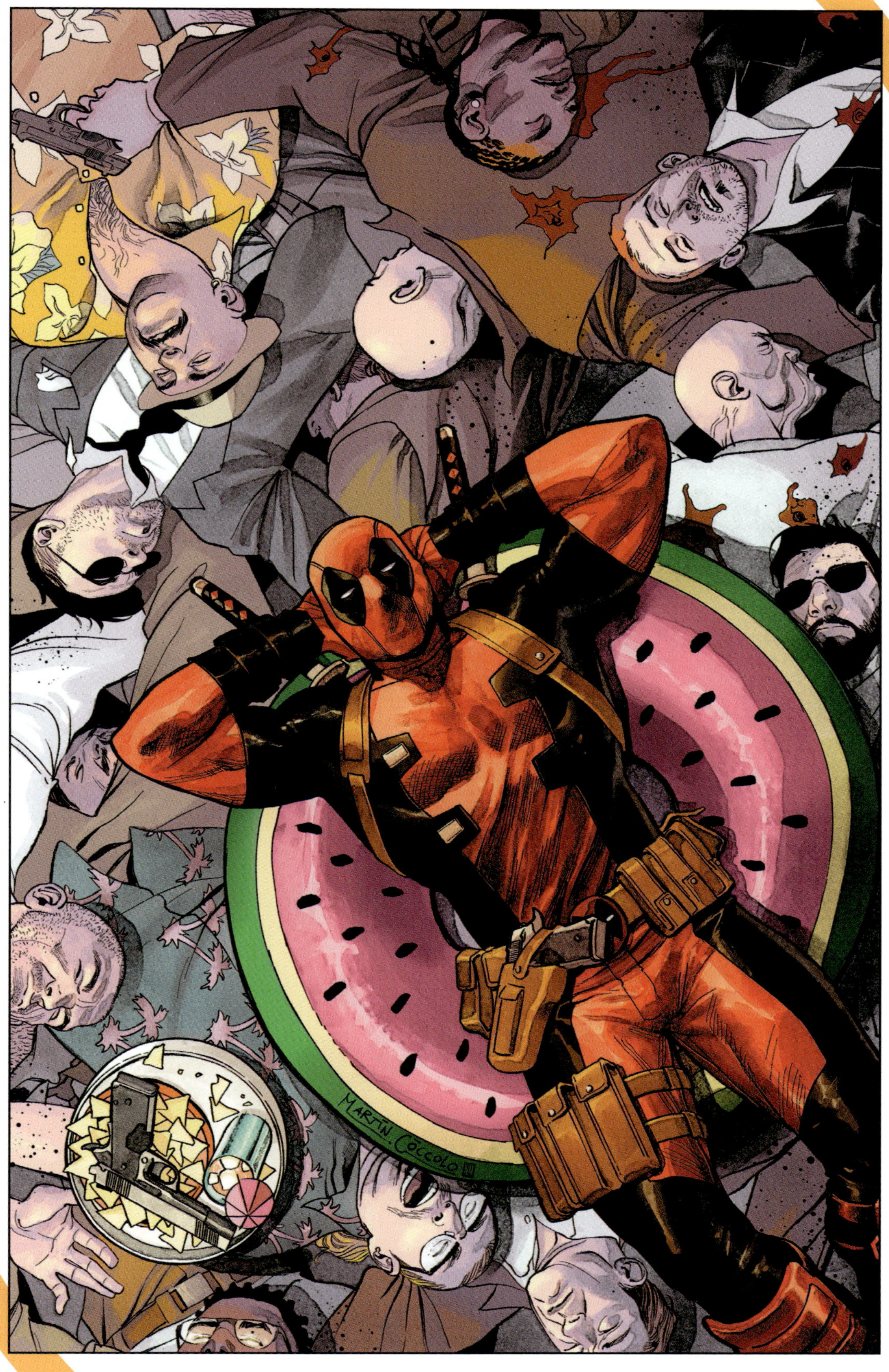

Deadpool (2023) 1
Cover von **MARTÍN CÓCCOLO**

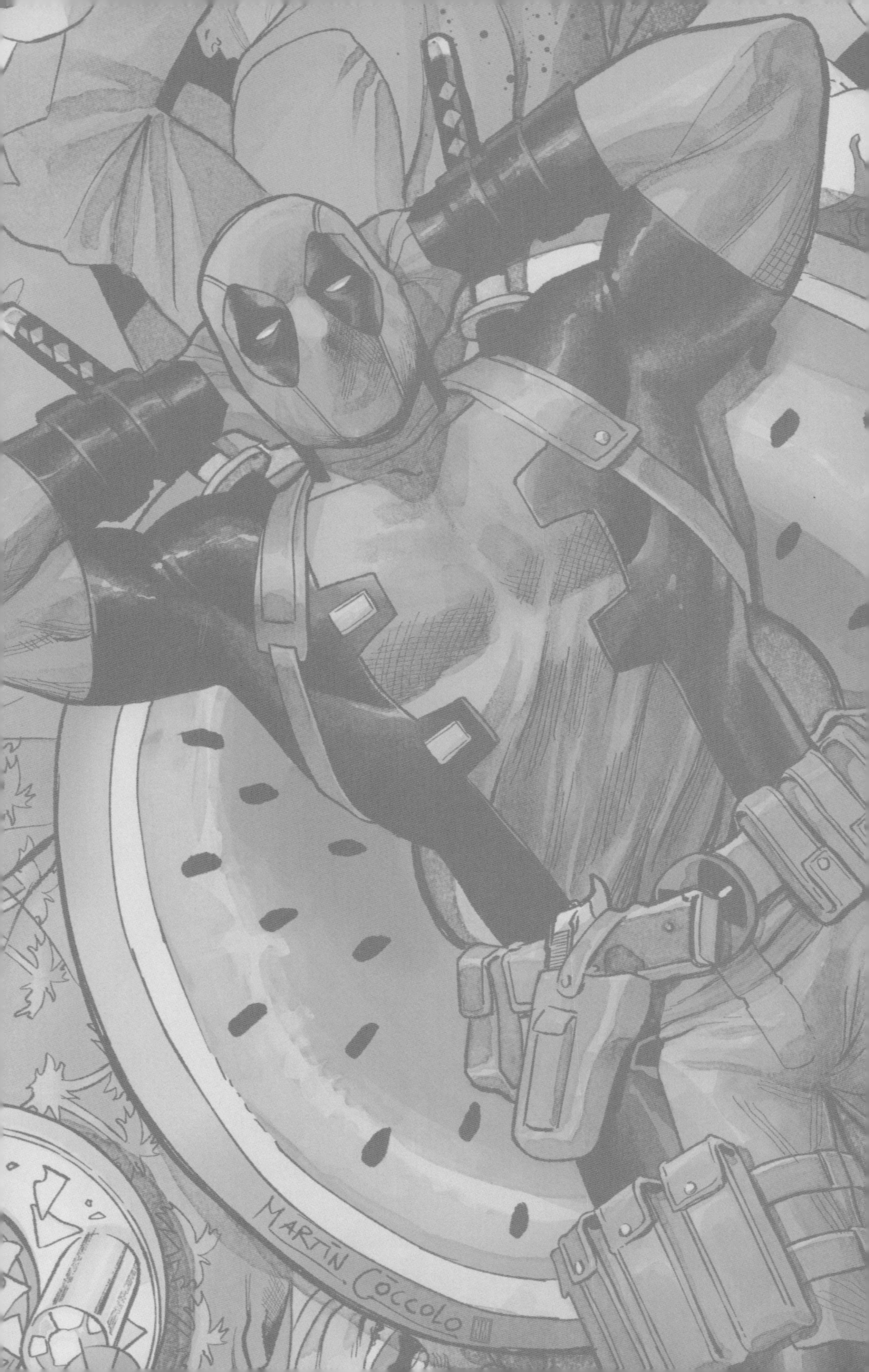
MARTIN COCCOLO

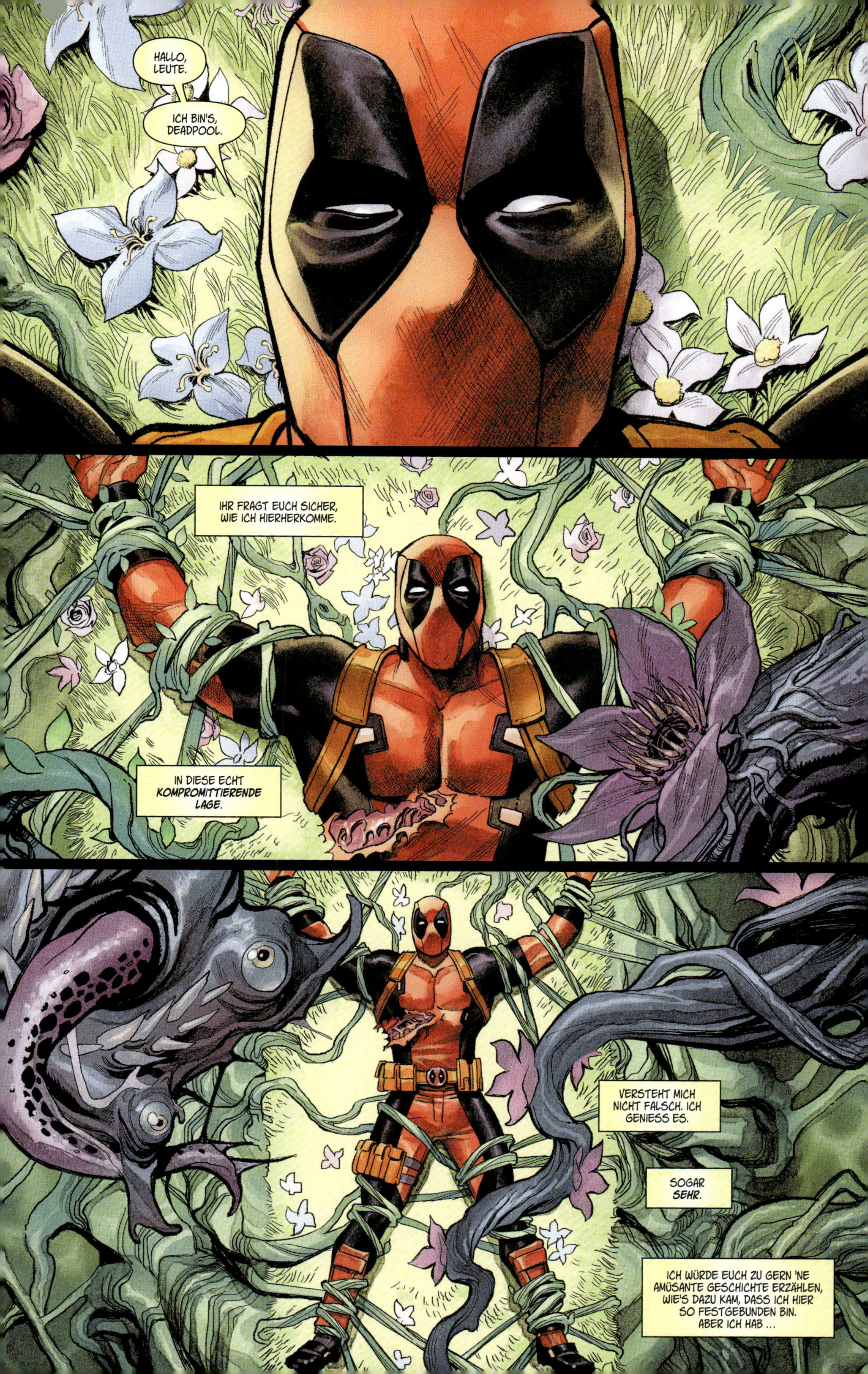
HALLO, LEUTE.
ICH BIN'S, DEADPOOL.
IHR FRAGT EUCH SICHER, WIE ICH HIERHERKOMME.
IN DIESE ECHT KOMPROMITTIERENDE LAGE.
VERSTEHT MICH NICHT FALSCH. ICH GENIESS ES.
SOGAR SEHR.
ICH WÜRDE EUCH ZU GERN 'NE AMÜSANTE GESCHICHTE ERZÄHLEN, WIE'S DAZU KAM, DASS ICH HIER SO FESTGEBUNDEN BIN. ABER ICH HAB ...

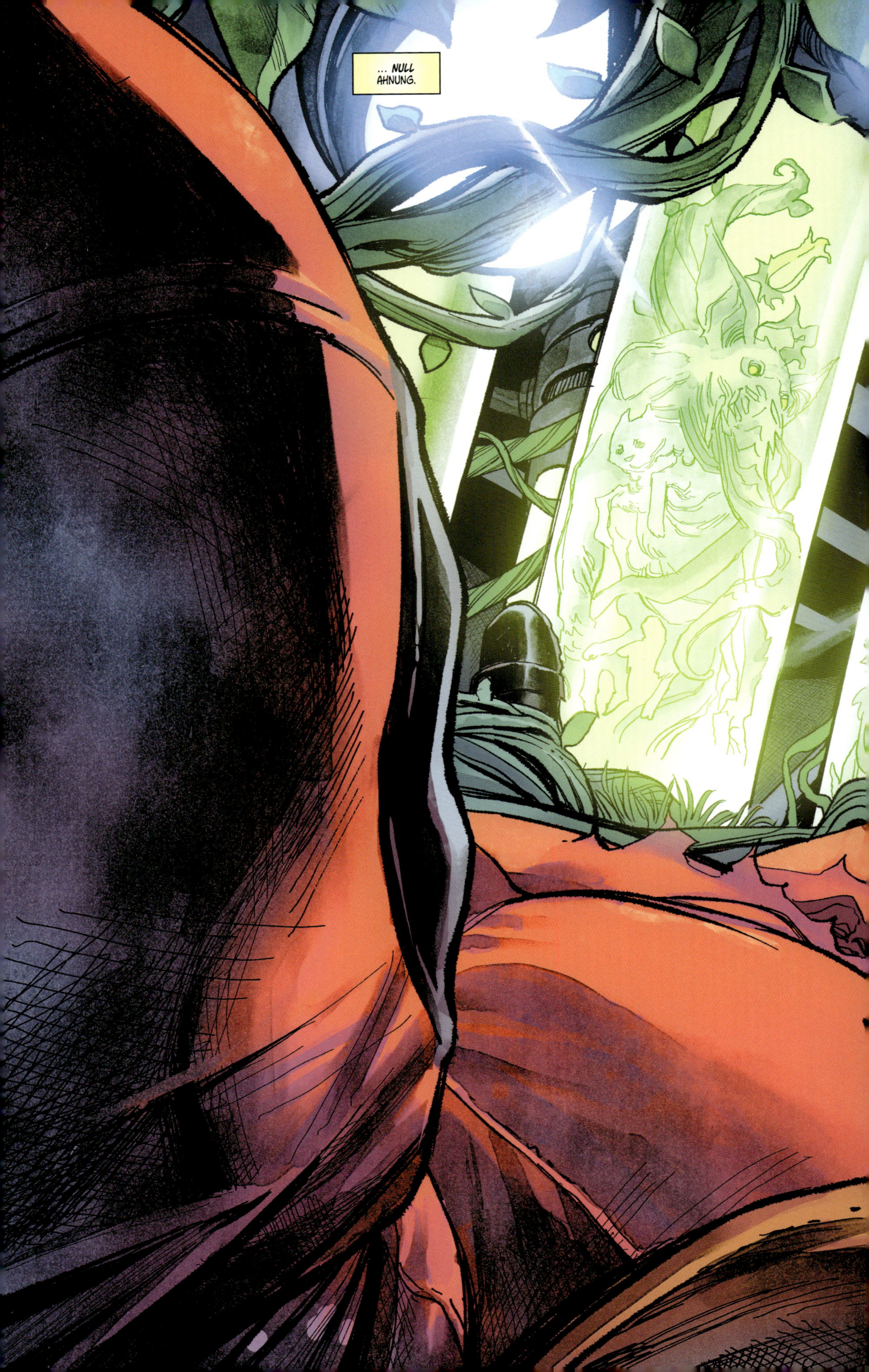
… NULL
AHNUNG.

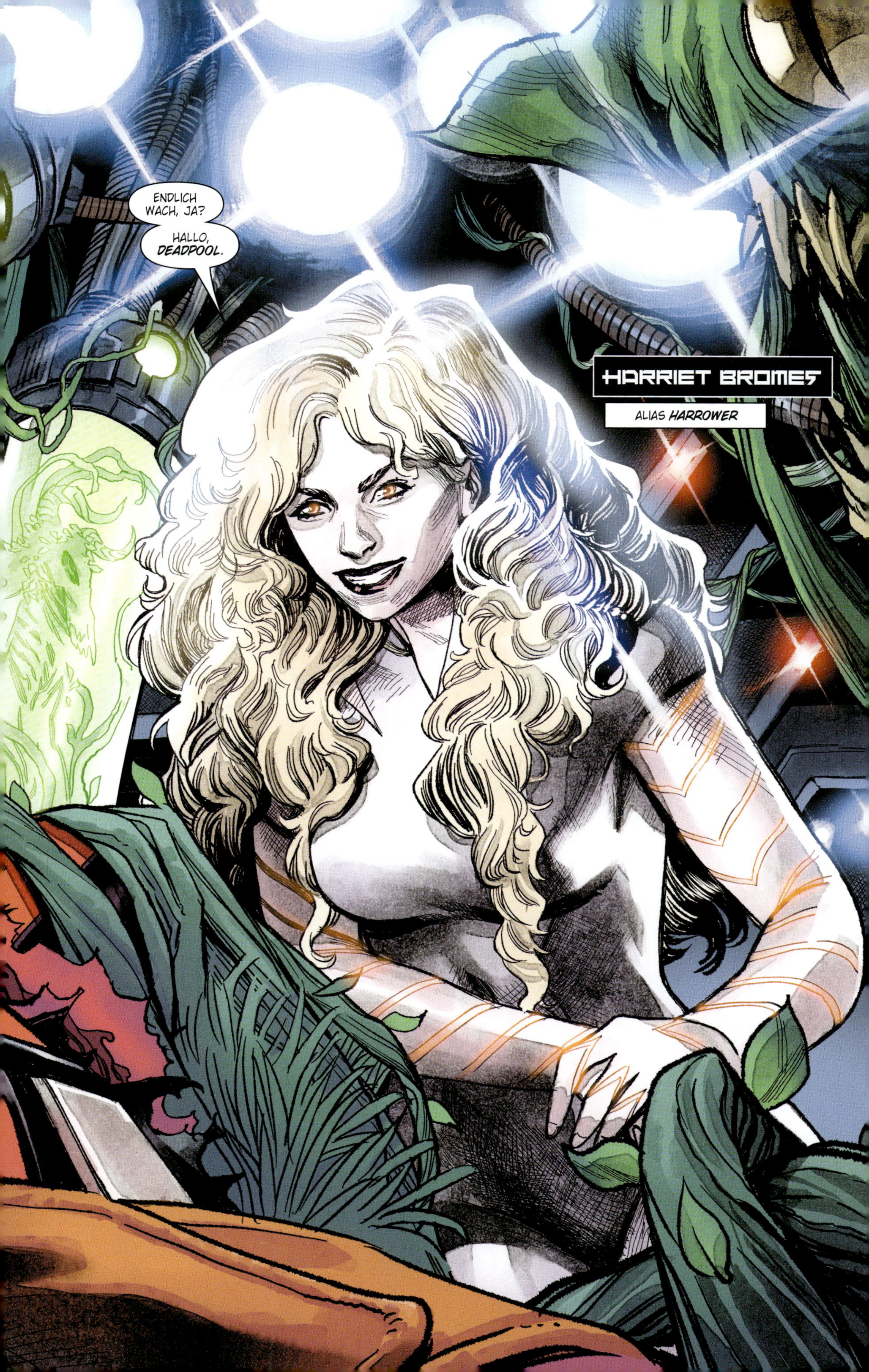
ENDLICH WACH, JA?
HALLO, DEADPOOL.
HARRIET BROMES
ALIAS HARROWER

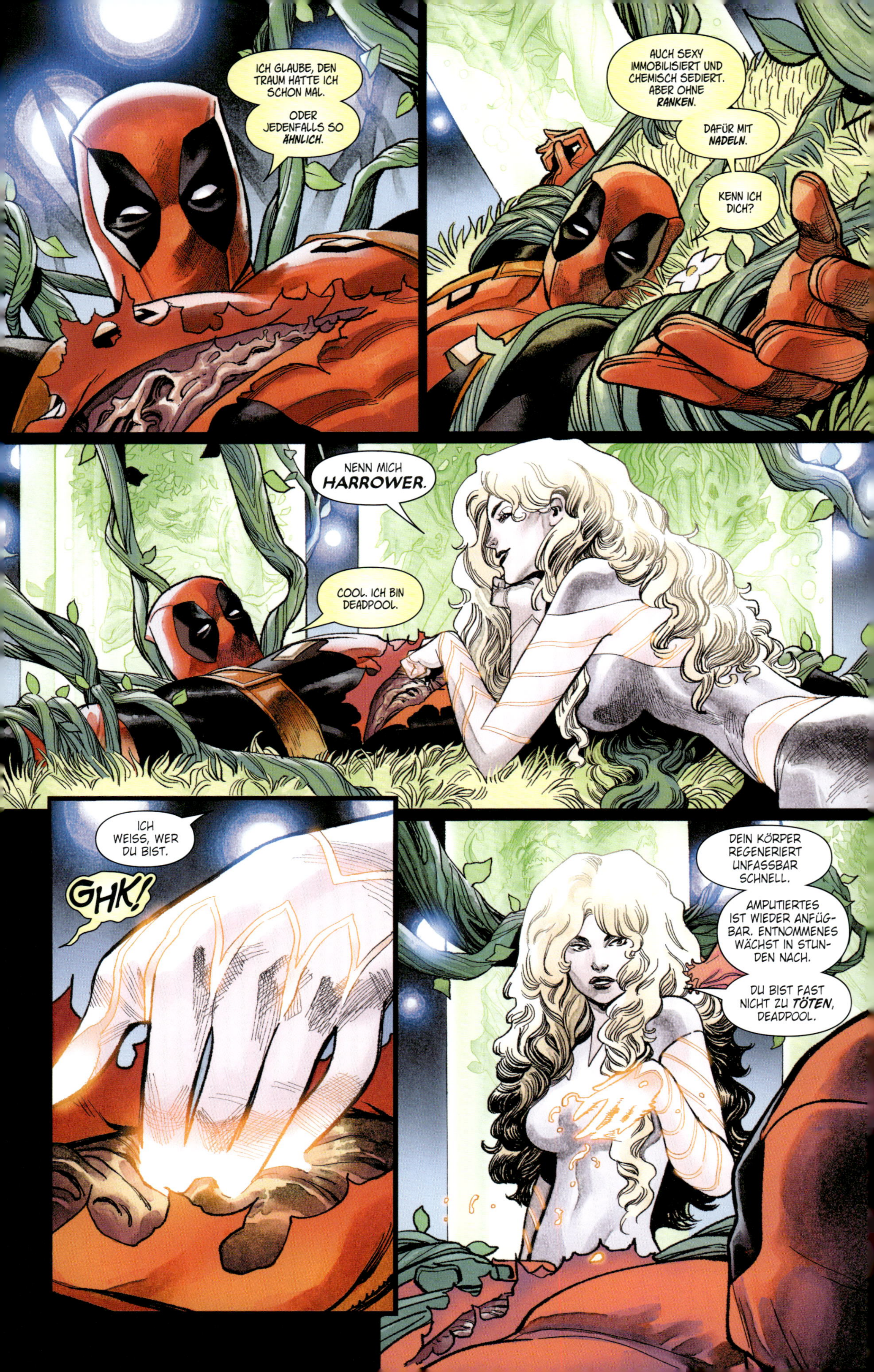
ICH GLAUBE, DEN TRAUM HATTE ICH SCHON MAL.
ODER JEDENFALLS SO ÄHNLICH.
AUCH SEXY IMMOBILISIERT UND CHEMISCH SEDIERT. ABER OHNE RANKEN.
DAFÜR MIT NADELN.
KENN ICH DICH?
NENN MICH HARROWER.
COOL. ICH BIN DEADPOOL.
ICH WEISS, WER DU BIST.
GHK!
DEIN KÖRPER REGENERIERT UNFASSBAR SCHNELL.
AMPUTIERTES IST WIEDER ANFÜG-BAR. ENTNOMMENES WÄCHST IN STUN-DEN NACH.
DU BIST FAST NICHT ZU TÖTEN, DEADPOOL.

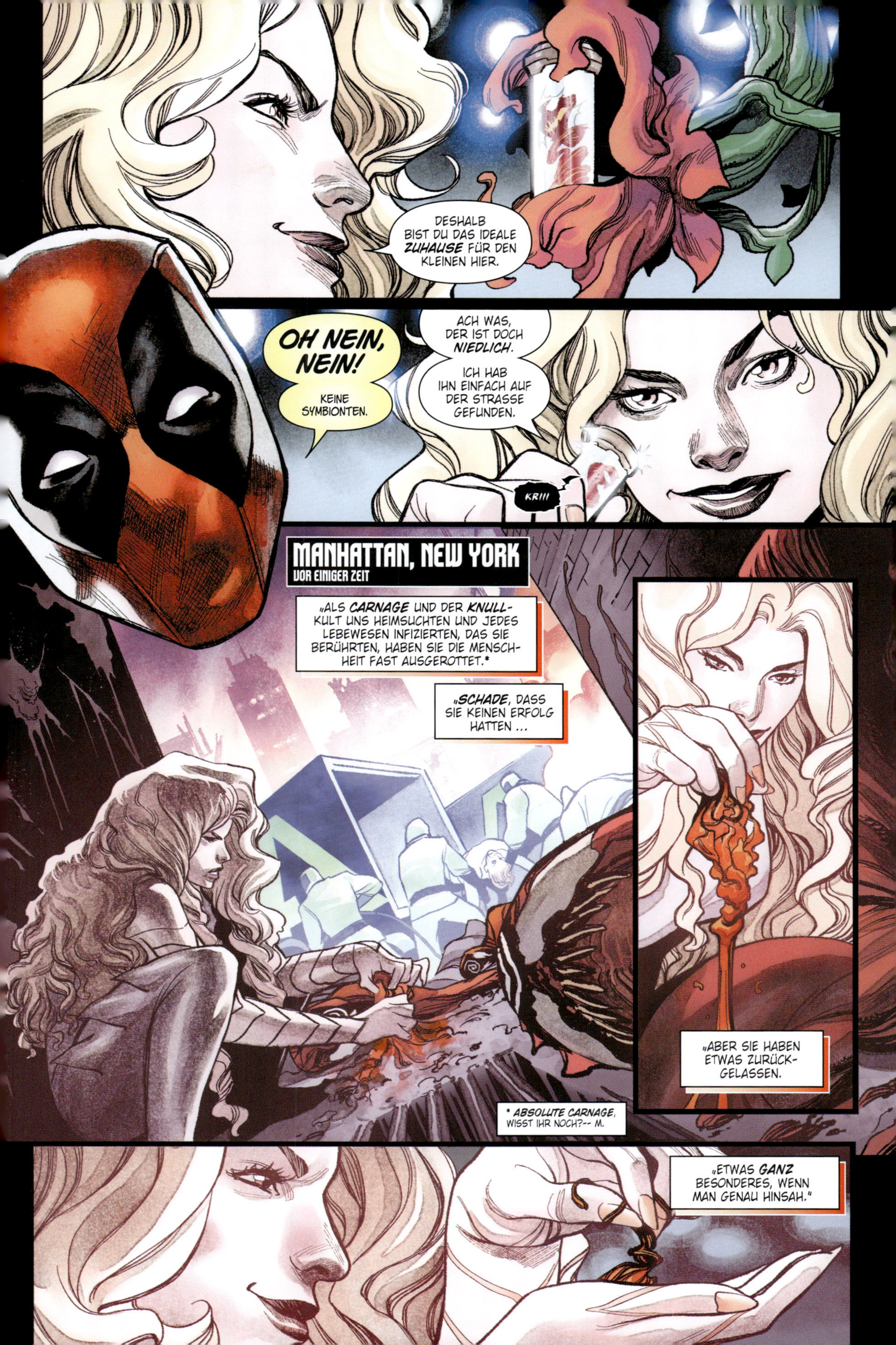

DESHALB BIST DU DAS IDEALE ZUHAUSE FÜR DEN KLEINEN HIER.
OH NEIN, NEIN!
KEINE SYMBIONTEN.
ACH WAS, DER IST DOCH NIEDLICH.
ICH HAB IHN EINFACH AUF DER STRASSE GEFUNDEN.
KRIII
MANHATTAN, NEW YORK
VOR EINIGER ZEIT
„ALS CARNAGE UND DER KNULL-KULT UNS HEIMSUCHTEN UND JEDES LEBEWESEN INFIZIERTEN, DAS SIE BERÜHRTEN, HABEN SIE DIE MENSCHHEIT FAST AUSGEROTTET.*
„SCHADE, DASS SIE KEINEN ERFOLG HATTEN …
„ABER SIE HABEN ETWAS ZURÜCKGELASSEN.
* ABSOLUTE CARNAGE, WISST IHR NOCH?-- M.
„ETWAS GANZ BESONDERES, WENN MAN GENAU HINSAH."

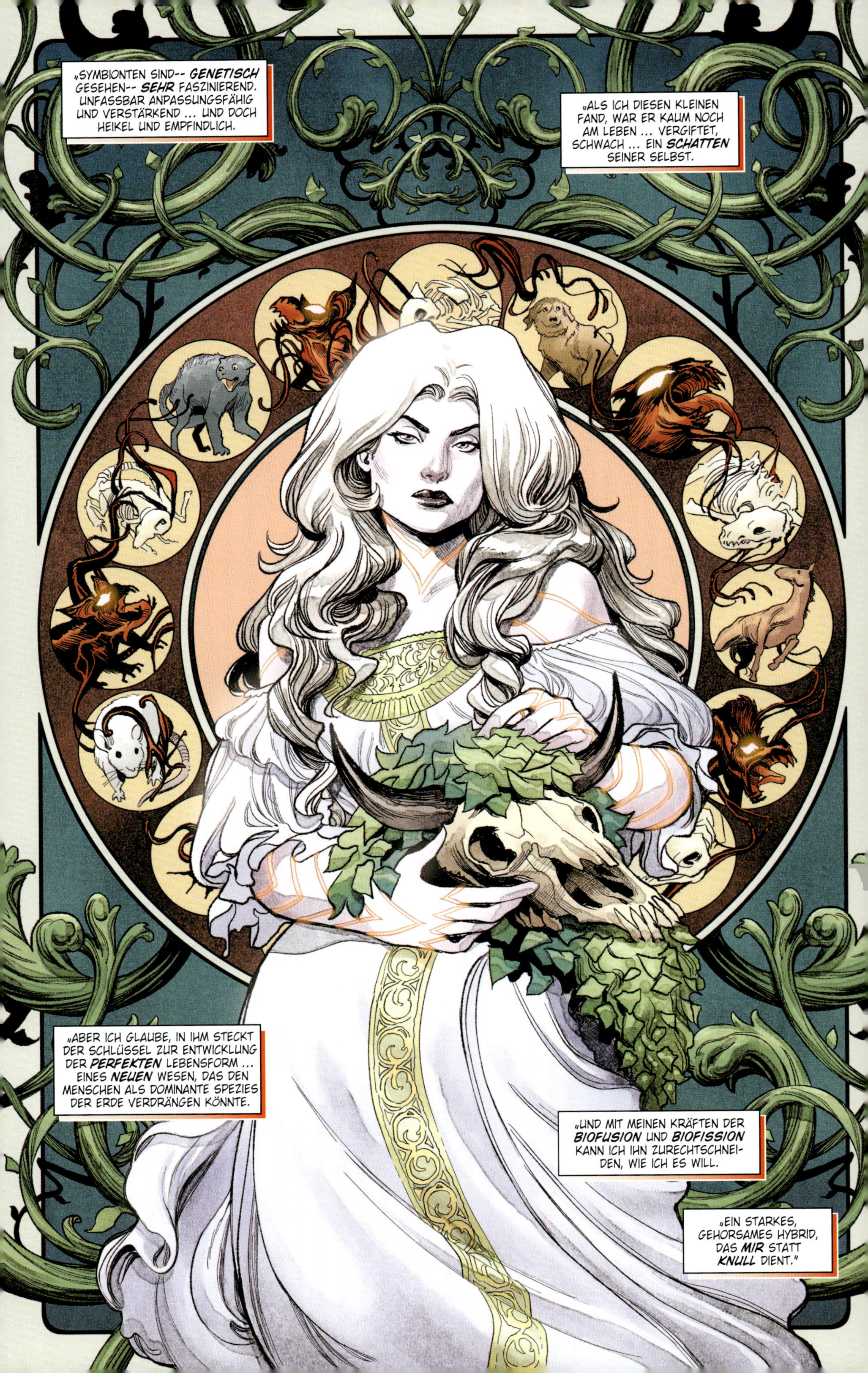
„SYMBIONTEN SIND-- GENETISCH GESEHEN-- SEHR FASZINIEREND. UNFASSBAR ANPASSUNGSFÄHIG UND VERSTÄRKEND ... UND DOCH HEIKEL UND EMPFINDLICH.
„ALS ICH DIESEN KLEINEN FAND, WAR ER KAUM NOCH AM LEBEN ... VERGIFTET, SCHWACH ... EIN SCHATTEN SEINER SELBST.
„ABER ICH GLAUBE, IN IHM STECKT DER SCHLÜSSEL ZUR ENTWICKLUNG DER PERFEKTEN LEBENSFORM ... EINES NEUEN WESEN, DAS DEN MENSCHEN ALS DOMINANTE SPEZIES DER ERDE VERDRÄNGEN KÖNNTE.
„UND MIT MEINEN KRÄFTEN DER BIOFUSION UND BIOFISSION KANN ICH IHN ZURECHTSCHNEIDEN, WIE ICH ES WILL.
„EIN STARKES, GEHORSAMES HYBRID, DAS MIR STATT KNULL DIENT."

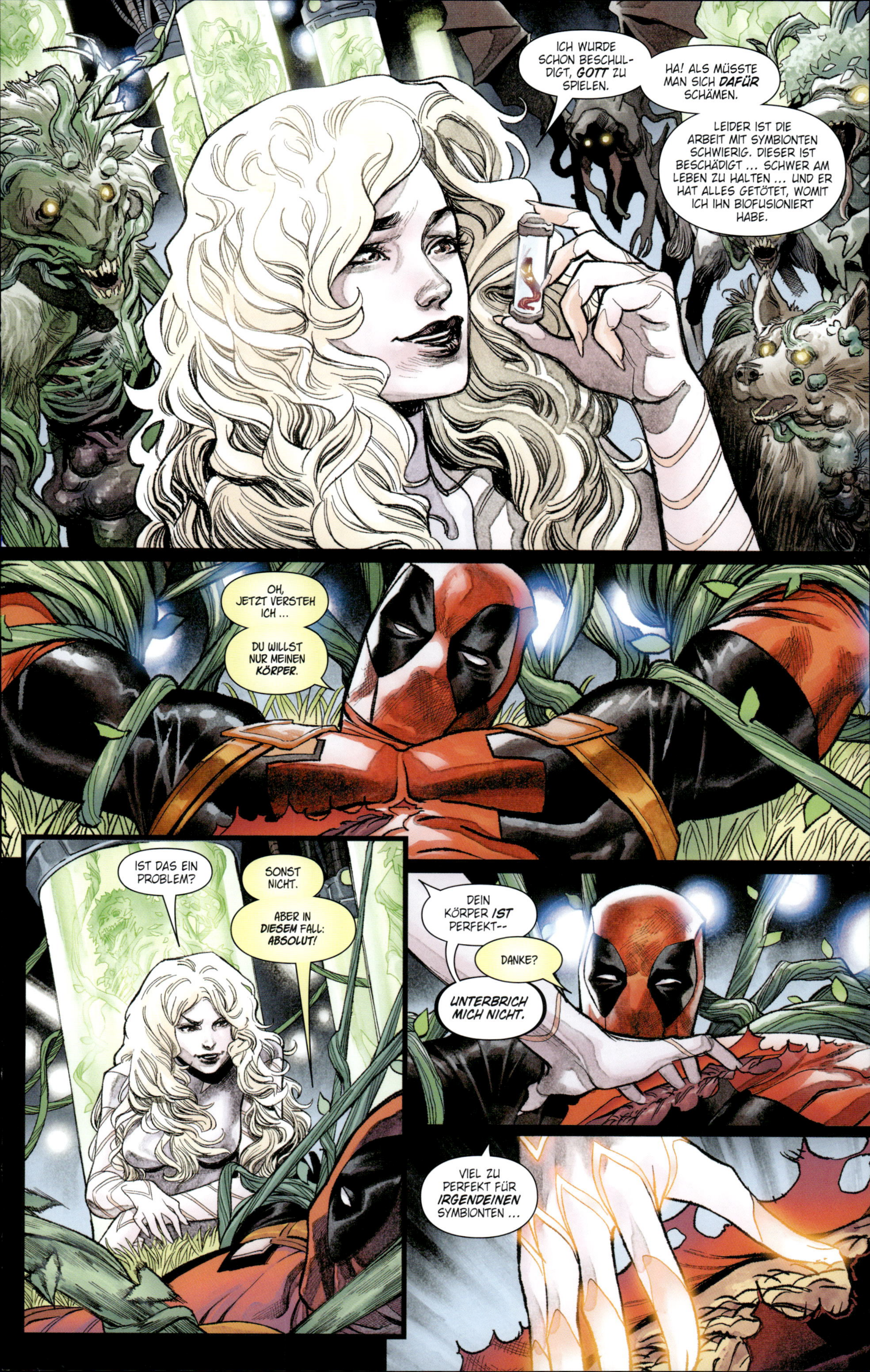
ICH WURDE SCHON BESCHULDIGT, GOTT ZU SPIELEN.
HA! ALS MÜSSTE MAN SICH DAFÜR SCHÄMEN.
LEIDER IST DIE ARBEIT MIT SYMBIONTEN SCHWIERIG. DIESER IST BESCHÄDIGT ... SCHWER AM LEBEN ZU HALTEN ... UND ER HAT ALLES GETÖTET, WOMIT ICH IHN BIOFUSIONIERT HABE.
OH, JETZT VERSTEH ICH ...
DU WILLST NUR MEINEN KÖRPER.
IST DAS EIN PROBLEM?
SONST NICHT.
ABER IN DIESEM FALL: ABSOLUT!
DEIN KÖRPER IST PERFEKT--
DANKE?
UNTERBRICH MICH NICHT.
VIEL ZU PERFEKT FÜR IRGENDEINEN SYMBIONTEN ...

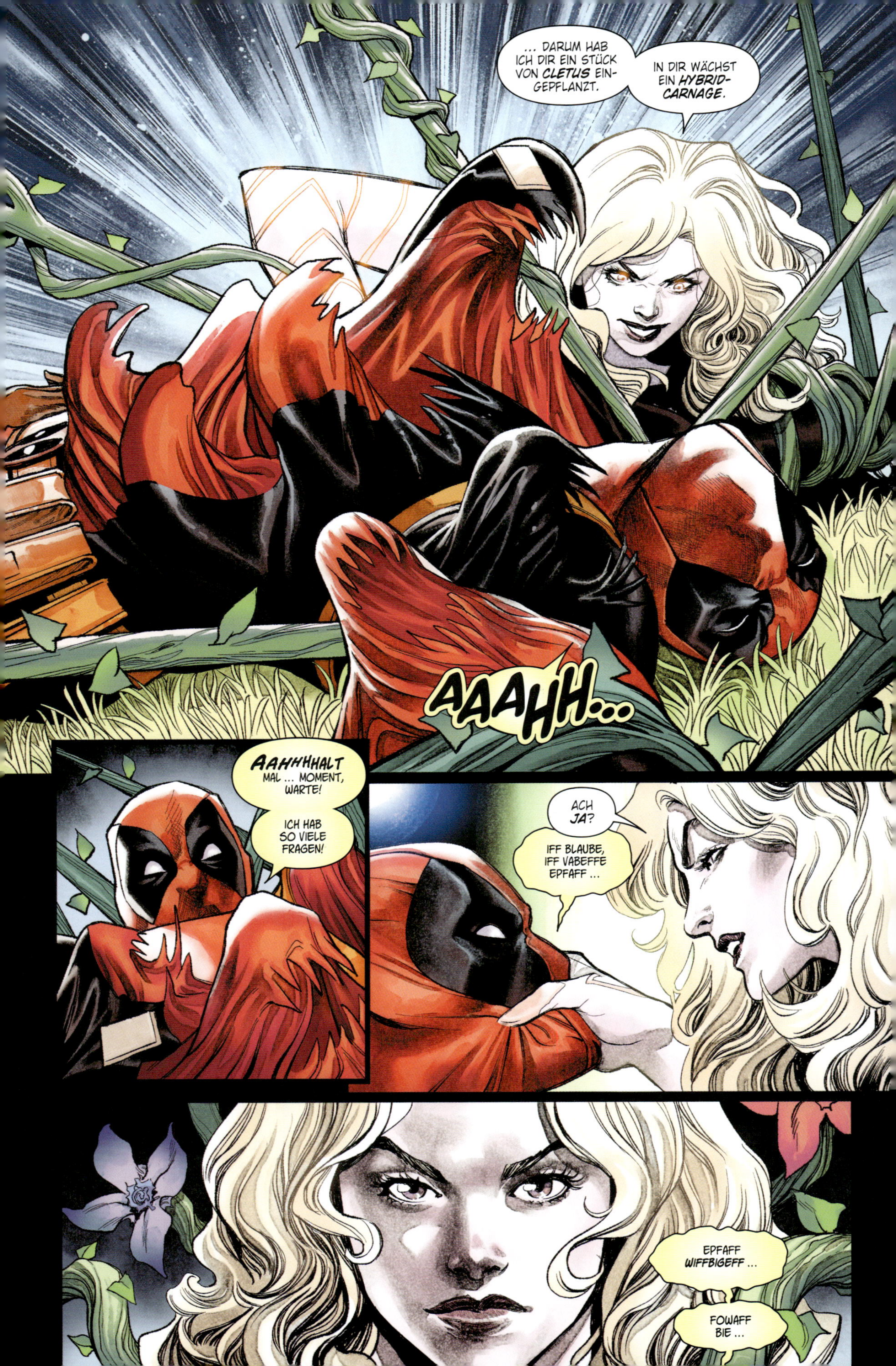
… DARUM HAB ICH DIR EIN STÜCK VON CLETUS EINGEPFLANZT.
IN DIR WÄCHST EIN HYBRID-CARNAGE.
AAAHH …
AAHHHHALT MAL … MOMENT, WARTE!
ICH HAB SO VIELE FRAGEN!
ACH JA?
IFF BLAUBE, IFF VABEFFE EPFAFF …
EPFAFF WIFFBIGEFF …
FOWAFF BIE …

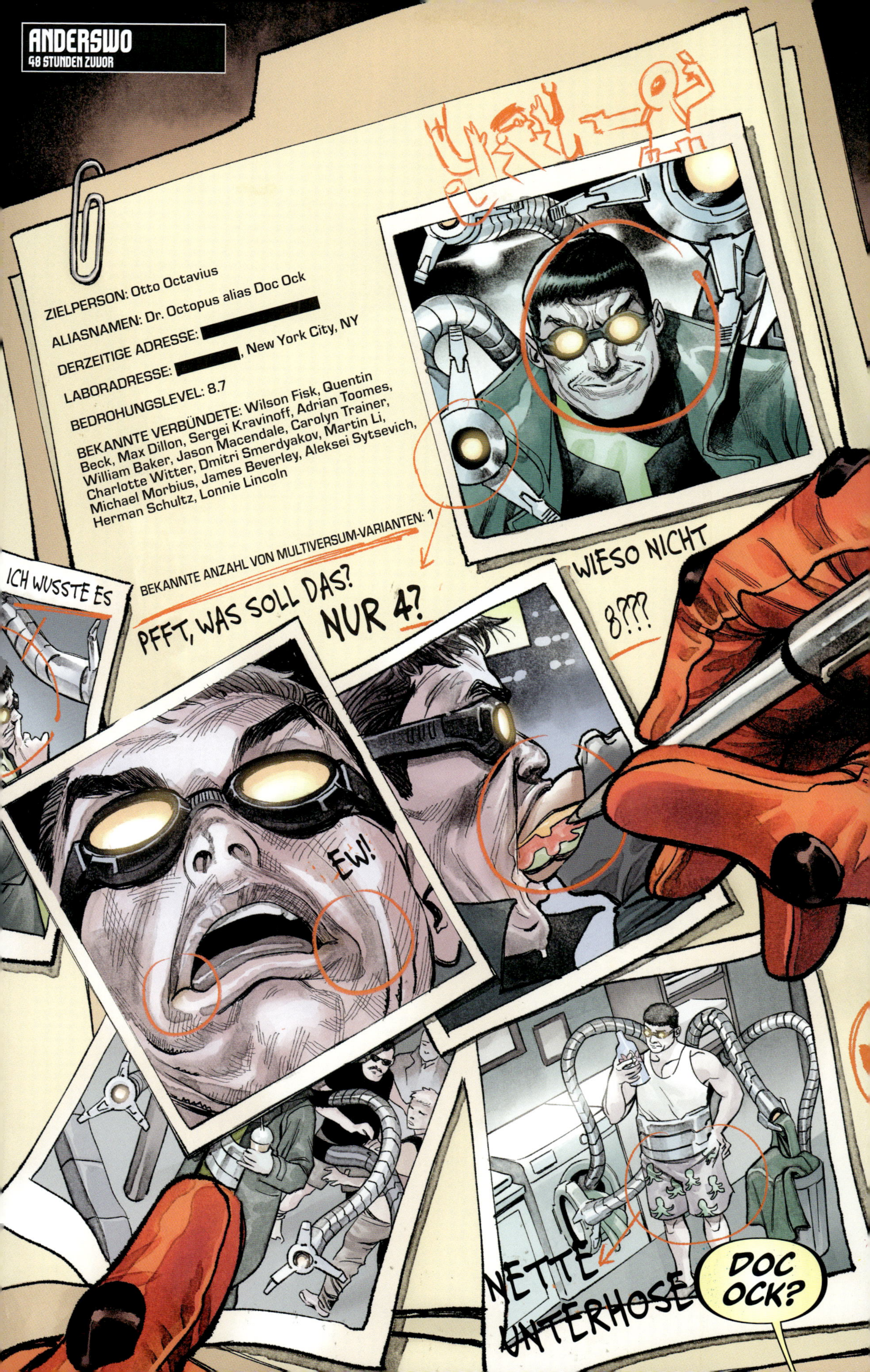
ANDERSWO
48 STUNDEN ZUVOR
ZIELPERSON: Otto Octavius
ALIASNAMEN: Dr. Octopus alias Doc Ock
DERZEITIGE ADRESSE: , New York City, NY
LABORADRESSE:
BEDROHUNGSLEVEL: 8.7
BEKANNTE VERBÜNDETE: Wilson Fisk, Quentin Beck, Max Dillon, Sergei Kravinoff, Adrian Toomes, William Baker, Jason Macendale, Carolyn Trainer, Charlotte Witter, Dmitri Smerdyakov, Martin Li, Michael Morbius, James Beverley, Aleksei Sytsevich, Herman Schultz, Lonnie Lincoln
BEKANNTE ANZAHL VON MULTIVERSUM-VARIANTEN: 1
ICH WUSSTE ES
PFFT, WAS SOLL DAS?
NUR 4?
WIESO NICHT 8???
EW!
NETTE UNTERHOSE
DOC OCK?

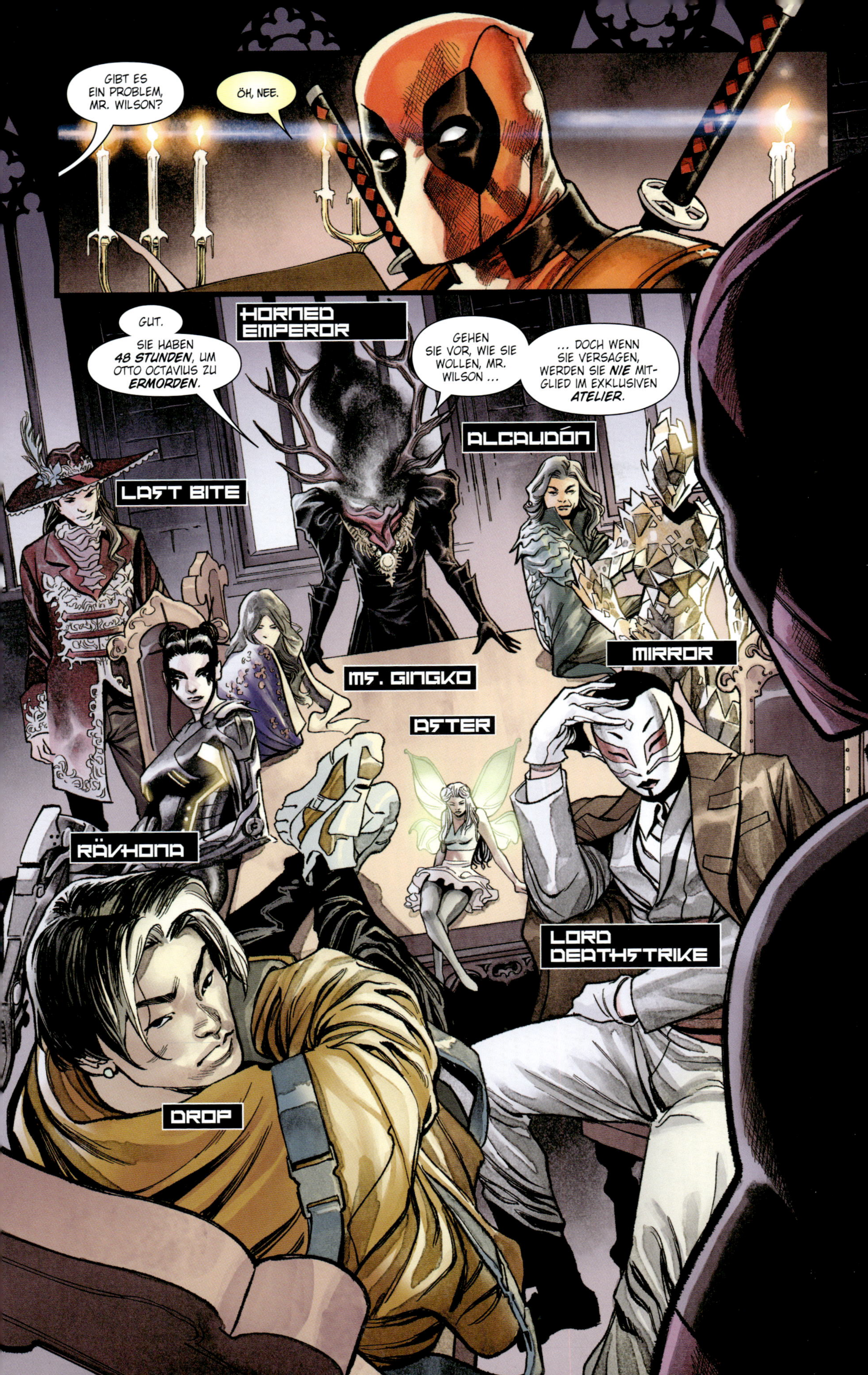

GIBT ES EIN PROBLEM, MR. WILSON?
ÖH, NEE.
GUT.
SIE HABEN 48 STUNDEN, UM OTTO OCTAVIUS ZU ERMORDEN.
HORNED EMPEROR
GEHEN SIE VOR, WIE SIE WOLLEN, MR. WILSON …
… DOCH WENN SIE VERSAGEN, WERDEN SIE NIE MITGLIED IM EXKLUSIVEN ATELIER.
ALCAUDÓN
LAST BITE
MIRROR
MS. GINGKO
ASTER
RÄVHONA
LORD DEATHSTRIKE
DROP

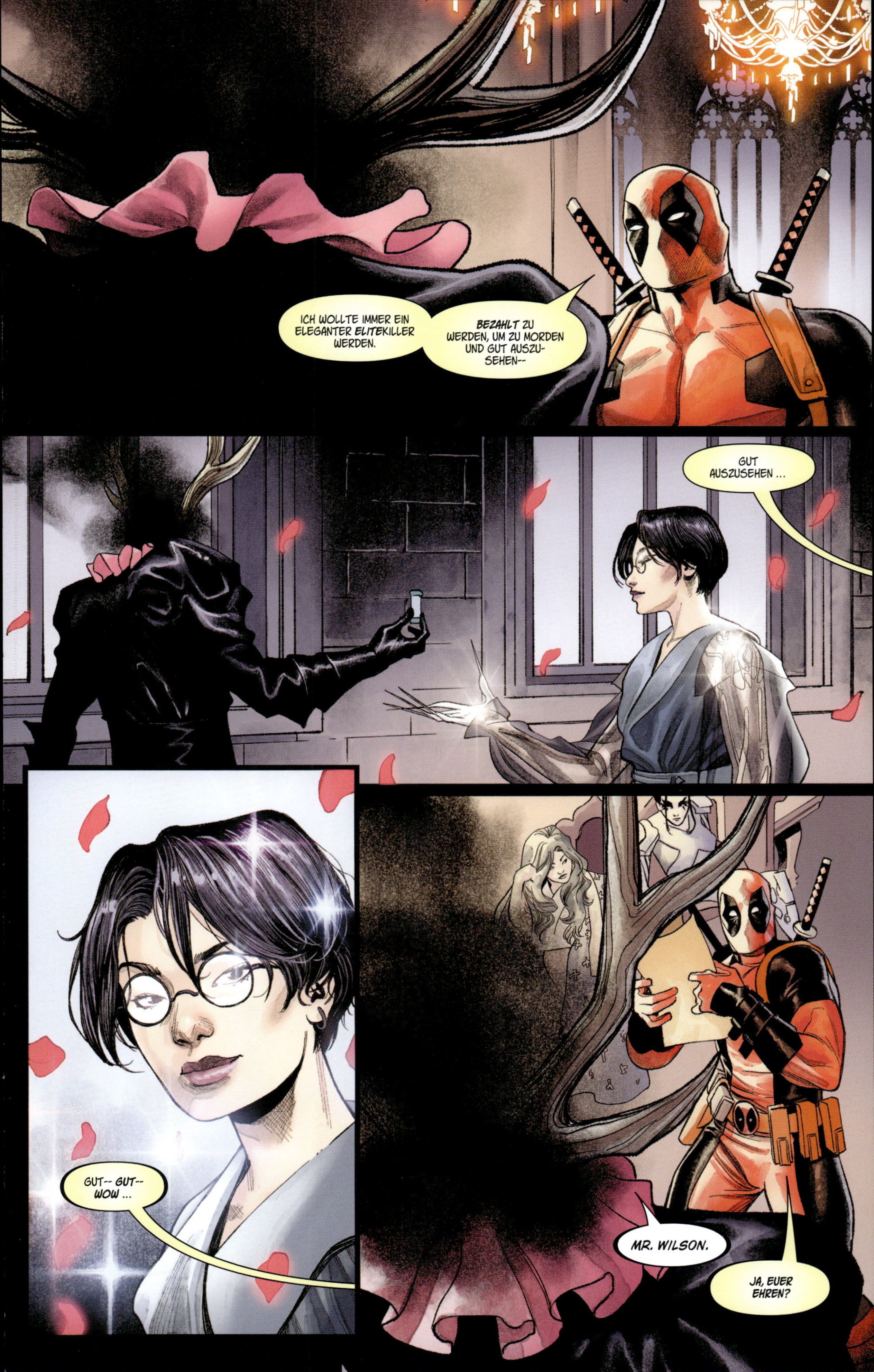
ICH WOLLTE IMMER EIN ELEGANTER ELITEKILLER WERDEN.
BEZAHLT ZU WERDEN, UM ZU MORDEN UND GUT AUSZU-SEHEN--
GUT AUSZUSEHEN ...
GUT-- GUT-- WOW ...
MR. WILSON.
JA, EUER EHREN?

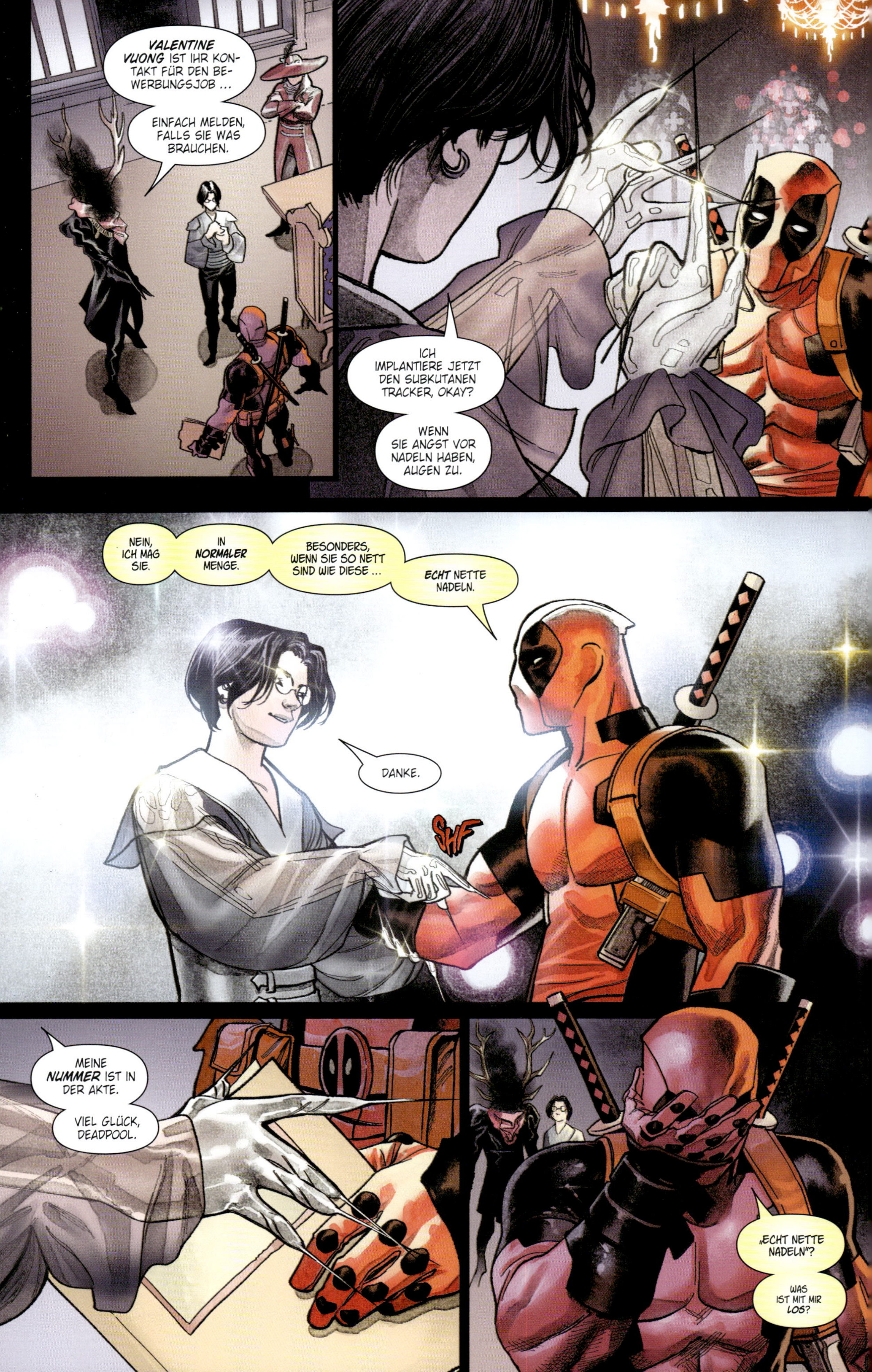

VALENTINE VUONG IST IHR KONTAKT FÜR DEN BEWERBUNGSJOB ...
EINFACH MELDEN, FALLS SIE WAS BRAUCHEN.
ICH IMPLANTIERE JETZT DEN SUBKUTANEN TRACKER, OKAY?
WENN SIE ANGST VOR NADELN HABEN, AUGEN ZU.
NEIN, ICH MAG SIE.
IN NORMALER MENGE.
BESONDERS, WENN SIE SO NETT SIND WIE DIESE ...
ECHT NETTE NADELN.
DANKE.
SHF
MEINE NUMMER IST IN DER AKTE.
VIEL GLÜCK, DEADPOOL.
„ECHT NETTE NADELN"?
WAS IST MIT MIR LOS?

DAS ATELIER

Eine geheime Gesellschaft von Elitekillern und Söldnern. Exklusiv und mondän. Mitgliedschaft nur auf Einladung.

Es gibt nur wenige erlesene Mitglieder. Alle paar Jahre vergibt die Organisation Bewerbungsjobs an potenzielle Mitglieder. Erfolgreiche Kandidaten werden dann ausgewählt. Schon eine Einladung zu einem Bewerbungsjob gilt in der Branche als „Oscar-Nominierung".

Obwohl aus dem Atelier nur wenige Informationen bekannt sind, kennt man doch einige Mitglieder: Der Anführer ist Horned Emperor, der mit einem Chor von Stimmen spricht. Dann gibt es Aster, eine exilierte Fee; Last Bite, alterslos und grausam; Alcaudón, den Pfähler. Über die restlichen Mitglieder gibt es nur Gerüchte und vage Aussagen. Ein Wesen aus Licht und Spiegeln soll es geben, ein Ex-Model, einen Mann mit einer Maske mit roten Lippen sowie eine Frau mit einem Gingko-Tattoo auf der Hand.

Die einzige sonst verifizierte Information ist, dass das Atelier hervorragend bezahlt und exzellente Zusatzversorgung bietet.

BESSERE ANMACHSPRÜCHE ALS „NETTE NADELN".

- ~~HI, BABY. SIEHT SPITZE AUS!~~
- ~~IST DAS EINE SPRITZE IN DEINER TASCHE ODER FREUST DU DICH NUR, MICH ZU SEHEN?~~
- ~~DU DARFST MIR JEDERZEIT EINE INJEKTION VERPASSEN ;-)~~
- ~~GLAUBST DU AN LIEBE AUF DEN ERSTEN BLICK ODER SOLL ICH NOCH MAL KOMMEN?~~
- ~~GLAUB JA NICHT, DASS ICH MIT DIR INS BETT WILL ... SOFA REICHT VÖLLIG.~~
  ← ODER BESENKAMMER? ODER TISCH? ODER ... NEE, NICHT GUT.
- ~~ICH KRIEG HERZRASEN, WENN ICH DICH NUR SEHE.~~
  ← IM ERNST?!
- ~~EINS SOLLST DU WISSEN ... ICH BIN EIN PRIMA NADELKISSEN.~~
- ~~WENN DU EIN „S" WÄRST, BABY ... DANN EIN SCHARFES „S".~~
- [illegible]
- DAS SOLLTE NICHT SO HART SEIN
- ABER ICH BIN'S
- WARTE
- NEIN
- [illegible]

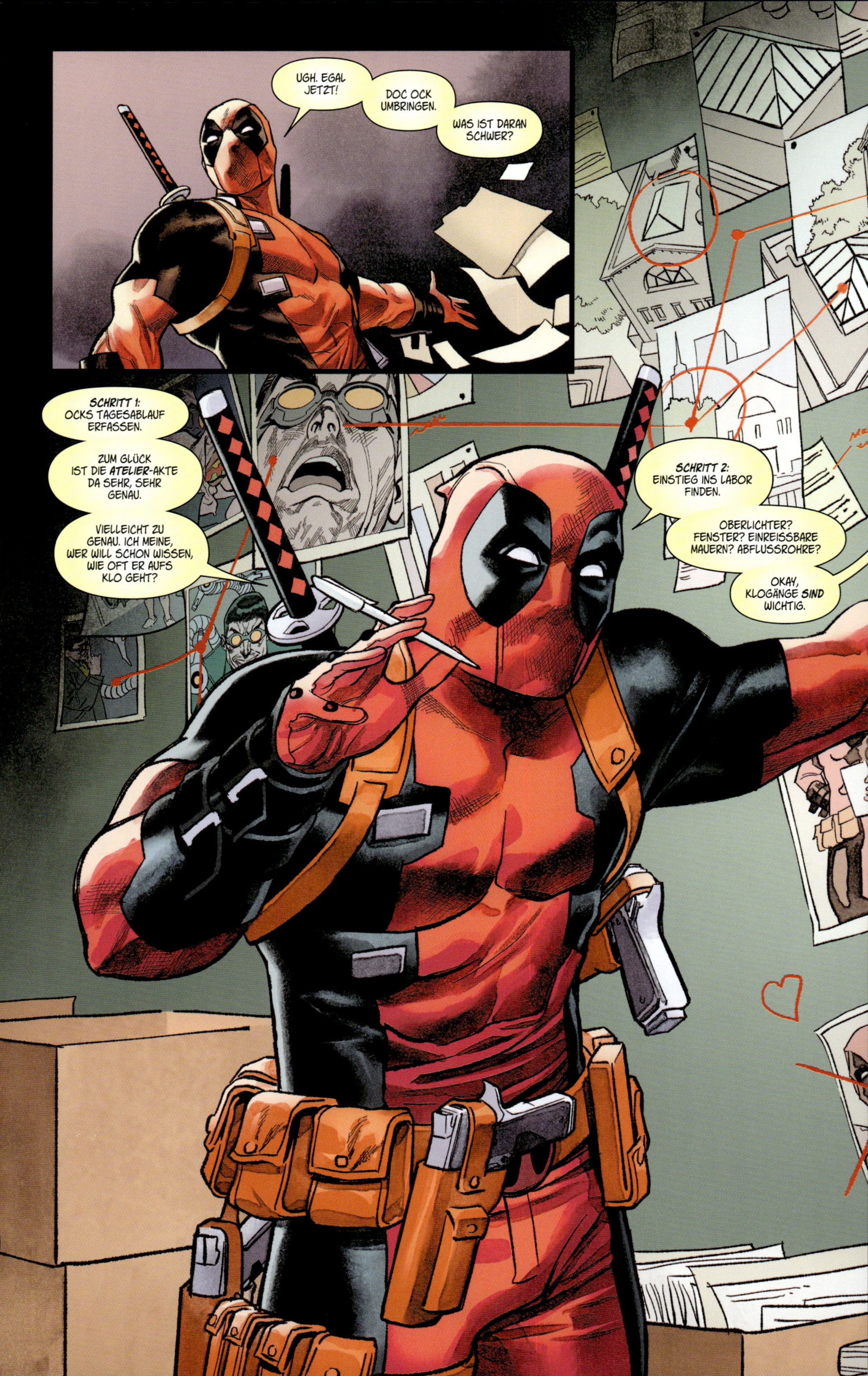
UGH. EGAL JETZT!
DOC OCK UMBRINGEN.
WAS IST DARAN SCHWER?
SCHRITT 1: OCKS TAGESABLAUF ERFASSEN.
ZUM GLÜCK IST DIE ATELIER-AKTE DA SEHR, SEHR GENAU.
VIELLEICHT ZU GENAU. ICH MEINE, WER WILL SCHON WISSEN, WIE OFT ER AUFS KLO GEHT?
SCHRITT 2: EINSTIEG INS LABOR FINDEN.
OBERLICHTER? FENSTER? EINREISSBARE MAUERN? ABFLUSSROHRE?
OKAY, KLOGÄNGE SIND WICHTIG.

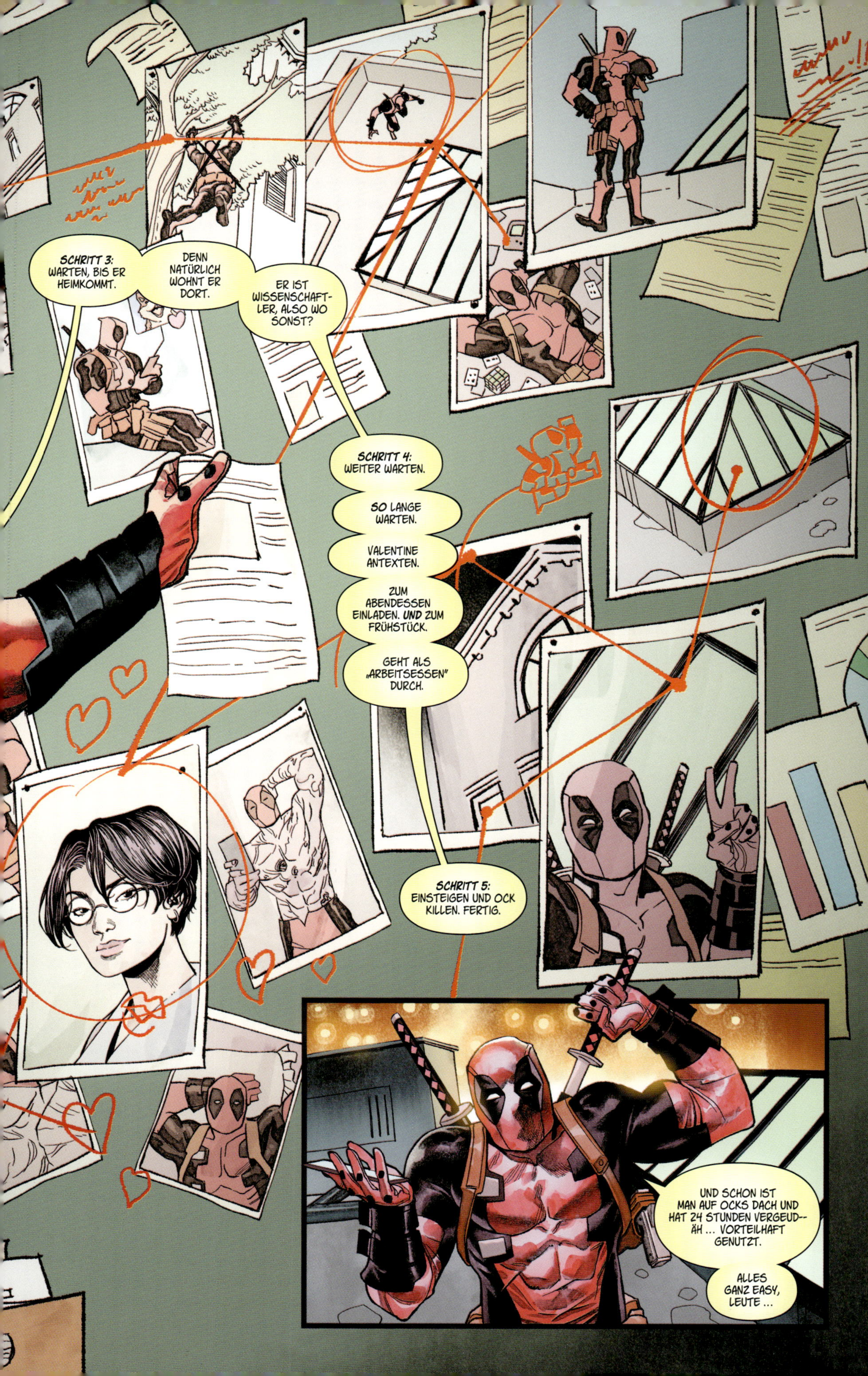

SCHRITT 3: WARTEN, BIS ER HEIMKOMMT.
DENN NATÜRLICH WOHNT ER DORT.
ER IST WISSENSCHAFT-LER, ALSO WO SONST?
SCHRITT 4: WEITER WARTEN.
SO LANGE WARTEN.
VALENTINE ANTEXTEN.
ZUM ABENDESSEN EINLADEN. UND ZUM FRÜHSTÜCK.
GEHT ALS „ARBEITSESSEN" DURCH.
SCHRITT 5: EINSTEIGEN UND OCK KILLEN. FERTIG.
UND SCHON IST MAN AUF OCKS DACH UND HAT 24 STUNDEN VERGEUD-- ÄH … VORTEILHAFT GENUTZT.
ALLES GANZ EASY, LEUTE …

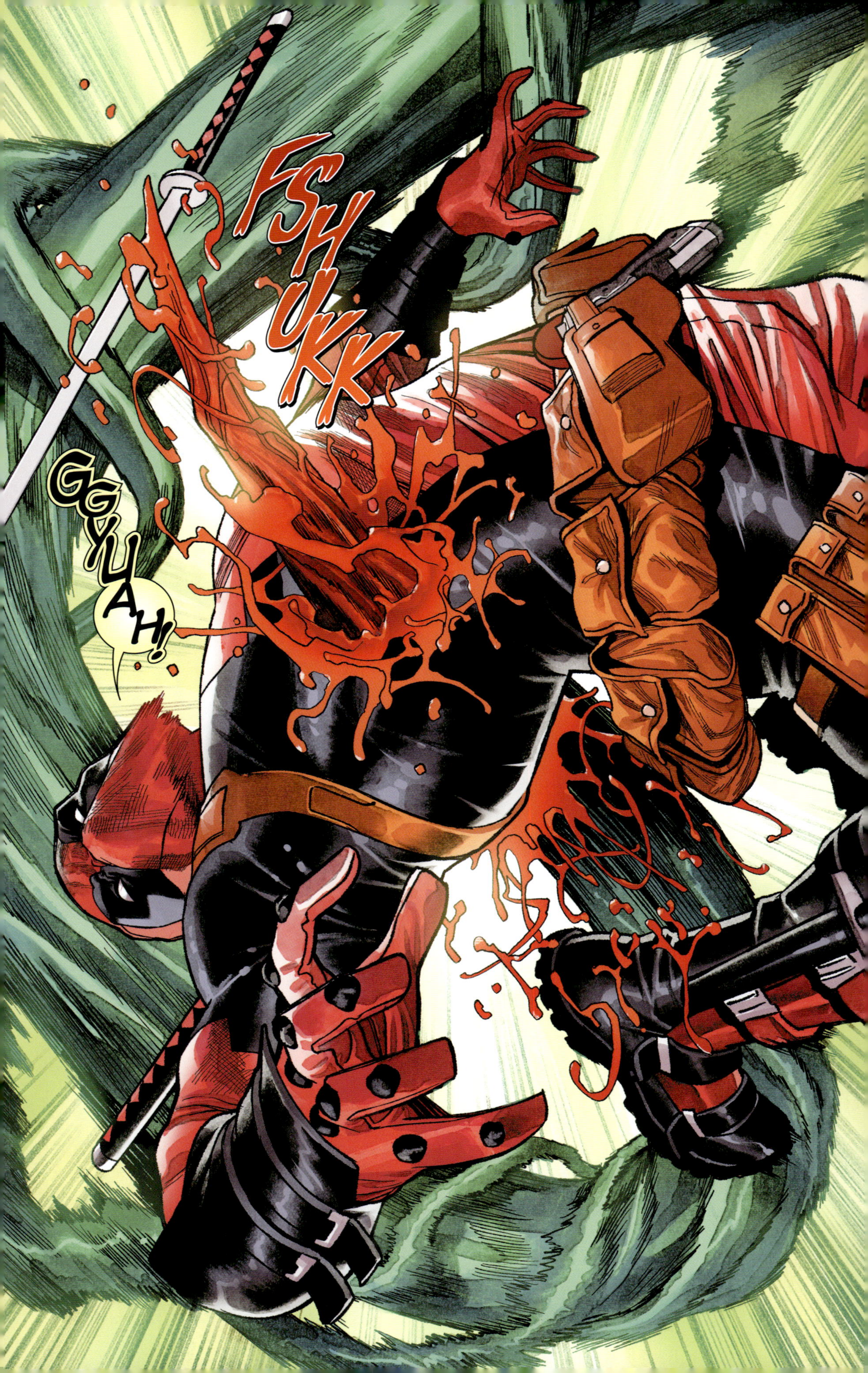
FSHUKK
GGYUAH!

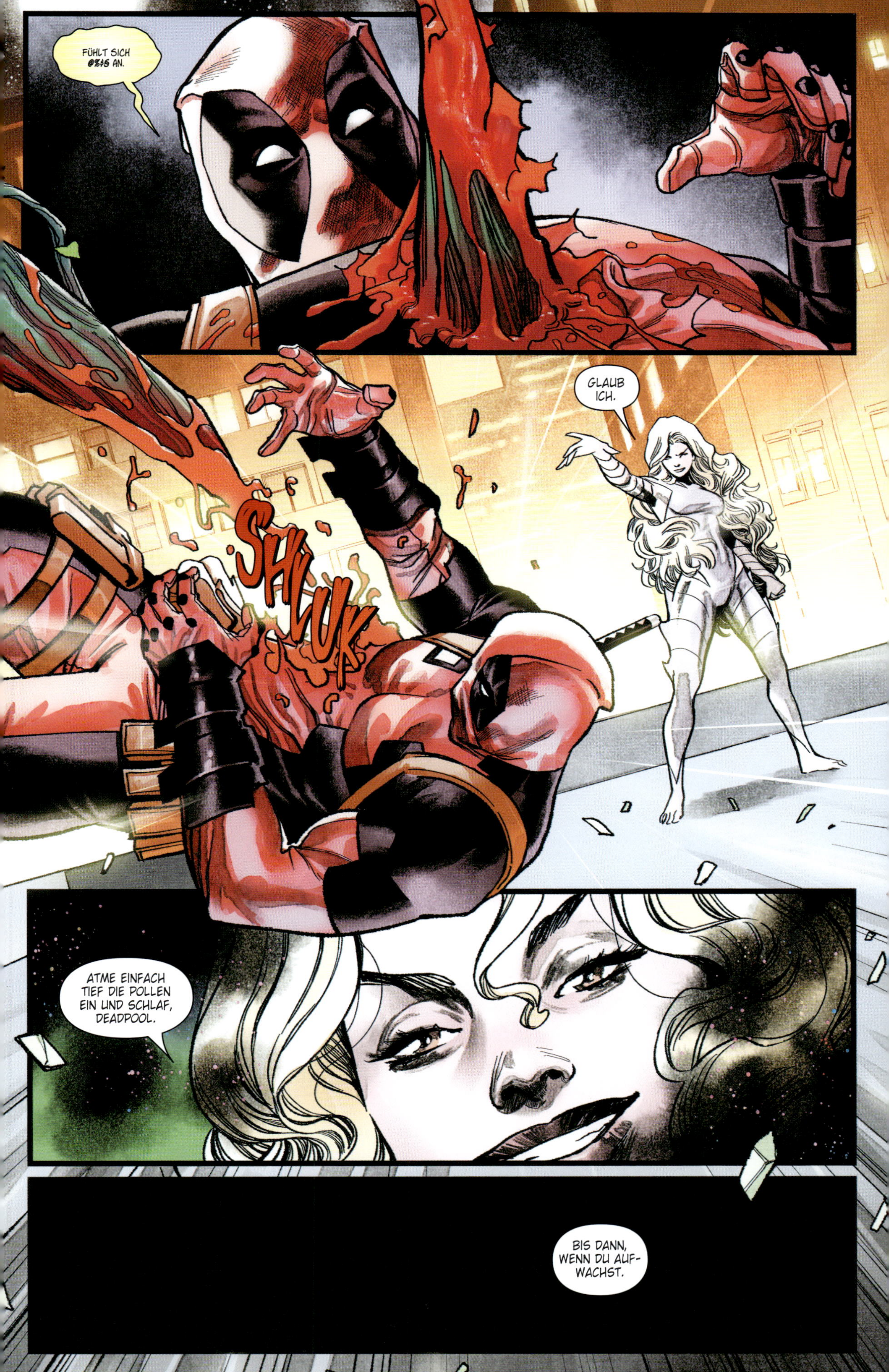
FÜHLT SICH @%$ AN.
SHLUK
GLAUB ICH.
ATME EINFACH TIEF DIE POLLEN EIN UND SCHLAF, DEADPOOL.
BIS DANN, WENN DU AUF-WACHST.

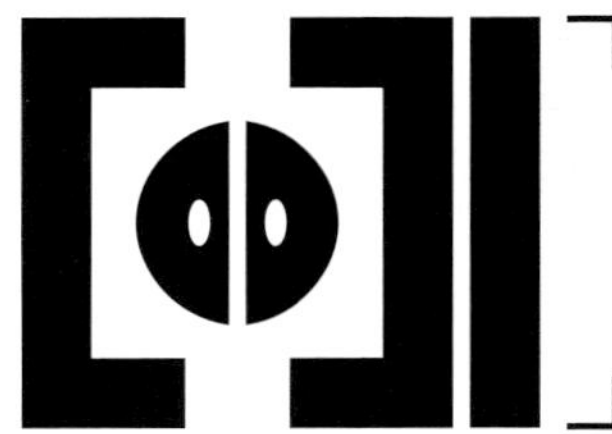

AUSZUG AUS AUFZEICHNUNGEN AUS DEM LABOR VON HARRIET BROMES ALIAS HARROWER: DATUM: ████████

Noch ein Fehlschlag.

Meine Großtante Augusta sagt, dass es bei wissenschaftlichen Experimenten keine Fehlschläge gibt. Denn alle Informationen sind nützliche Informationen. Zu entdecken, dass etwas nicht machbar ist, ist also ein ebenso großer Erfolg, wie etwas Machbares umgesetzt zu haben.

Großtante Augusta hat wie immer Unrecht. Jedes Wirtswesen, das ich mit einem Symbiontenspross verschmolzen habe, ist gestorben. Bisher waren Leberfusionen am erfolgreichsten, wobei die Wirte bis zu zwei Stunden länger überlebten als die Nicht-Leberfusion-Wirte. Aber tot ist tot. Und das ist inakzeptabel.

Ich schaffe es ja so schon kaum, den Symbionten am Leben zu halten. Dieses Experiment führt mich jeden Tag an die Grenzen.

Ich glaube, meine Herangehensweise war falsch. Ich habe *Dermatobia hominis*, die amerikanische Dasselfliege, als Inspiration für meine Methodik genutzt. Dasselfliegenbefall ist bei allen Wirtsspezies minimalinvasiv und schadet dem Wirtswesen kaum. Aber der Carnage-Symbiont will konsumieren. Er will Schaden anrichten.

Also ist ein neuer Ansatz notwendig. *Pepsis grossa* ist ein wesentlich aggressiverer Parasit. Der „Tarantulafalke“, eine Wegwespe, jagt Vogelspinnen, betäubt sie und legt jeweils ein Ei auf eine betäubte Spinne, die dann in einer Höhle eingeschlossen wird. Die Larve nutzt die Spinne als Nahrung, bis sie ausgewachsen ist.

PEPSIS GROSSA-REPRODUKTIONSZYKLUS:

1. Erwachsene weibliche *Pepsis grossa* jagen *Aphonopelma hentzi*, bis diese sich als Drohgebärde aufrichten. Blitzschnell sticht *P. grossa* dann in die Unterseite von *A. hentzi* und injiziert ein lähmendes Gift.
2. Dann schleppt *P. grossa* die gelähmte Spinne entweder in deren eigene oder eine selbst gegrabene Höhle und legt auf dem Hinterleib der Spinne ein einzelnes Ei.
3. Die Larve ernährt sich in der Sicherheit der verschlossenen Höhle während des gesamten Larvenstadiums von der Spinne, bis sie sich verpuppt.
4. Die geschlüpfte Wespe gräbt sich aus der Höhle und der Zyklus beginnt von vorn.

Das scheint das wesentlich geeignetere Modell für den Symbionten. Fehlt nur ein Wirt, der alles lange genug überlebt, bis der neue Carnage schlüpft. Vielleicht kann synthetisiertes Gift von *P. grossa* den Wirt lähmen. Es gibt viel zu bedenken.

Und ich weiß, wo ich anfange.

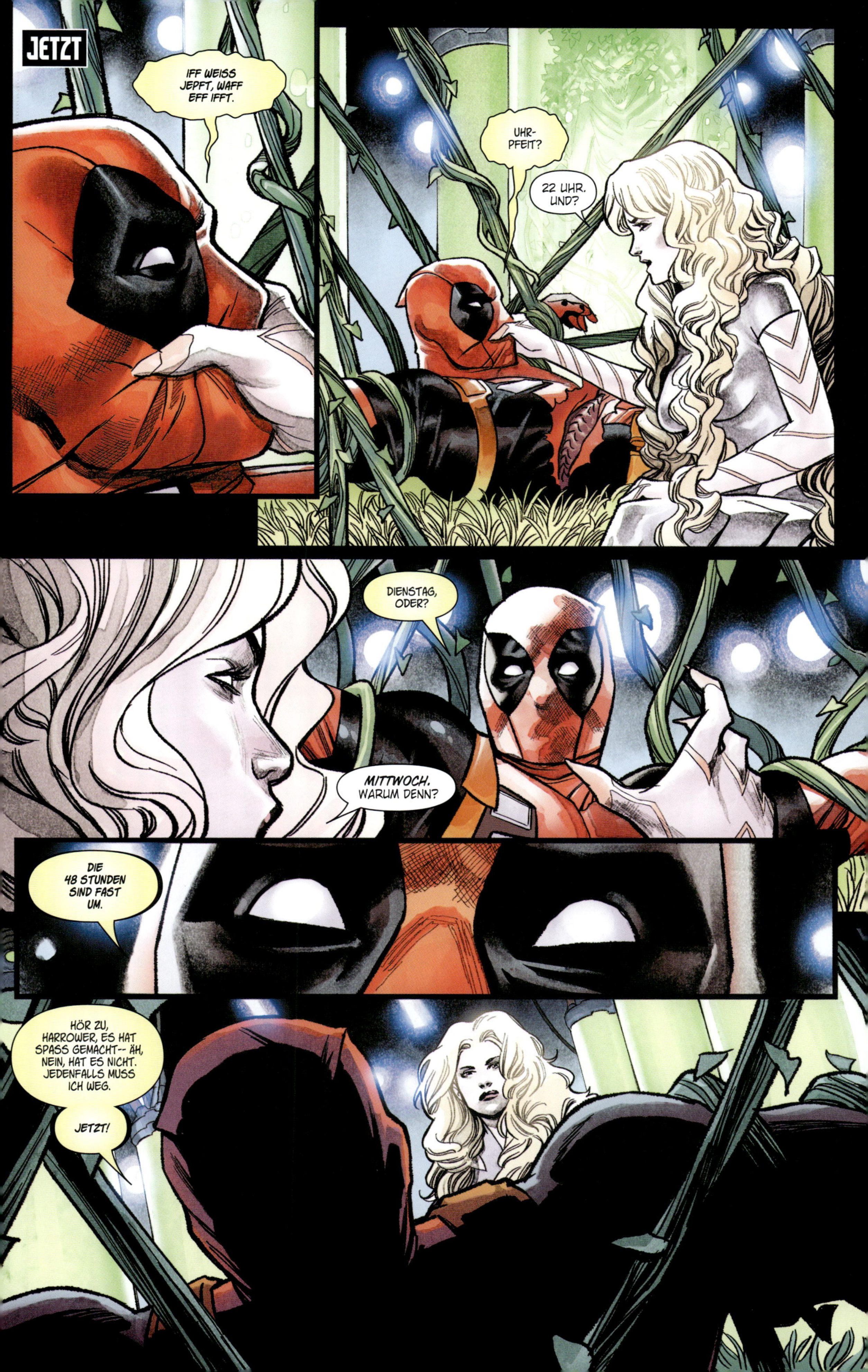
JETZT
IFF WEISS JEPFT, WAFF EFF IFFT.
UHR-PFEIT?
22 UHR. UND?
DIENSTAG, ODER?
MITTWOCH. WARUM DENN?
DIE 48 STUNDEN SIND FAST UM.
HÖR ZU, HARROWER, ES HAT SPASS GEMACHT-- ÄH, NEIN, HAT ES NICHT. JEDENFALLS MUSS ICH WEG.
JETZT!

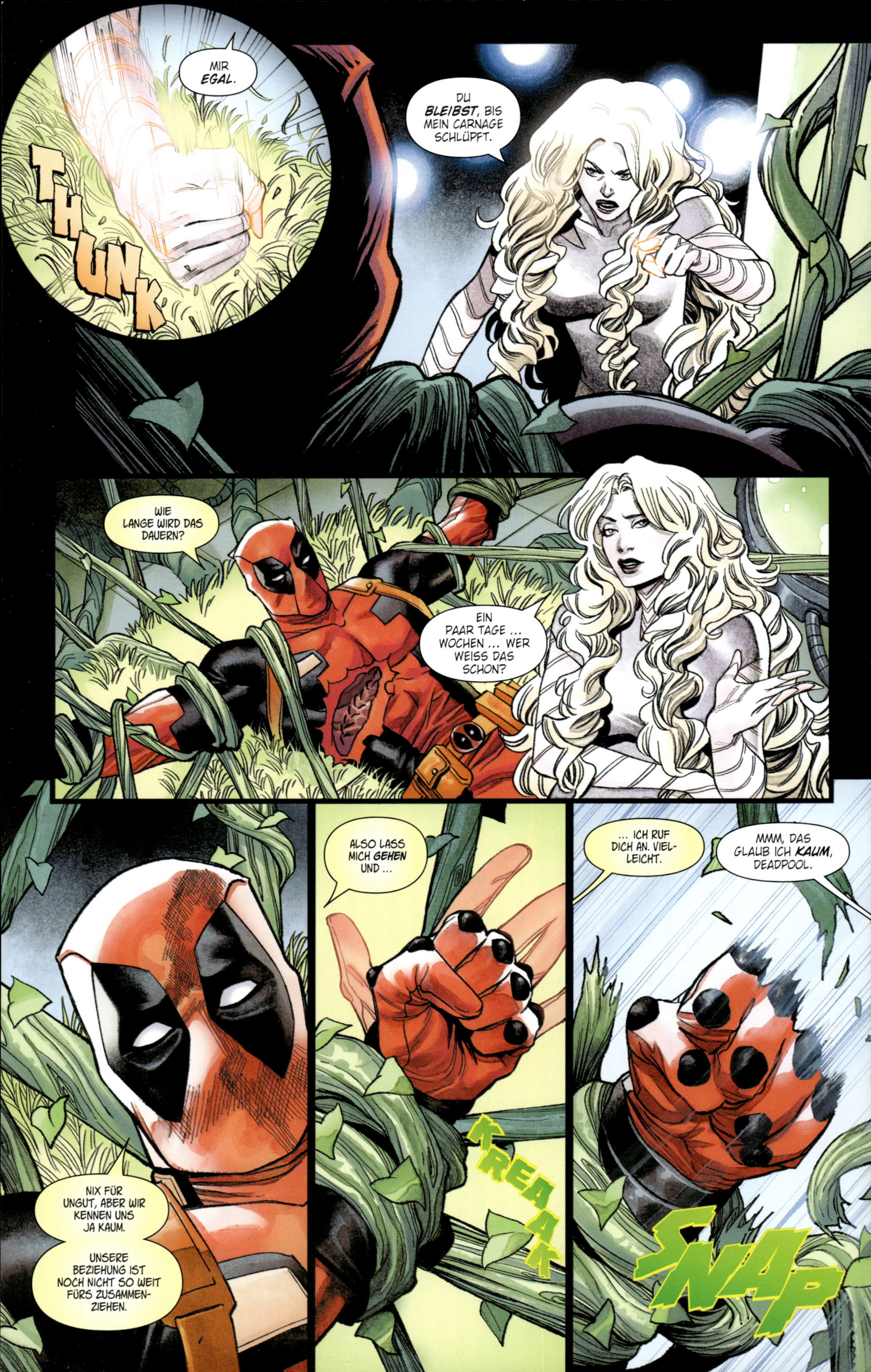
MIR EGAL.
THUNK
DU BLEIBST, BIS MEIN CARNAGE SCHLÜPFT.
WIE LANGE WIRD DAS DAUERN?
EIN PAAR TAGE ... WOCHEN ... WER WEISS DAS SCHON?
NIX FÜR UNGUT, ABER WIR KENNEN UNS JA KAUM.
UNSERE BEZIEHUNG IST NOCH NICHT SO WEIT FÜRS ZUSAMMEN-ZIEHEN.
ALSO LASS MICH GEHEN UND ...
KREAAAK
... ICH RUF DICH AN. VIEL-LEICHT.
MMM, DAS GLAUB ICH KAUM, DEADPOOL.
SNAP

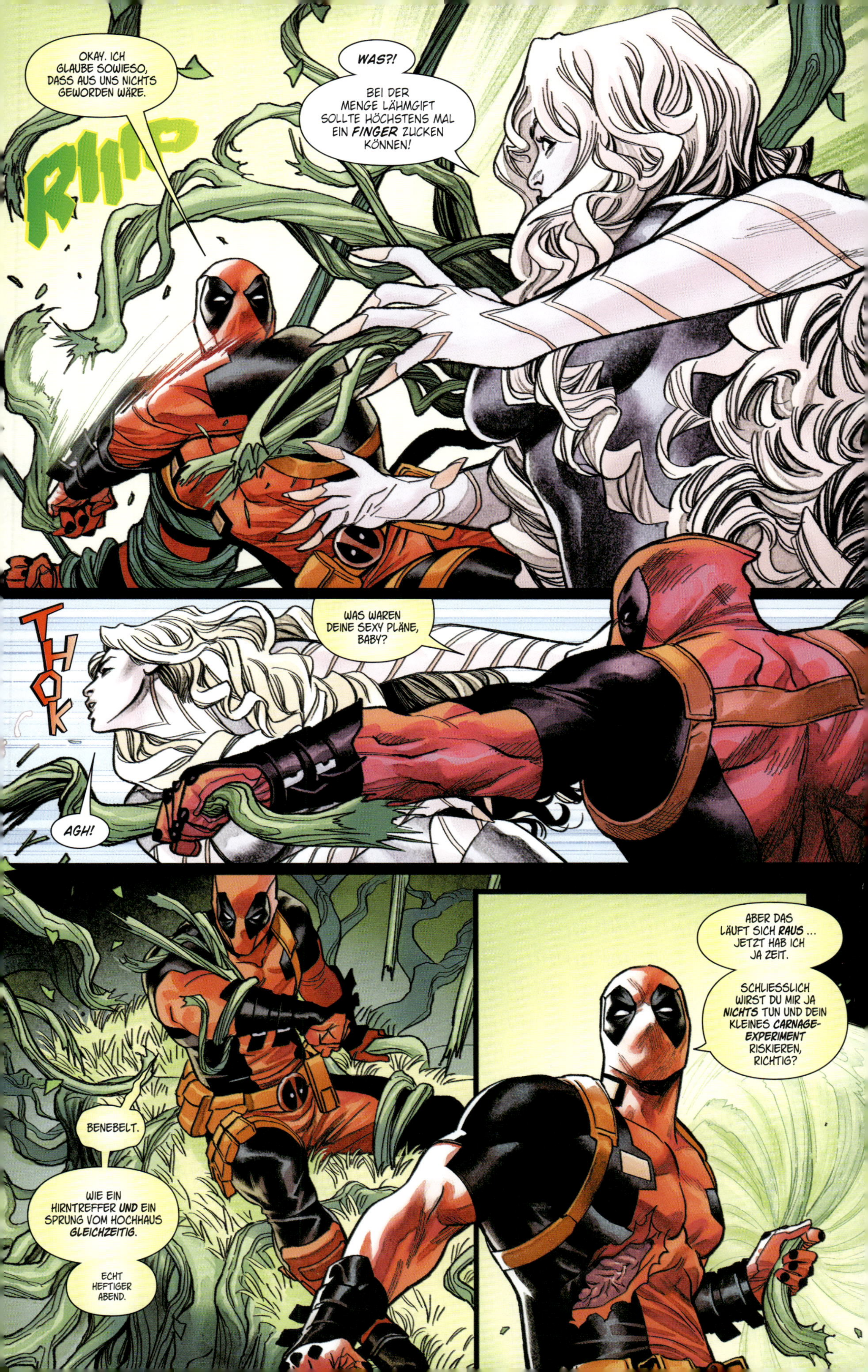
OKAY. ICH GLAUBE SOWIESO, DASS AUS UNS NICHTS GEWORDEN WÄRE.
RIIIP
WAS?!
BEI DER MENGE LÄHMGIFT SOLLTE HÖCHSTENS MAL EIN FINGER ZUCKEN KÖNNEN!
THOK
WAS WAREN DEINE SEXY PLÄNE, BABY?
AGH!
BENEBELT.
WIE EIN HIRNTREFFER UND EIN SPRUNG VOM HOCHHAUS GLEICHZEITIG.
ECHT HEFTIGER ABEND.
ABER DAS LÄUFT SICH RAUS ... JETZT HAB ICH JA ZEIT.
SCHLIESSLICH WIRST DU MIR JA NICHTS TUN UND DEIN KLEINES CARNAGE-EXPERIMENT RISKIEREN, RICHTIG?

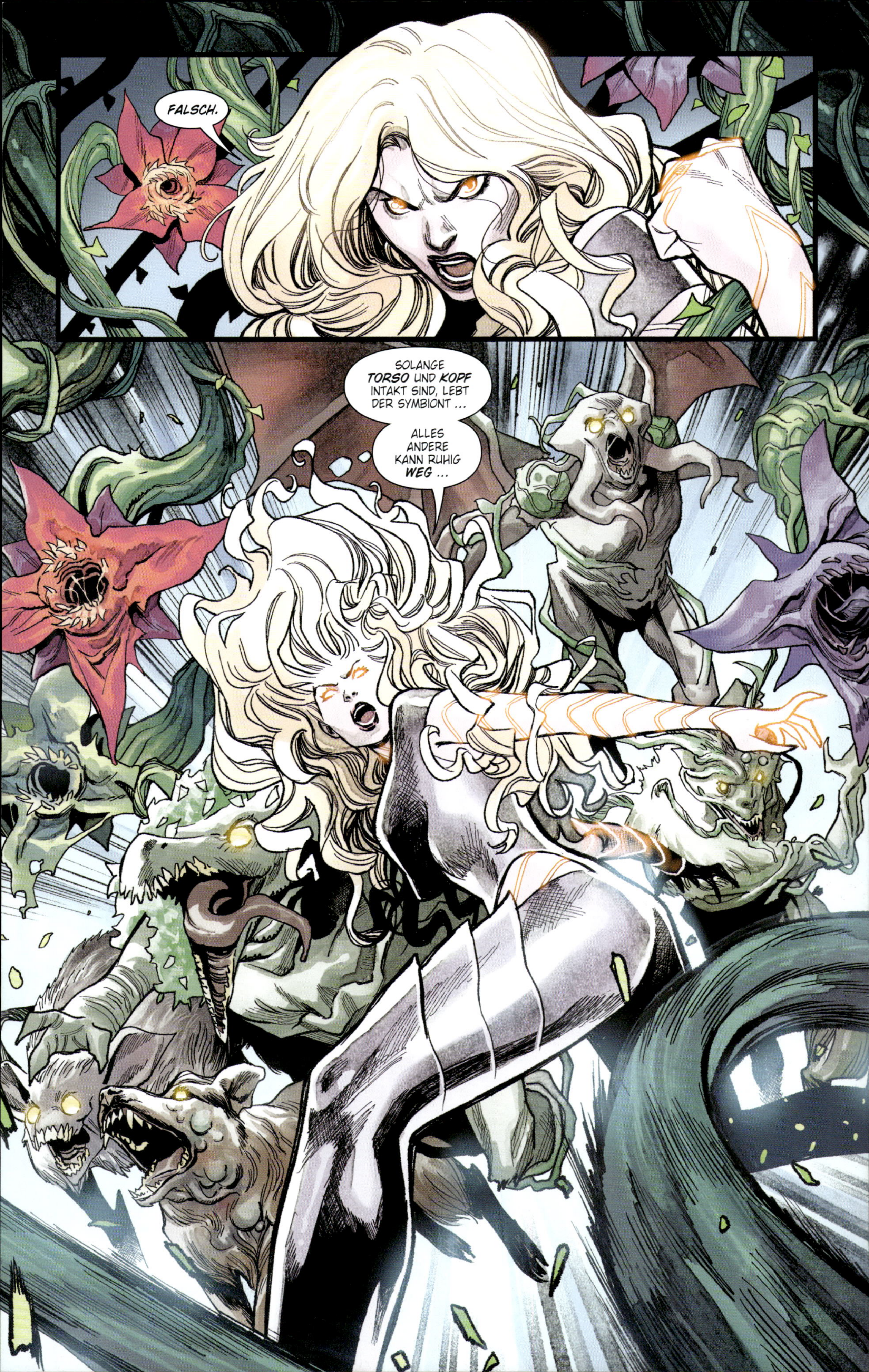
FALSCH.
SOLANGE TORSO UND KOPF INTAKT SIND, LEBT DER SYMBIONT ...
ALLES ANDERE KANN RUHIG WEG ...

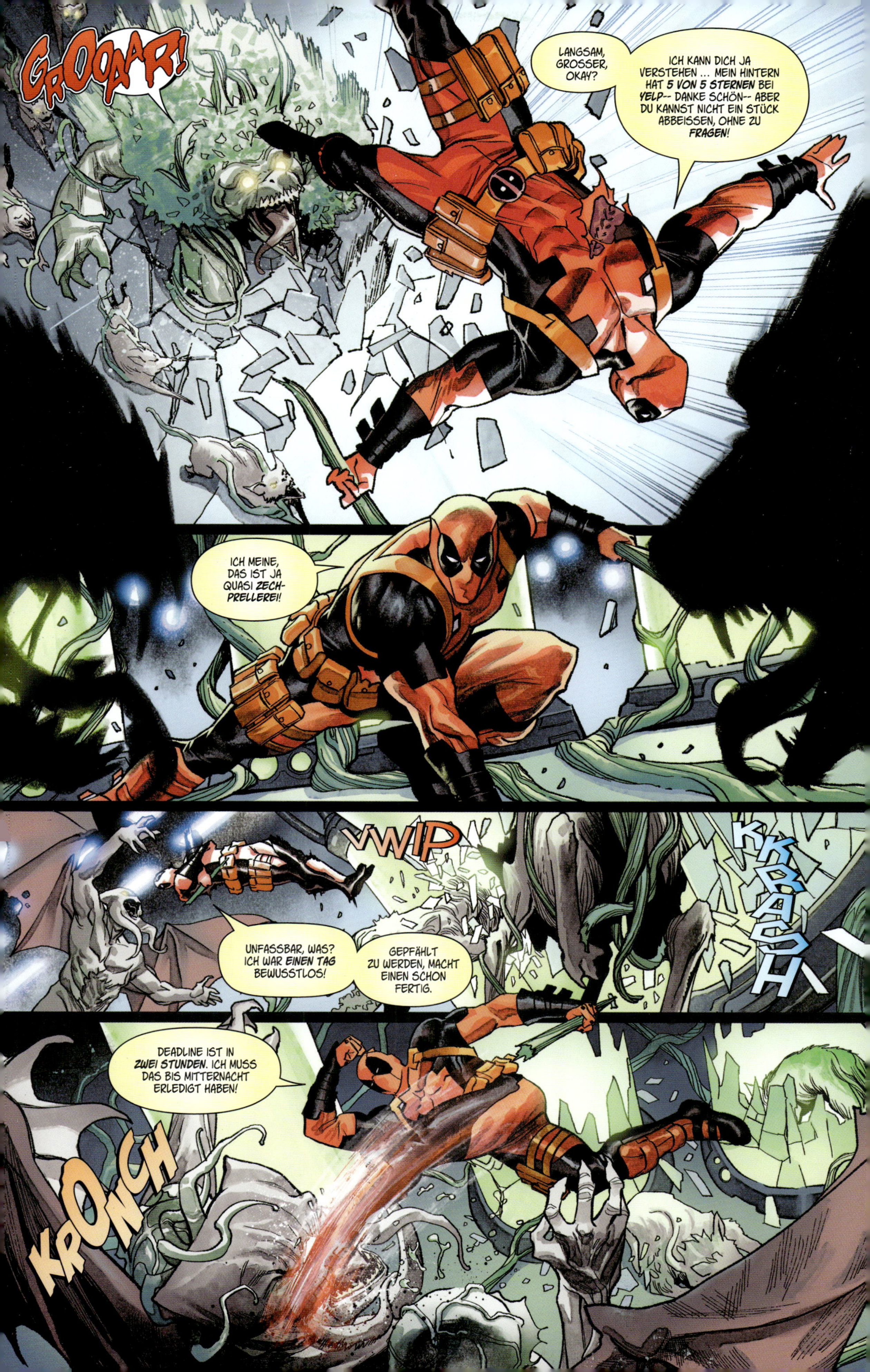
GROOAAR!
LANGSAM, GROSSER, OKAY?
ICH KANN DICH JA VERSTEHEN ... MEIN HINTERN HAT 5 VON 5 STERNEN BEI YELP-- DANKE SCHÖN-- ABER DU KANNST NICHT EIN STÜCK ABBEISSEN, OHNE ZU FRAGEN!
ICH MEINE, DAS IST JA QUASI ZECH-PRELLEREI!
VWIP
KKRASH
UNFASSBAR, WAS? ICH WAR EINEN TAG BEWUSSTLOS!
GEPFÄHLT ZU WERDEN, MACHT EINEN SCHON FERTIG.
DEADLINE IST IN ZWEI STUNDEN. ICH MUSS DAS BIS MITTERNACHT ERLEDIGT HABEN!
KRONCH

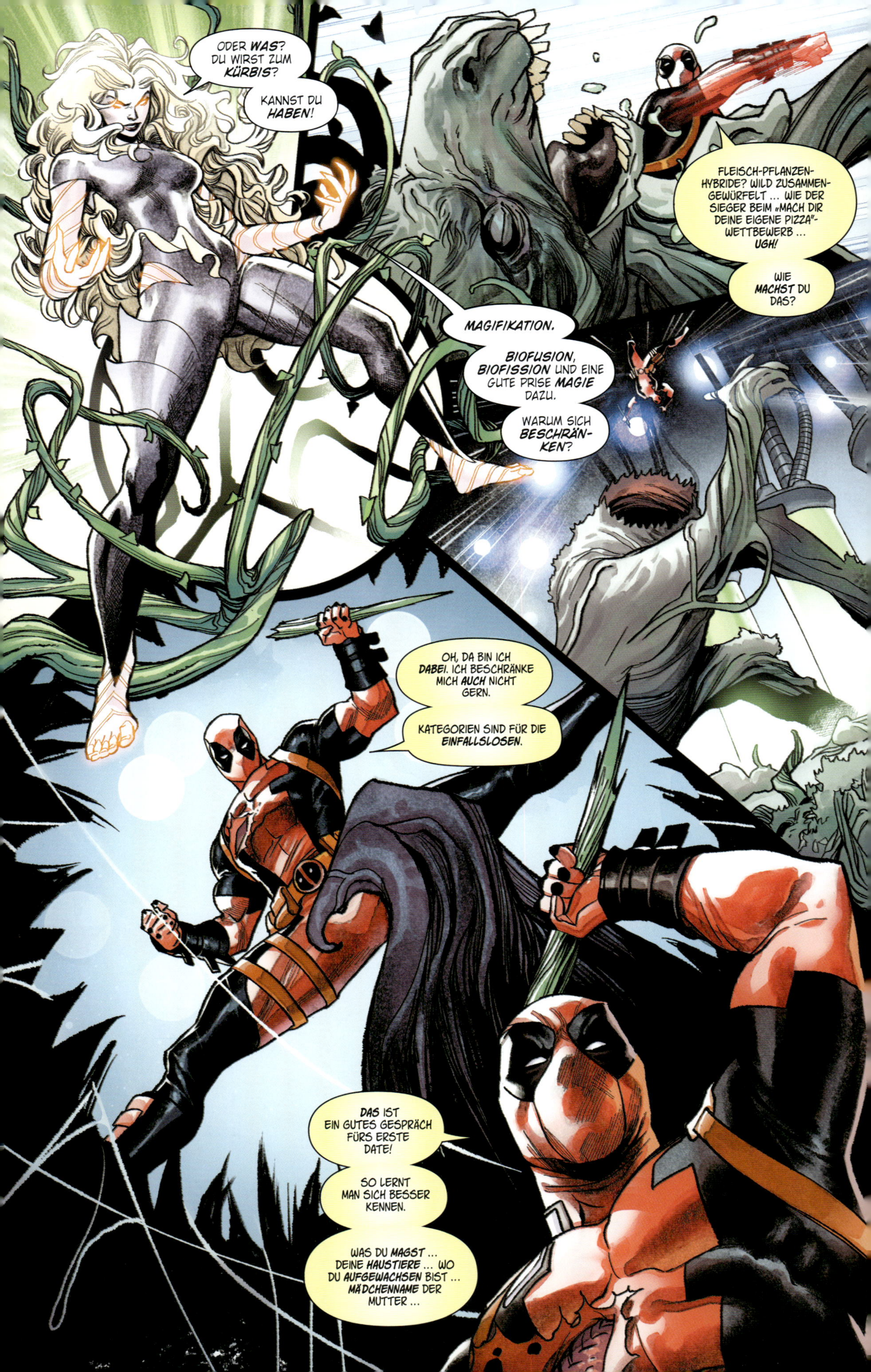

ODER WAS? DU WIRST ZUM KÜRBIS?
KANNST DU HABEN!
FLEISCH-PFLANZEN-HYBRIDE? WILD ZUSAMMEN-GEWÜRFELT ... WIE DER SIEGER BEIM „MACH DIR DEINE EIGENE PIZZA"-WETTBEWERB ... UGH!
WIE MACHST DU DAS?
MAGIFIKATION.
BIOFUSION, BIOFISSION UND EINE GUTE PRISE MAGIE DAZU.
WARUM SICH BESCHRÄN-KEN?
OH, DA BIN ICH DABEI. ICH BESCHRÄNKE MICH AUCH NICHT GERN.
KATEGORIEN SIND FÜR DIE EINFALLSLOSEN.
DAS IST EIN GUTES GESPRÄCH FÜRS ERSTE DATE!
SO LERNT MAN SICH BESSER KENNEN.
WAS DU MAGST ... DEINE HAUSTIERE ... WO DU AUFGEWACHSEN BIST ... MÄDCHENNAME DER MUTTER ...

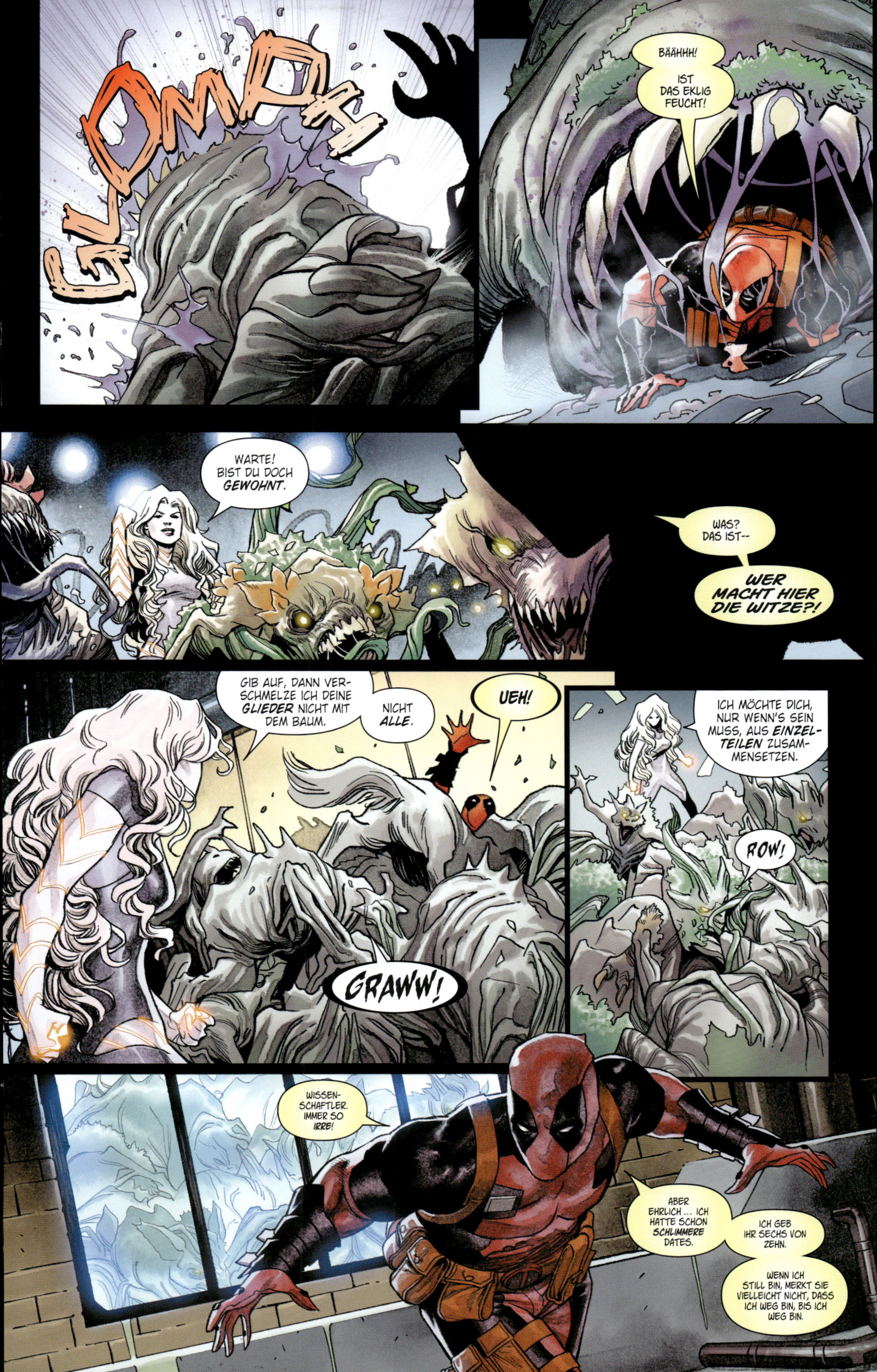
GLOMPH
BÄÄHHH!
IST DAS EKLIG FEUCHT!
WARTE! BIST DU DOCH GEWOHNT.
WAS? DAS IST--
WER MACHT HIER DIE WITZE?!
GIB AUF, DANN VERSCHMELZE ICH DEINE GLIEDER NICHT MIT DEM BAUM.
NICHT ALLE.
UEH!
GRAWW!
ICH MÖCHTE DICH, NUR WENN'S SEIN MUSS, AUS EINZELTEILEN ZUSAMMENSETZEN.
ROW!
WISSENSCHAFTLER. IMMER SO IRRE!
ABER EHRLICH ... ICH HATTE SCHON SCHLIMMERE DATES.
ICH GEB IHR SECHS VON ZEHN.
WENN ICH STILL BIN, MERKT SIE VIELLEICHT NICHT, DASS ICH WEG BIN, BIS ICH WEG BIN.

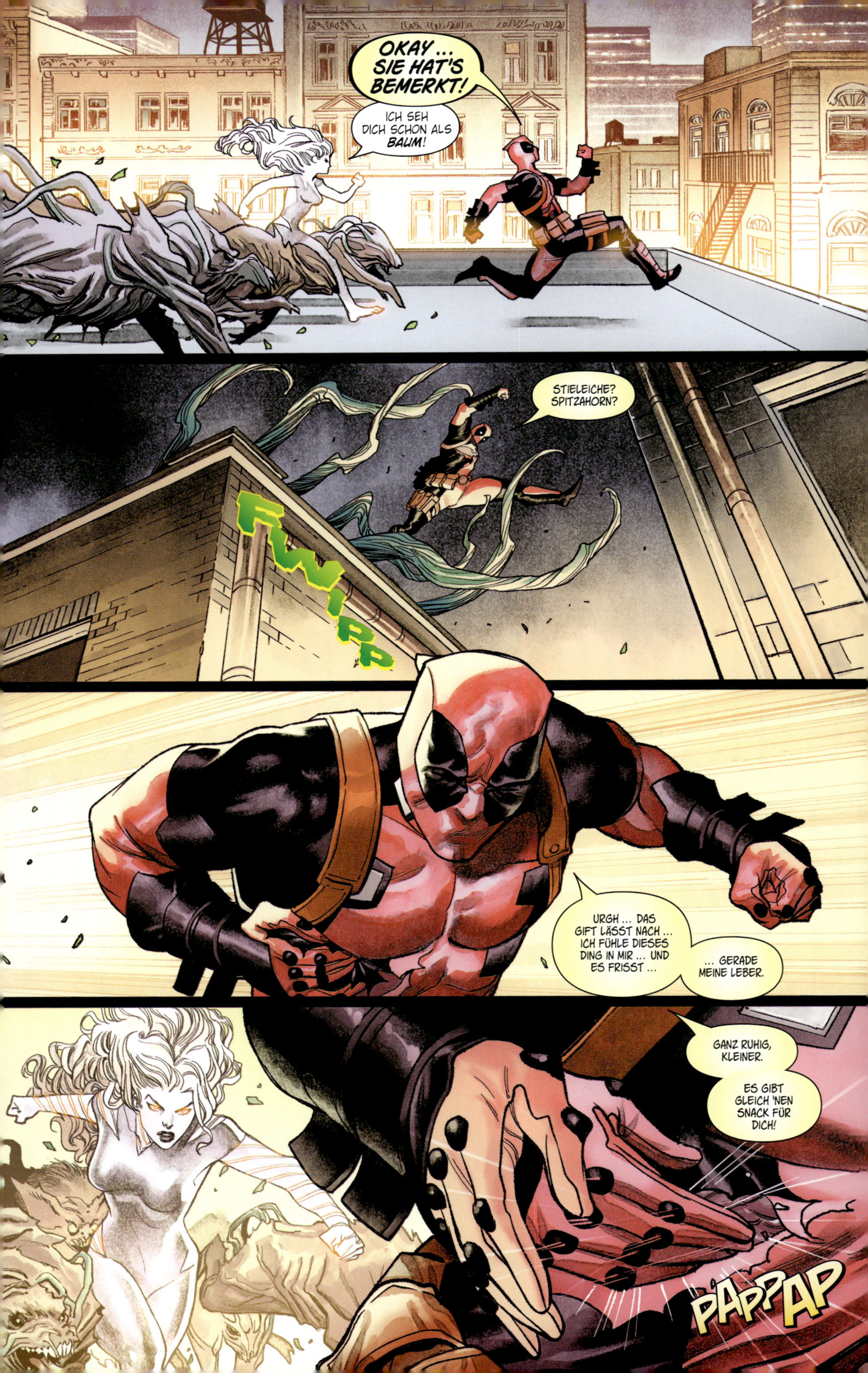
OKAY ... SIE HAT'S BEMERKT!
ICH SEH DICH SCHON ALS BAUM!
STIELEICHE? SPITZAHORN?
FWIPP
URGH ... DAS GIFT LÄSST NACH ... ICH FÜHLE DIESES DING IN MIR ... UND ES FRISST ...
... GERADE MEINE LEBER.
GANZ RUHIG, KLEINER.
ES GIBT GLEICH 'NEN SNACK FÜR DICH!
PAPPAP

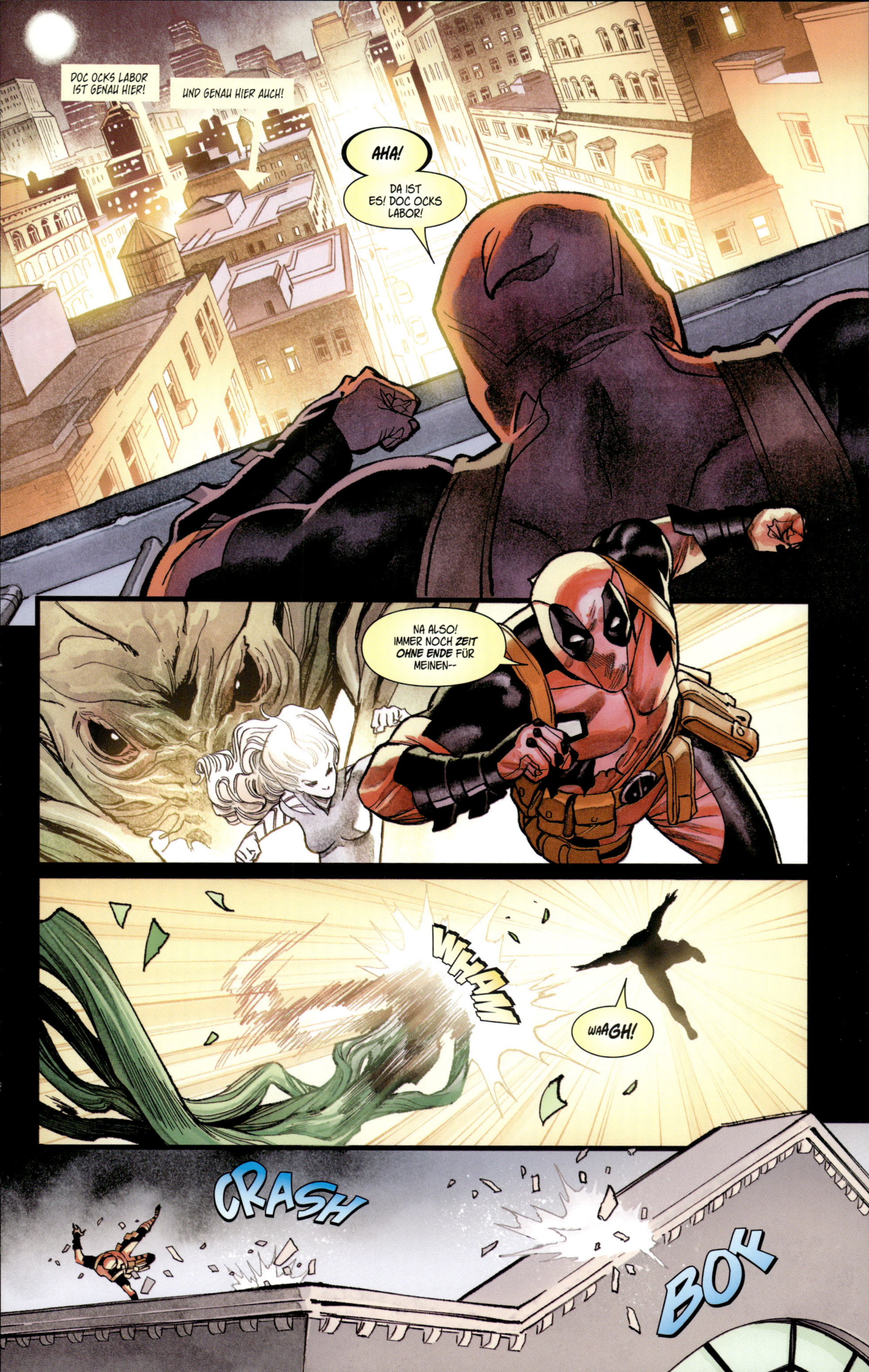
DOC OCKS LABOR IST GENAU HIER!
UND GENAU HIER AUCH!
AHA!
DA IST ES! DOC OCKS LABOR!
NA ALSO! IMMER NOCH **ZEIT OHNE ENDE** FÜR MEINEN--
WHAM
WAAGH!
CRASH
BOF

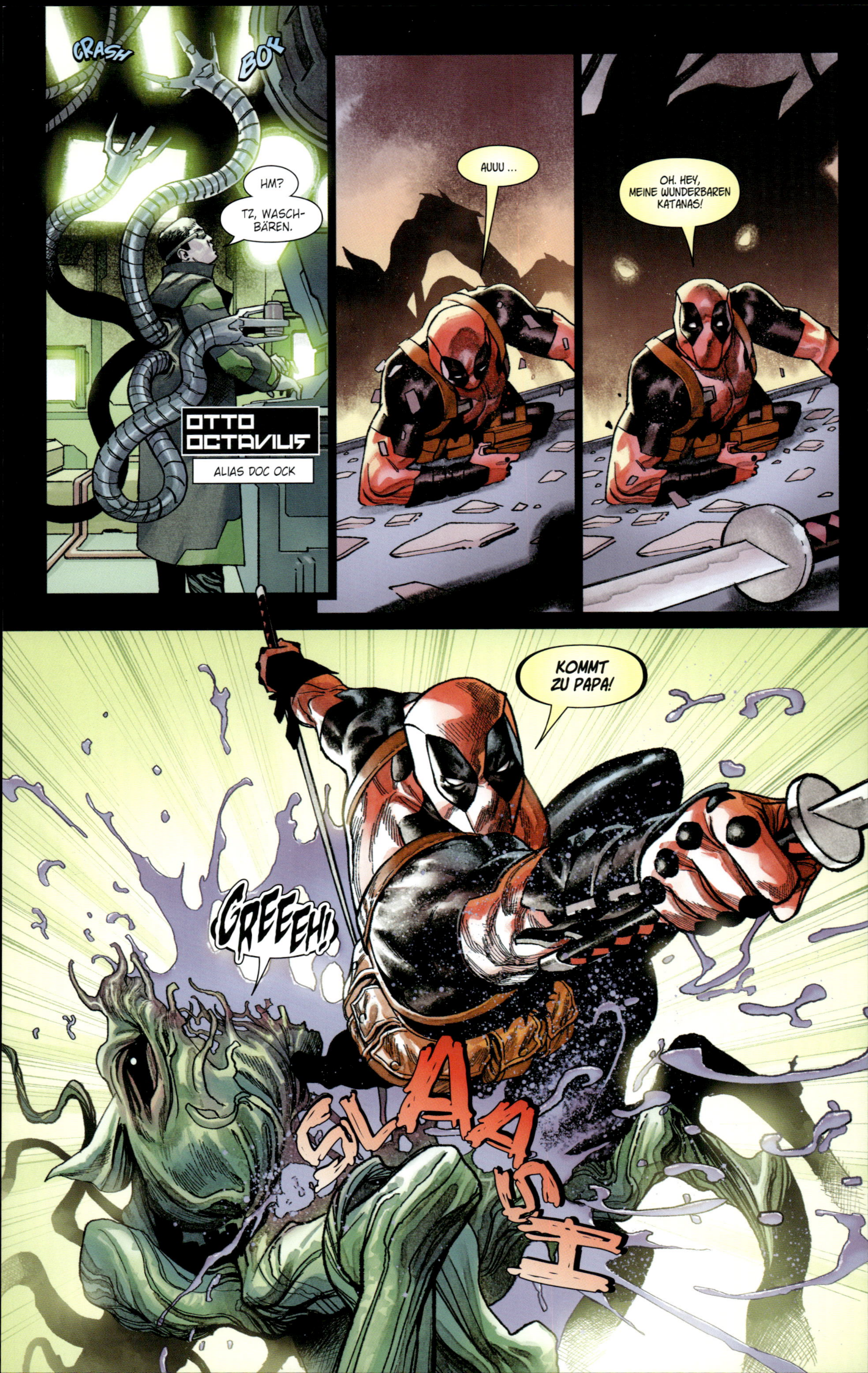

CRASH
BOK
HM?
TZ, WASCH-BÄREN.
OTTO OCTAVIUS
ALIAS DOC OCK
AUUU ...
OH. HEY, MEINE WUNDERBAREN KATANAS!
KOMMT ZU PAPA!
GREEEH!
SLAASH

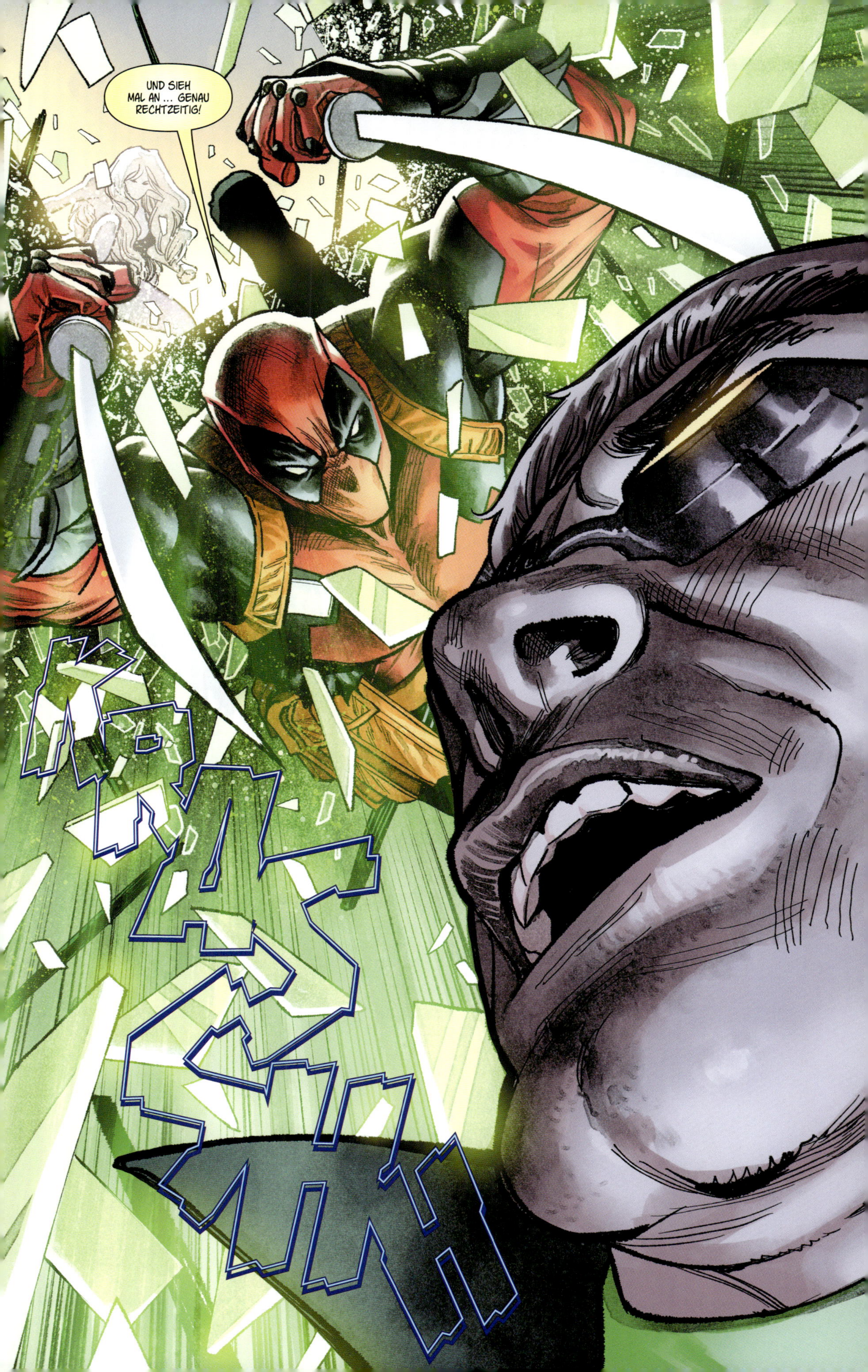
UND SIEH MAL AN ... GENAU RECHTZEITIG!
KRASCH

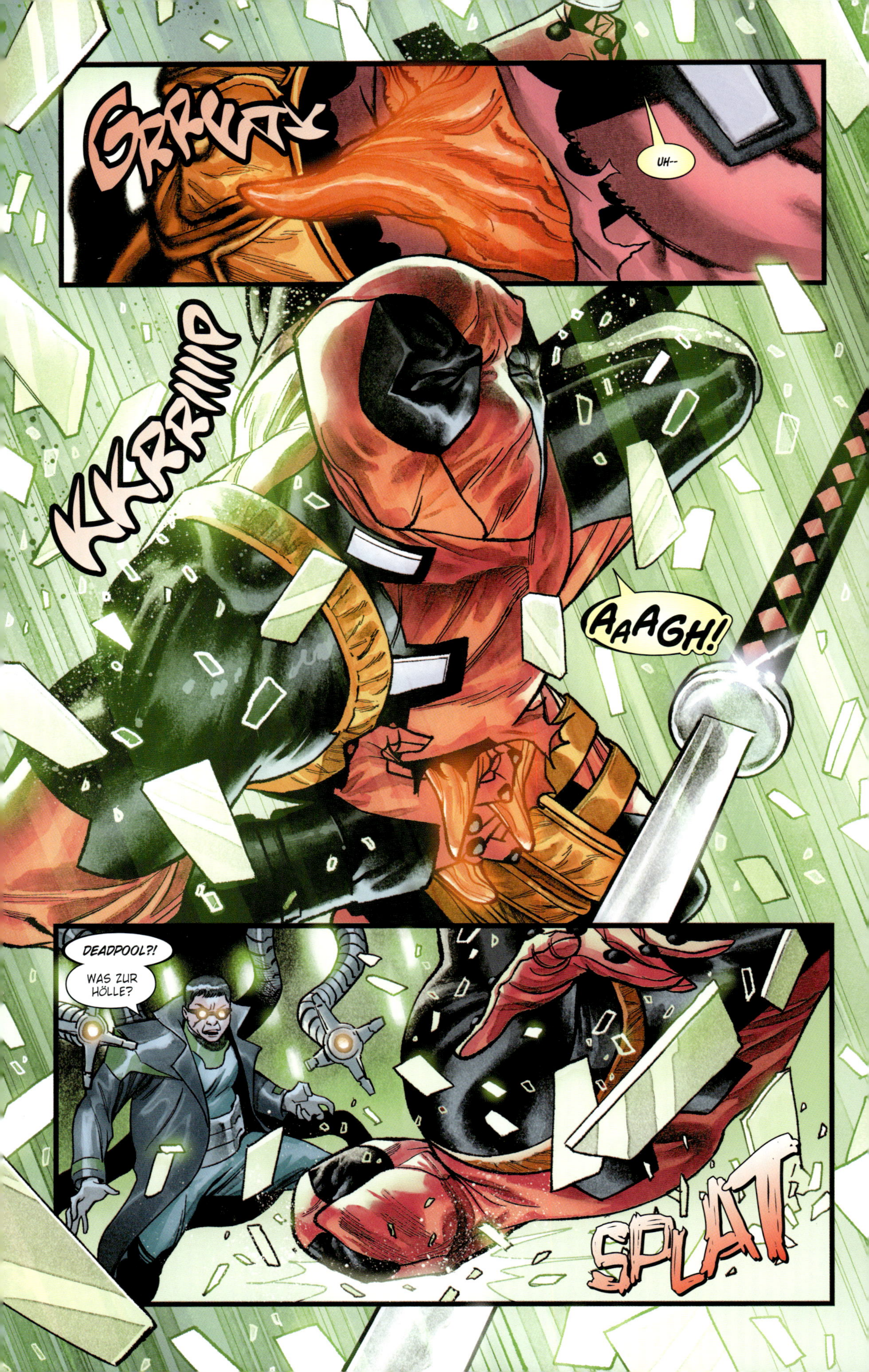
UH--
KKRRIIIP
AAAGH!
DEADPOOL?!
WAS ZUR HÖLLE?
SPLAT

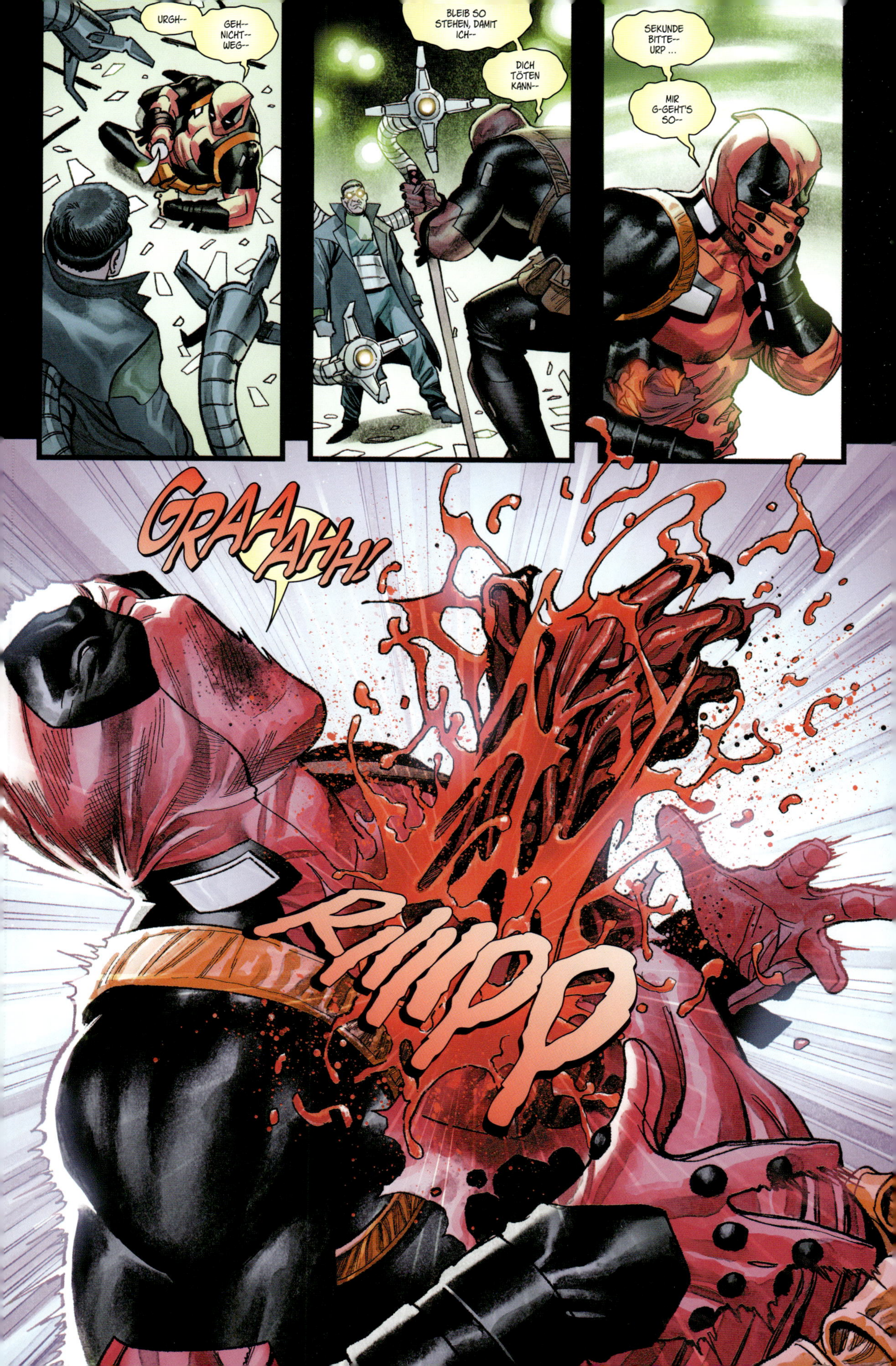
URGH--
GEH-- NICHT-- WEG--
BLEIB SO STEHEN, DAMIT ICH--
DICH TÖTEN KANN--
SEKUNDE BITTE-- URP ...
MIR G-GEHT'S SO--
GRAAAAHH!
RHIPP

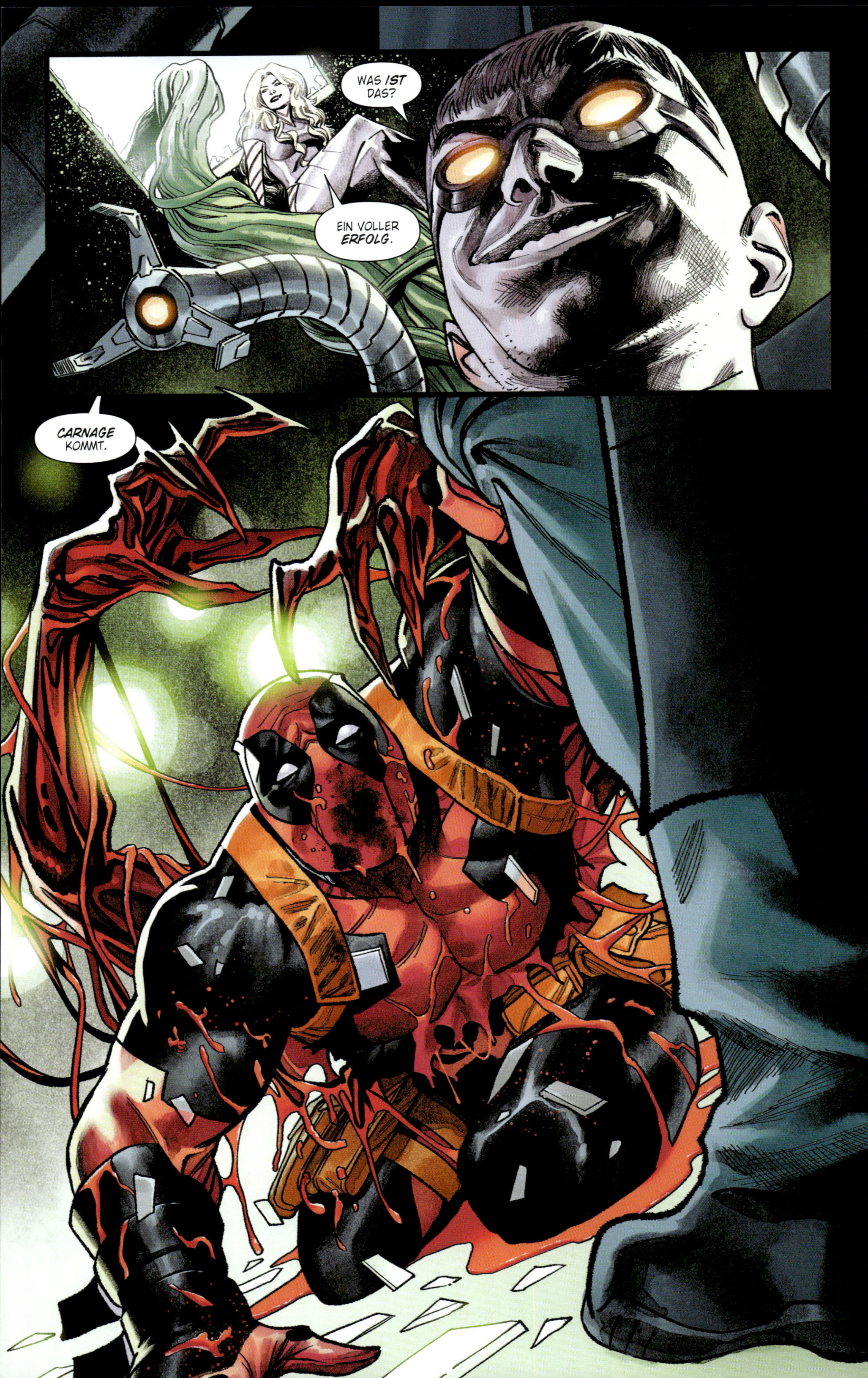
WAS IST DAS?
EIN VOLLER ERFOLG.
CARNAGE KOMMT.

IN DEN KAMPF …
HAND IN HAND (IN HAND IN HAND)

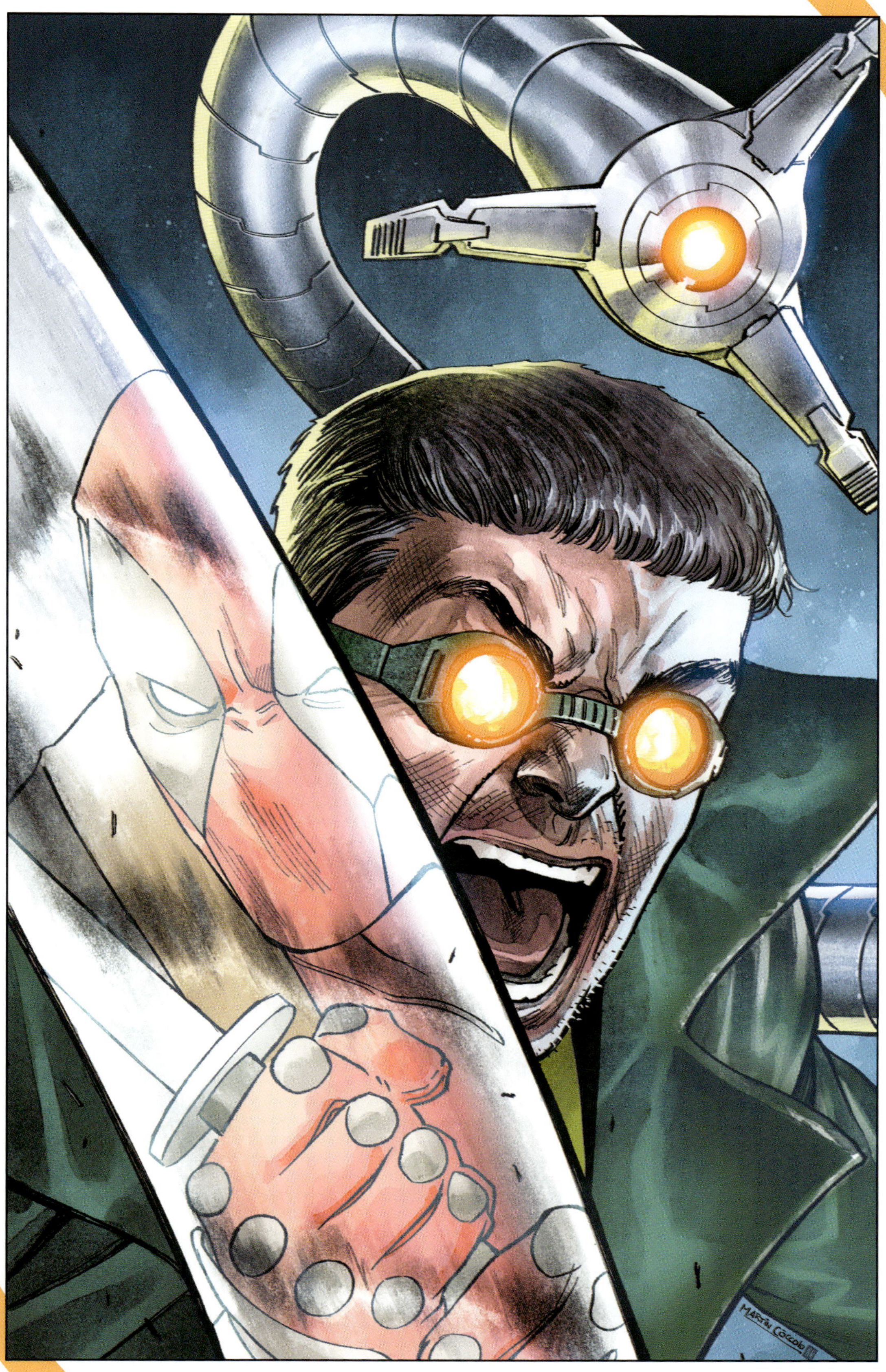

Deadpool (2023) 2
Cover von **MARTÍN CÓCCOLO**

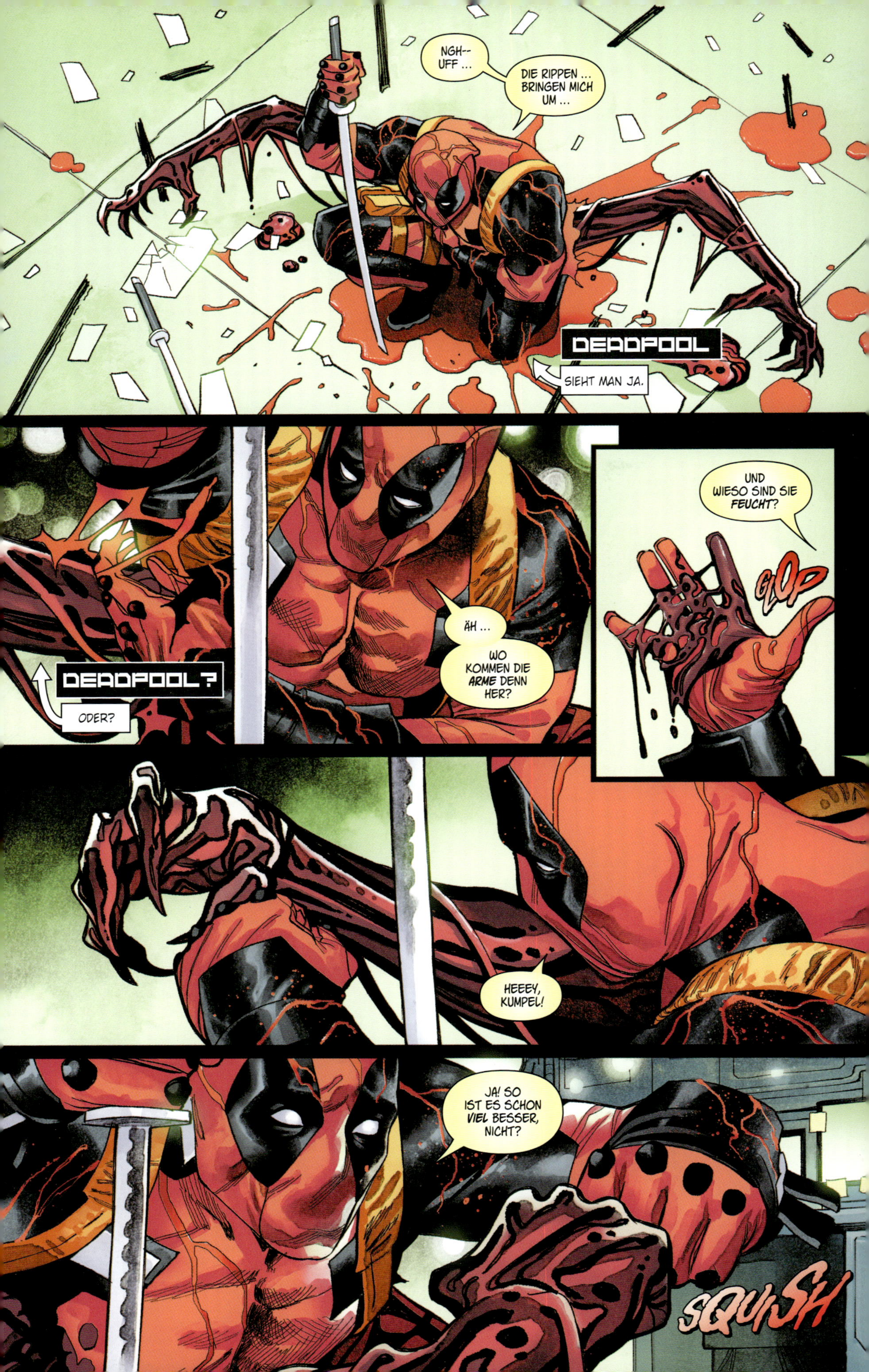
NGH--
UFF ...
DIE RIPPEN ...
BRINGEN MICH
UM ...
DEADPOOL
SIEHT MAN JA.
ÄH ...
WO
KOMMEN DIE
ARME DENN
HER?
DEADPOOL?
ODER?
UND
WIESO SIND SIE
FEUCHT?
GLOP
HEEEY,
KUMPEL!
JA! SO
IST ES SCHON
VIEL BESSER,
NICHT?
SQUISH

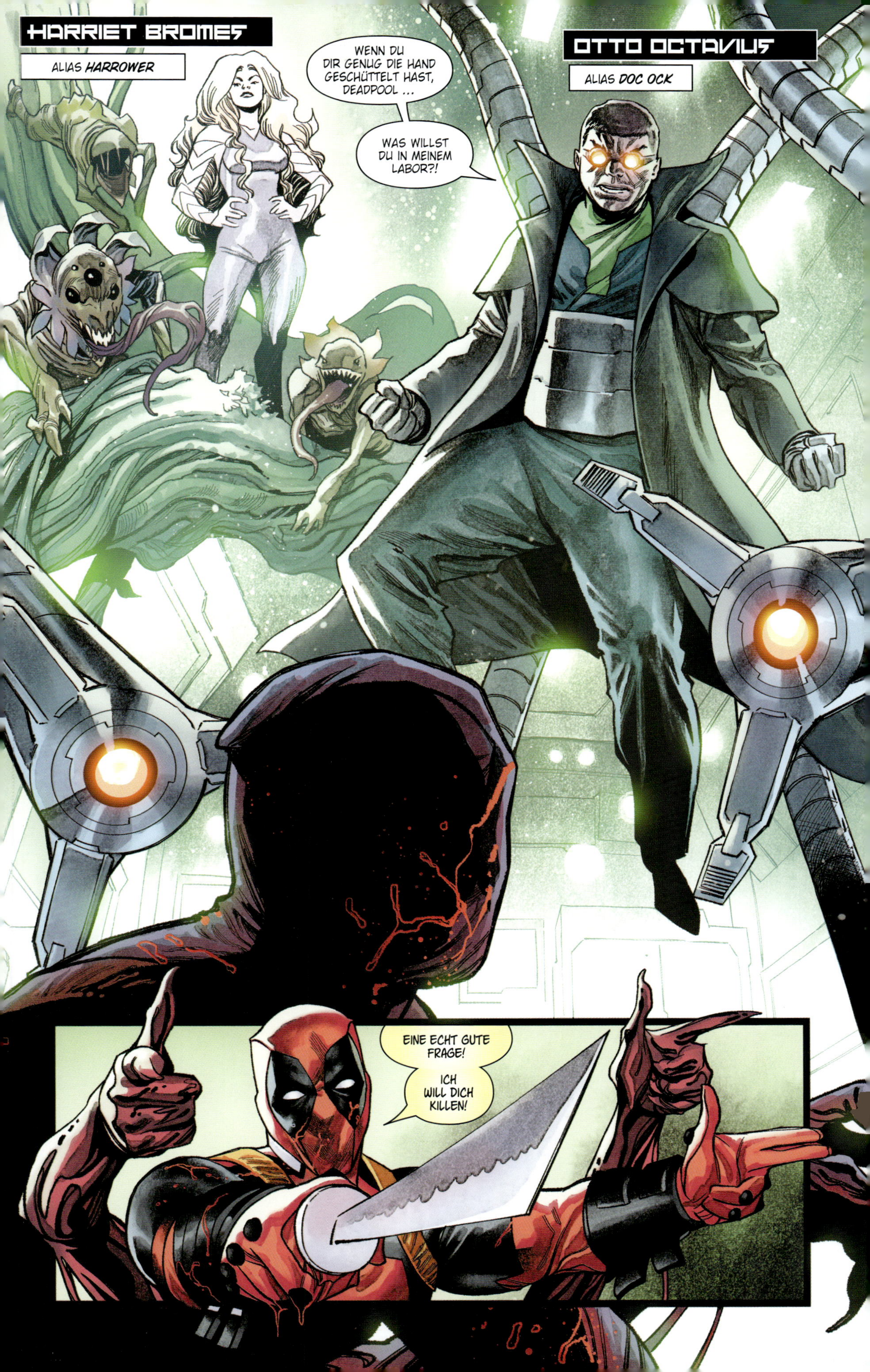
HARRIET BROMES
ALIAS HARROWER
WENN DU DIR GENUG DIE HAND GESCHÜTTELT HAST, DEADPOOL ...
WAS WILLST DU IN MEINEM LABOR?!
OTTO OCTAVIUS
ALIAS DOC OCK
EINE ECHT GUTE FRAGE!
ICH WILL DICH KILLEN!

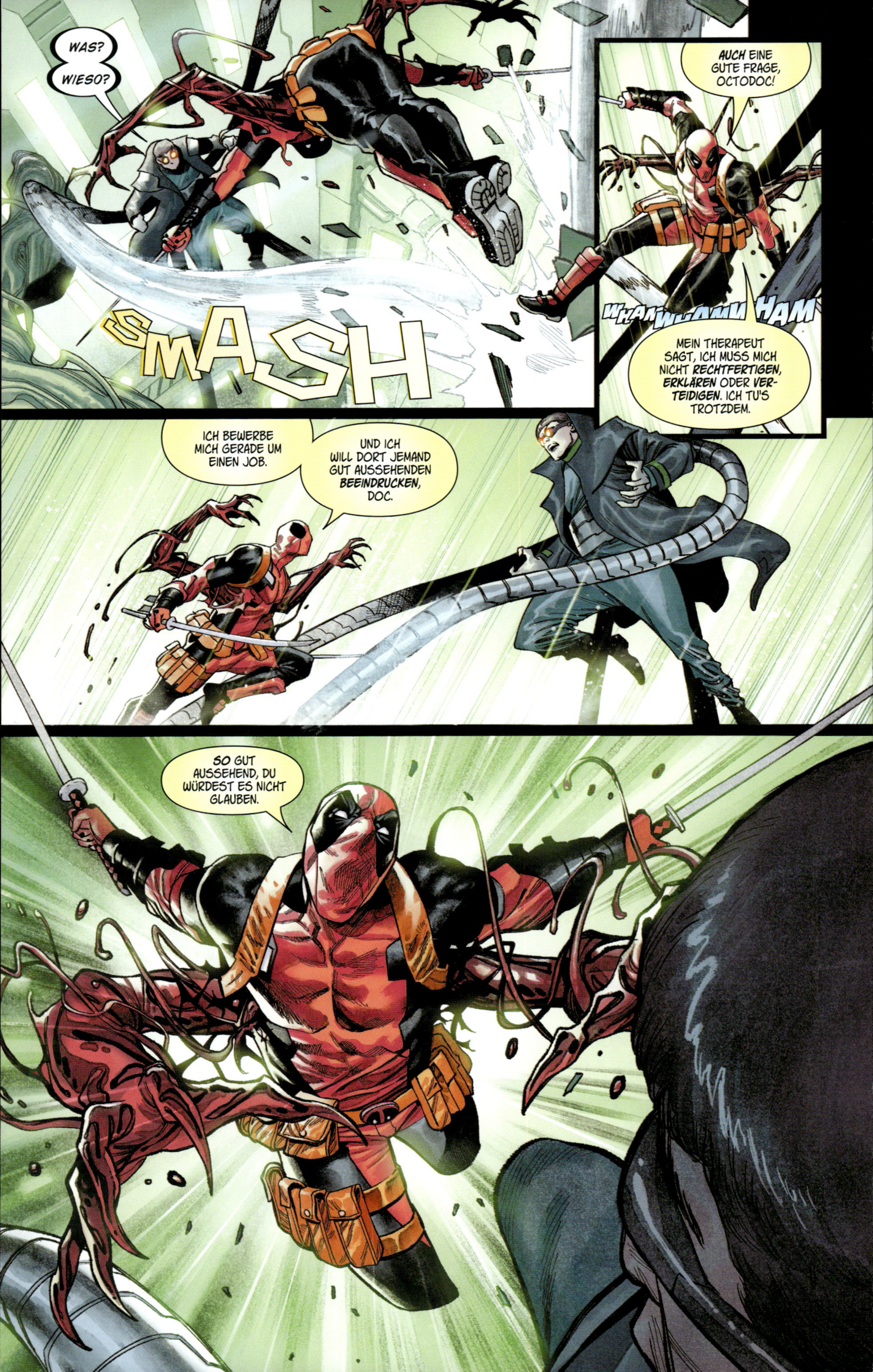
WAS?
WIESO?
SMASH
AUCH EINE GUTE FRAGE, OCTODOC!
WHAM WHAMM HAM
MEIN THERAPEUT SAGT, ICH MUSS MICH NICHT RECHTFERTIGEN, ERKLÄREN ODER VERTEIDIGEN. ICH TU'S TROTZDEM.
ICH BEWERBE MICH GERADE UM EINEN JOB.
UND ICH WILL DORT JEMAND GUT AUSSEHENDEN BEEINDRUCKEN, DOC.
SO GUT AUSSEHEND, DU WÜRDEST ES NICHT GLAUBEN.

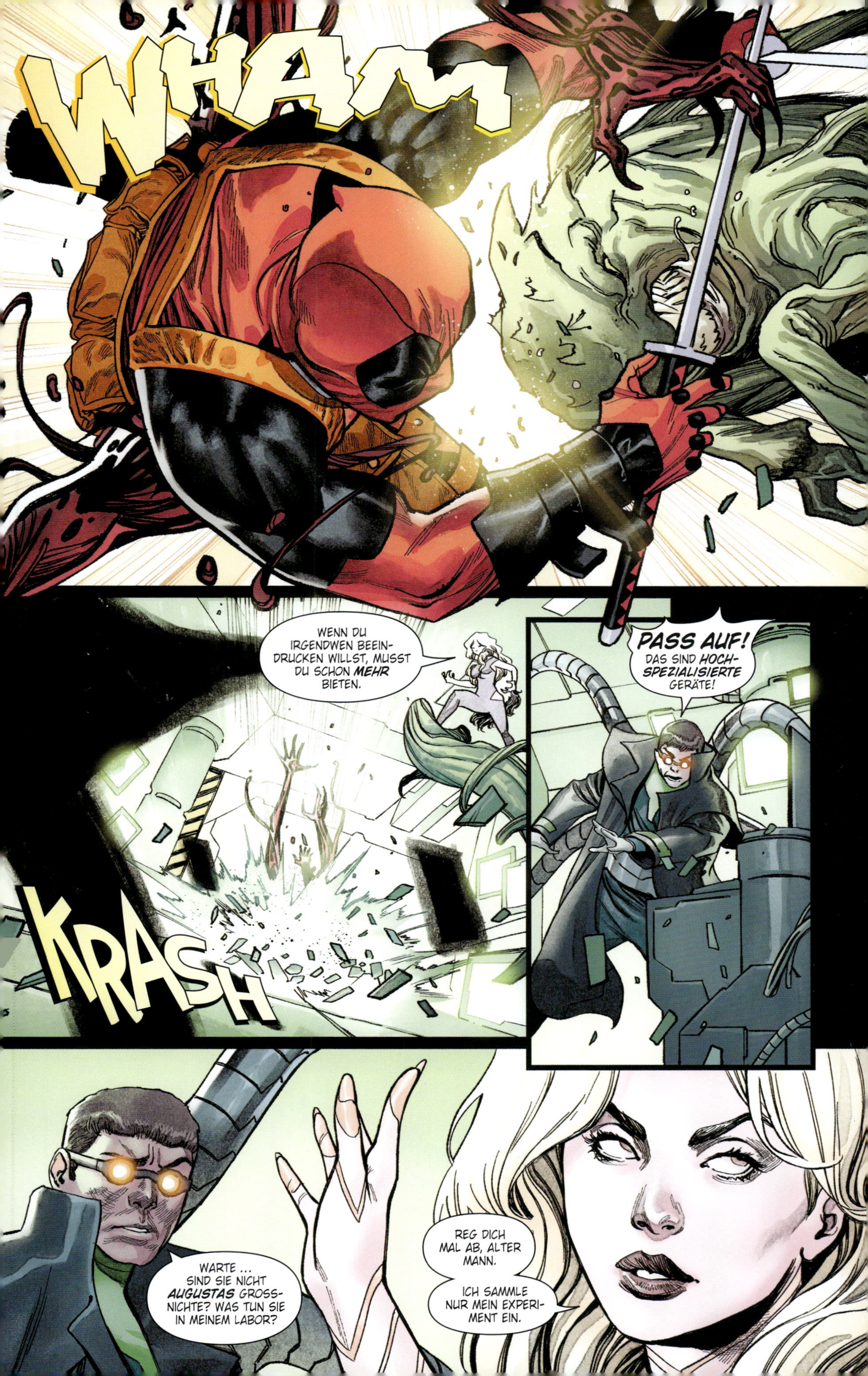
WHAM
WENN DU IRGENDWEN BEEIN-DRUCKEN WILLST, MUSST DU SCHON **MEHR** BIETEN.
KRASH
PASS AUF! DAS SIND **HOCH-SPEZIALISIERTE** GERÄTE!
WARTE ... SIND SIE NICHT **AUGUSTAS** GROSS-NICHTE? WAS TUN SIE IN MEINEM LABOR?
REG DICH MAL AB, ALTER MANN.
ICH SAMMLE NUR MEIN EXPERI-MENT EIN.

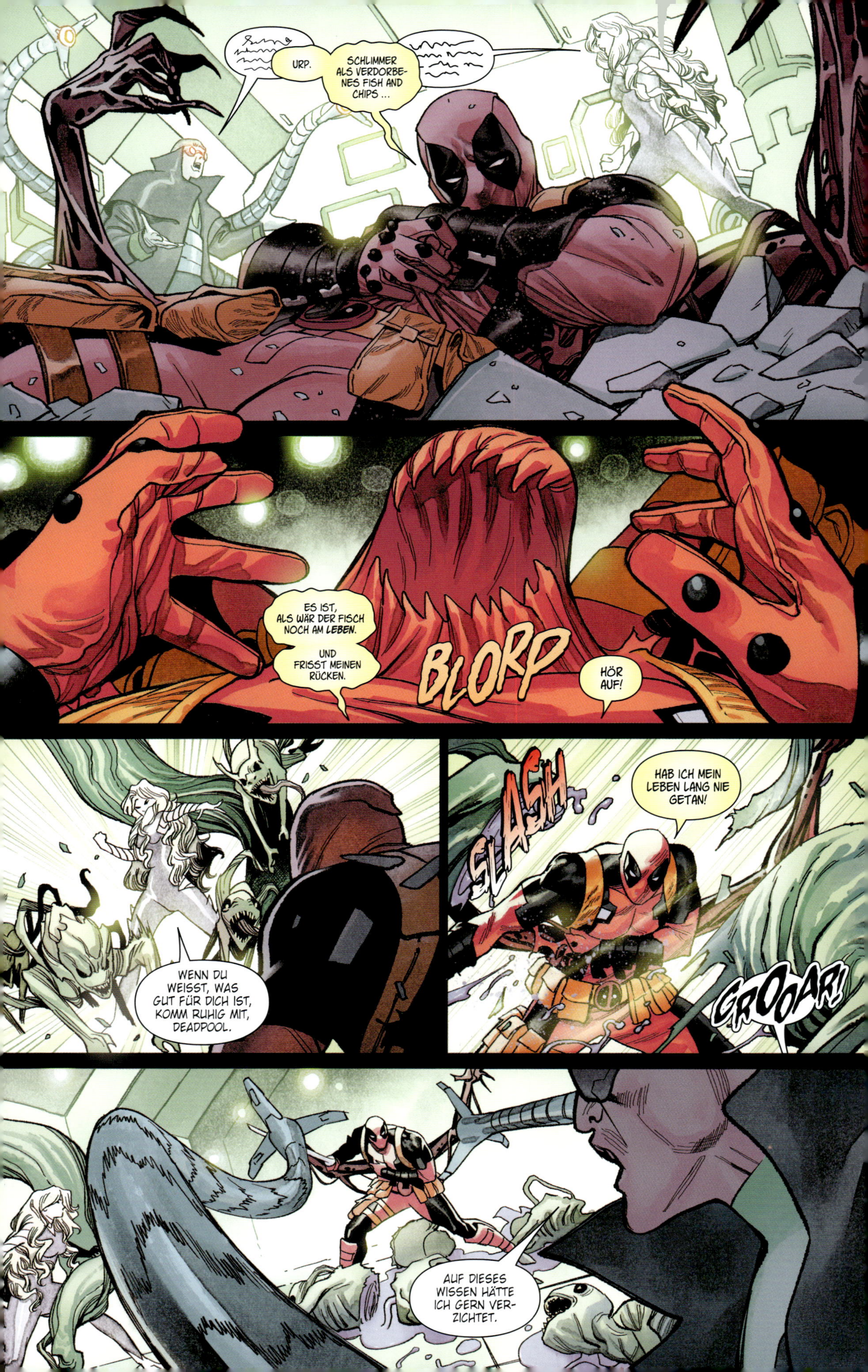
URP.
SCHLIMMER ALS VERDORBE-NES FISH AND CHIPS ...
ES IST, ALS WÄR DER FISCH NOCH AM LEBEN.
UND FRISST MEINEN RÜCKEN.
BLORP
HÖR AUF!
WENN DU WEISST, WAS GUT FÜR DICH IST, KOMM RUHIG MIT, DEADPOOL.
SLASH
HAB ICH MEIN LEBEN LANG NIE GETAN!
GROOAR!
AUF DIESES WISSEN HÄTTE ICH GERN VER-ZICHTET.

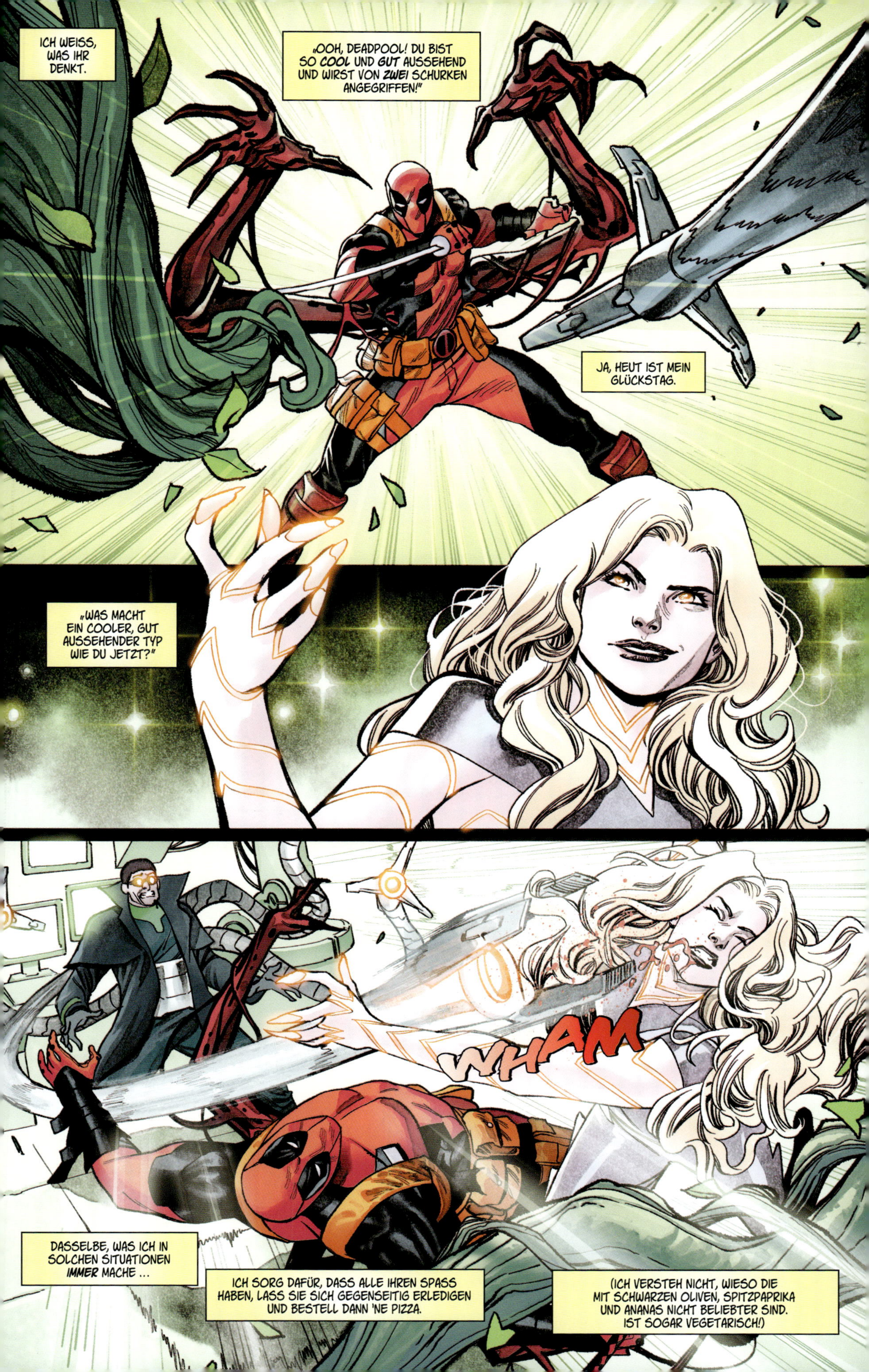
ICH WEISS, WAS IHR DENKT.
„OOH, DEADPOOL! DU BIST SO COOL UND GUT AUSSEHEND UND WIRST VON ZWEI SCHURKEN ANGEGRIFFEN!"
JA, HEUT IST MEIN GLÜCKSTAG.
„WAS MACHT EIN COOLER, GUT AUSSEHENDER TYP WIE DU JETZT?"
WHAM
DASSELBE, WAS ICH IN SOLCHEN SITUATIONEN IMMER MACHE …
ICH SORG DAFÜR, DASS ALLE IHREN SPASS HABEN, LASS SIE SICH GEGENSEITIG ERLEDIGEN UND BESTELL DANN 'NE PIZZA.
(ICH VERSTEH NICHT, WIESO DIE MIT SCHWARZEN OLIVEN, SPITZPAPRIKA UND ANANAS NICHT BELIEBTER SIND. IST SOGAR VEGETARISCH!)

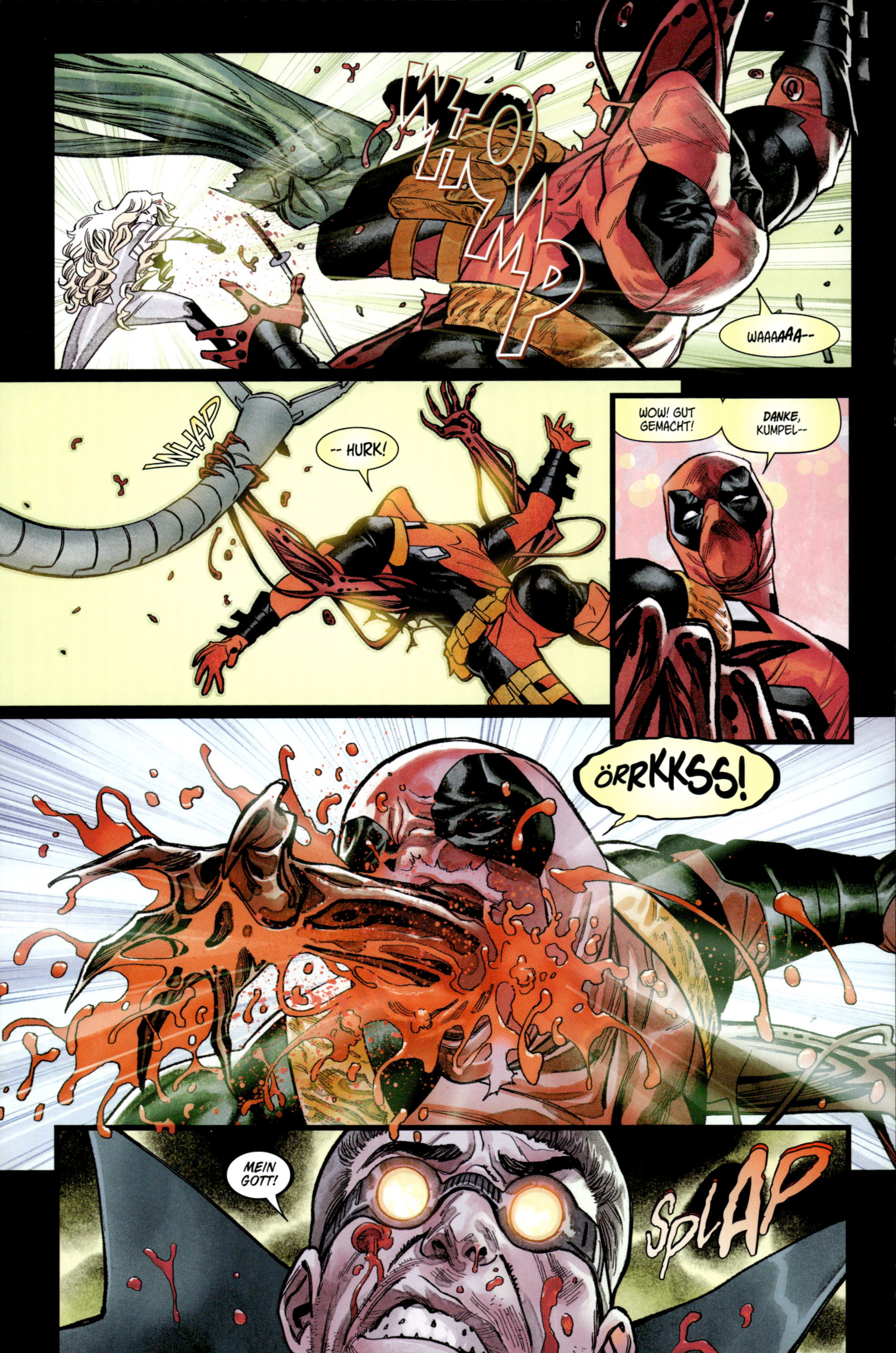
WHOMP
WAAAAAA--
WHAP
-- HURK!
WOW! GUT GEMACHT!
DANKE, KUMPEL--
ÖRRKKSS!
MEIN GOTT!
SPLAP

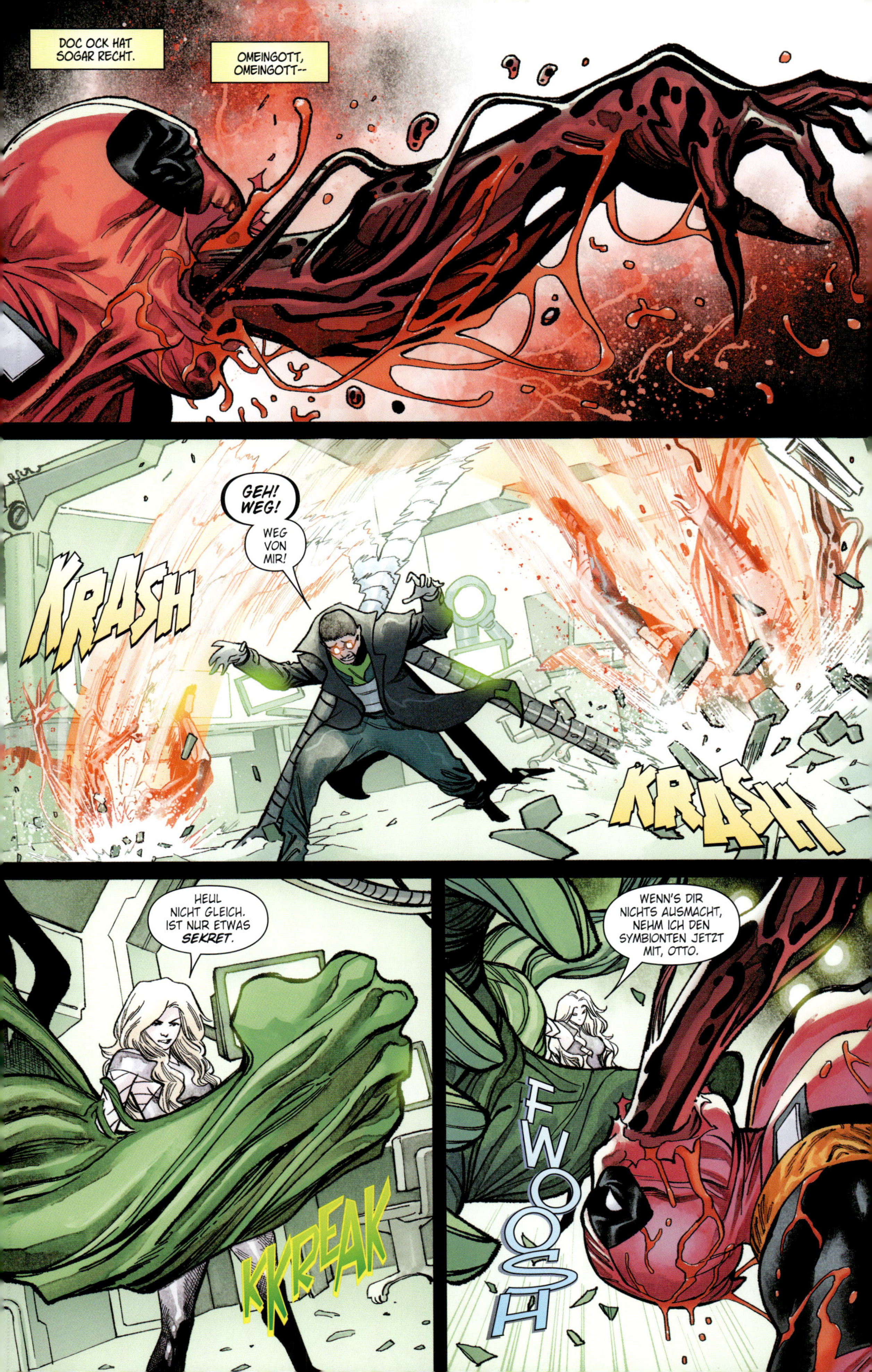
DOC OCK HAT SOGAR RECHT.
OMEINGOTT, OMEINGOTT--
GEH! WEG!
WEG VON MIR!
KRASH
KRASH
HEUL NICHT GLEICH. IST NUR ETWAS SEKRET.
KKREAK
WENN'S DIR NICHTS AUSMACHT, NEHM ICH DEN SYMBIONTEN JETZT MIT, OTTO.
FWOOSH

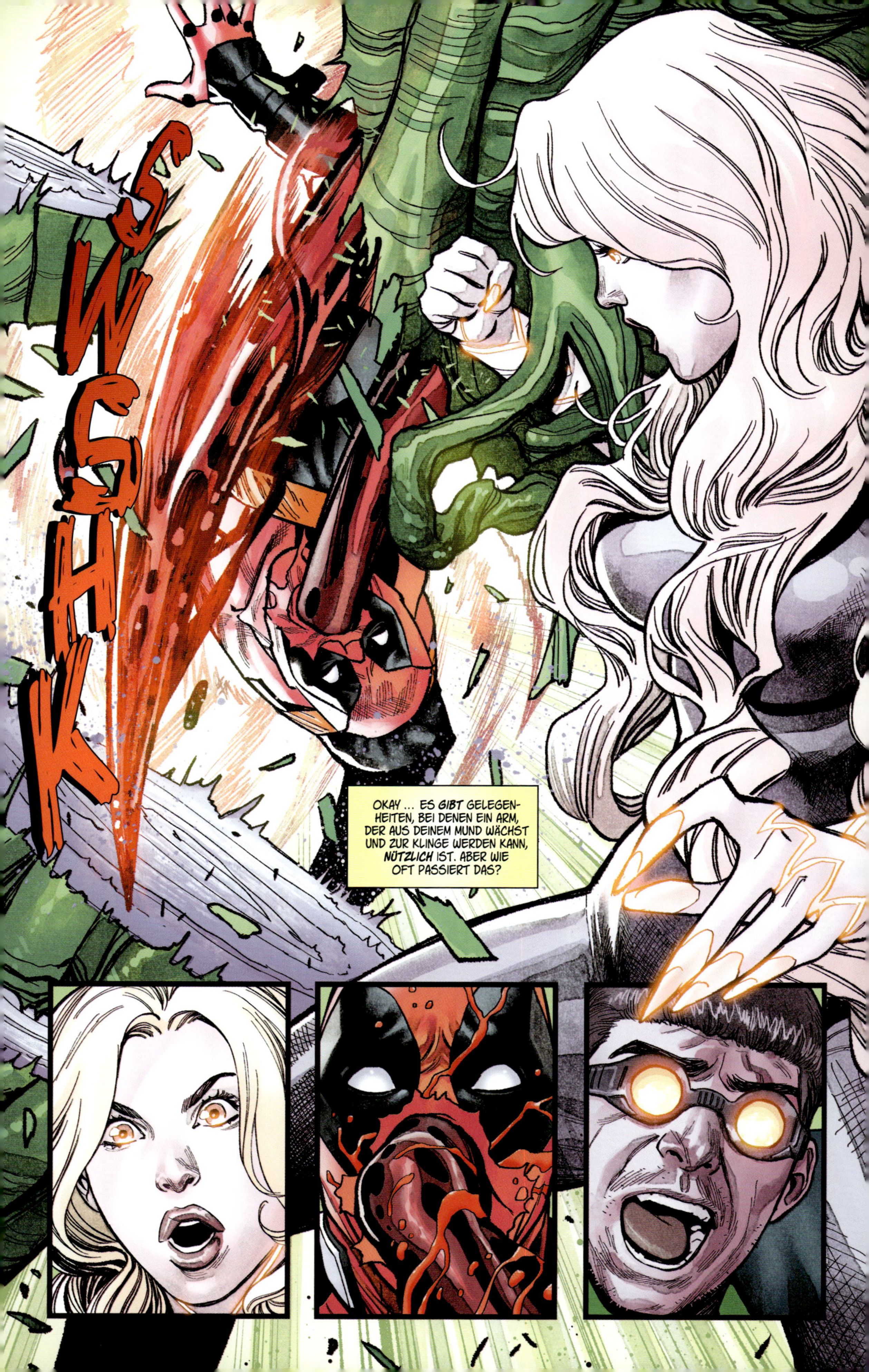
SWSHK
OKAY ... ES GIBT GELEGENHEITEN, BEI DENEN EIN ARM, DER AUS DEINEM MUND WÄCHST UND ZUR KLINGE WERDEN KANN, NÜTZLICH IST. ABER WIE OFT PASSIERT DAS?

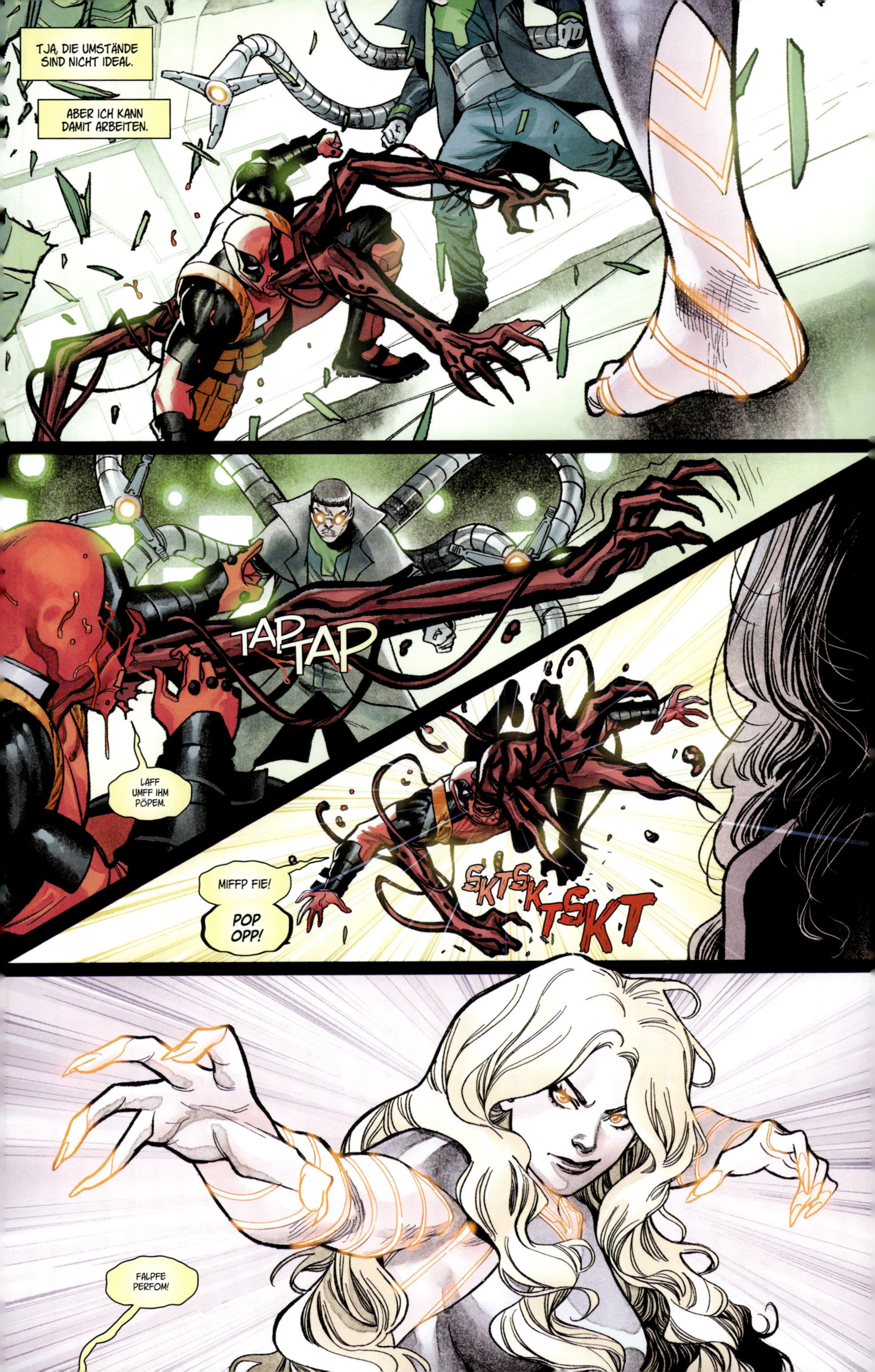
TJA, DIE UMSTÄNDE SIND NICHT IDEAL.
ABER ICH KANN DAMIT ARBEITEN.
TAP TAP
LAFF UMFF IHM PÖPEM.
MIFFP FIE!
POP OPP!
SKTSKTSKT
FALPFE PERFOM!

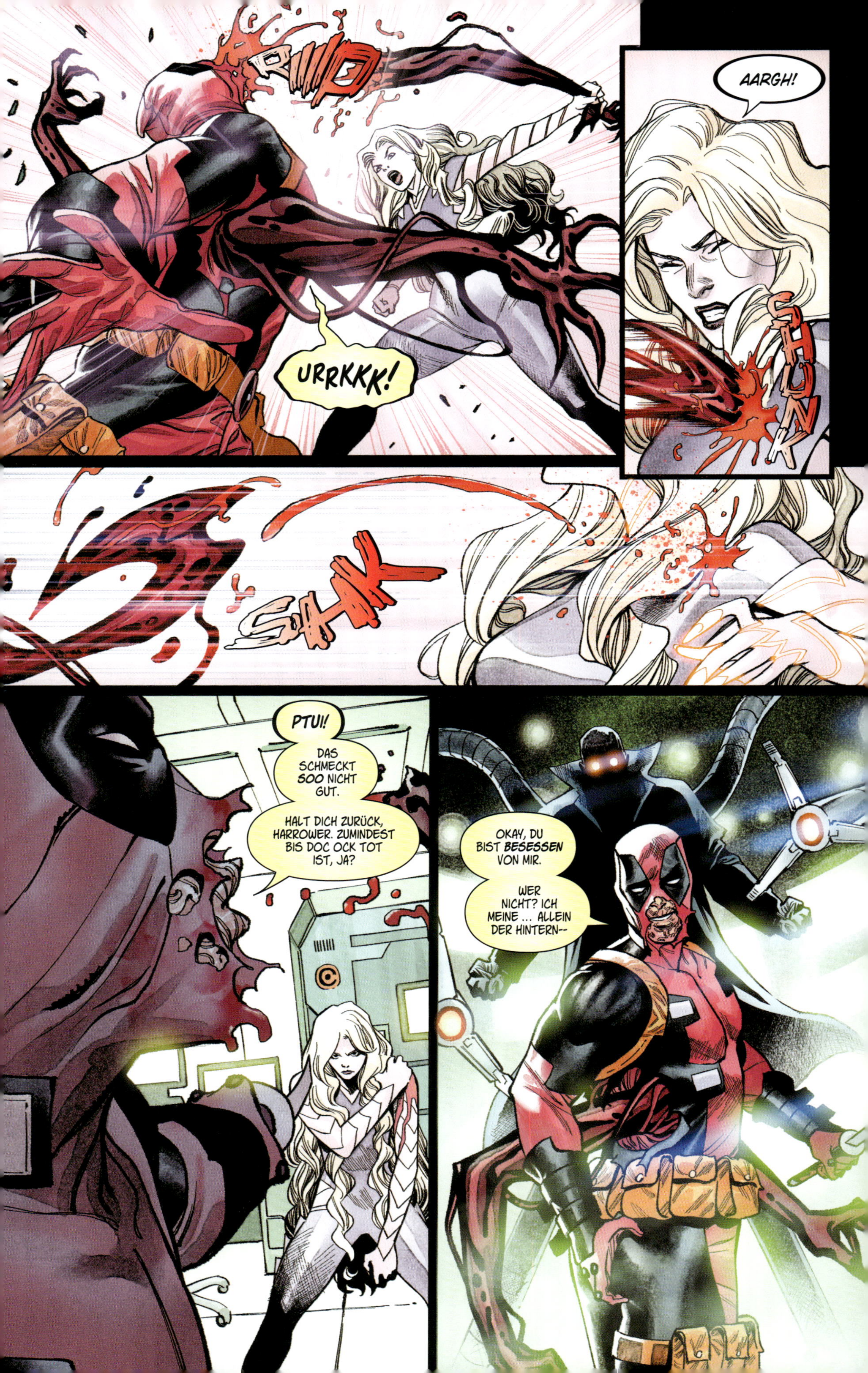
RIIP
URRKKK!
AARGH!
SHUNK
SHK
PTUI!
DAS SCHMECKT SOO NICHT GUT.
HALT DICH ZURÜCK, HARROWER. ZUMINDEST BIS DOC OCK TOT IST, JA?
OKAY, DU BIST BESESSEN VON MIR.
WER NICHT? ICH MEINE ... ALLEIN DER HINTERN--

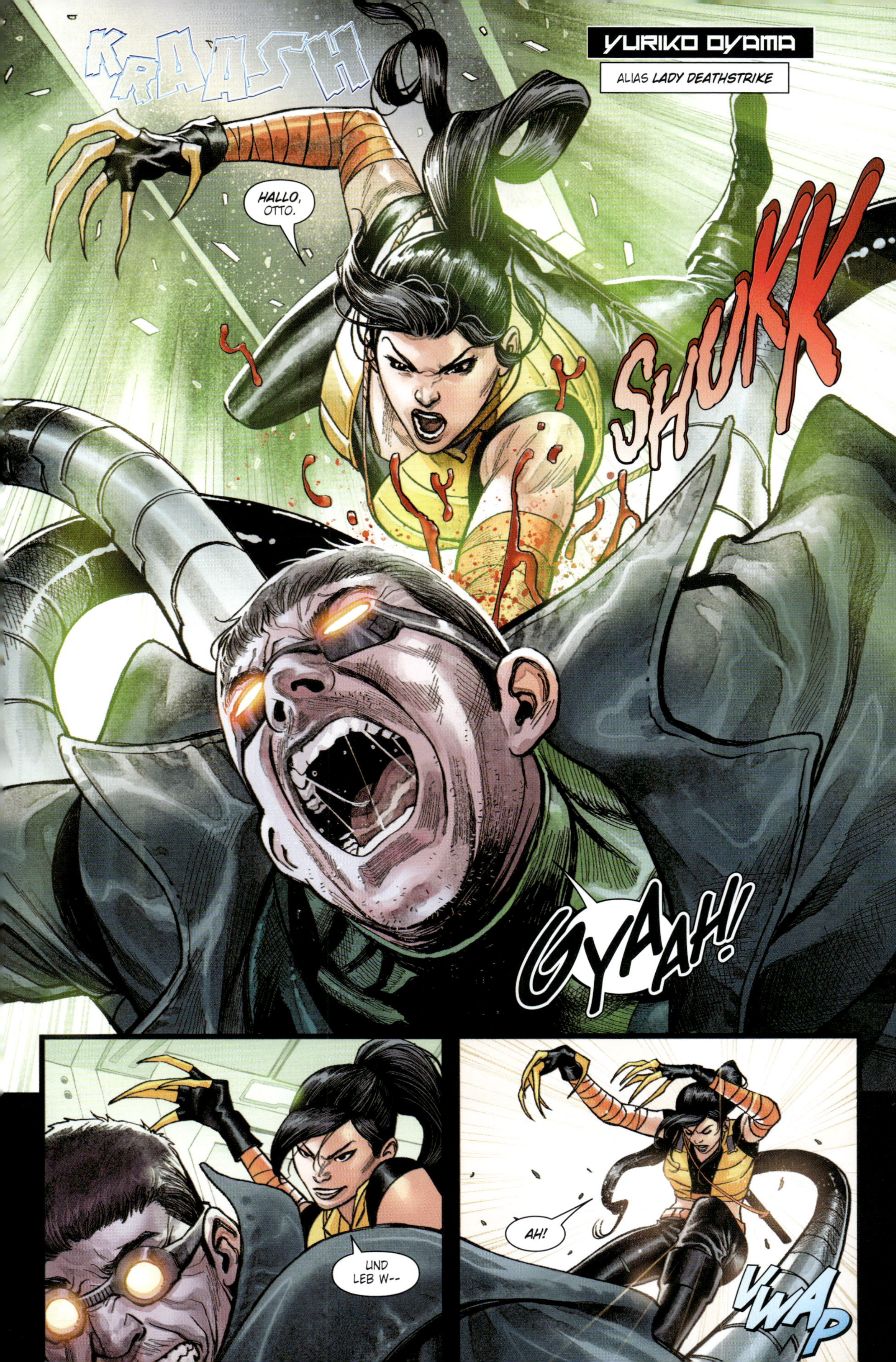
KRAASH
YURIKO OYAMA
ALIAS LADY DEATHSTRIKE
HALLO, OTTO.
SHUKK
GYAAH!
UND LEB W--
AH!
VWAP

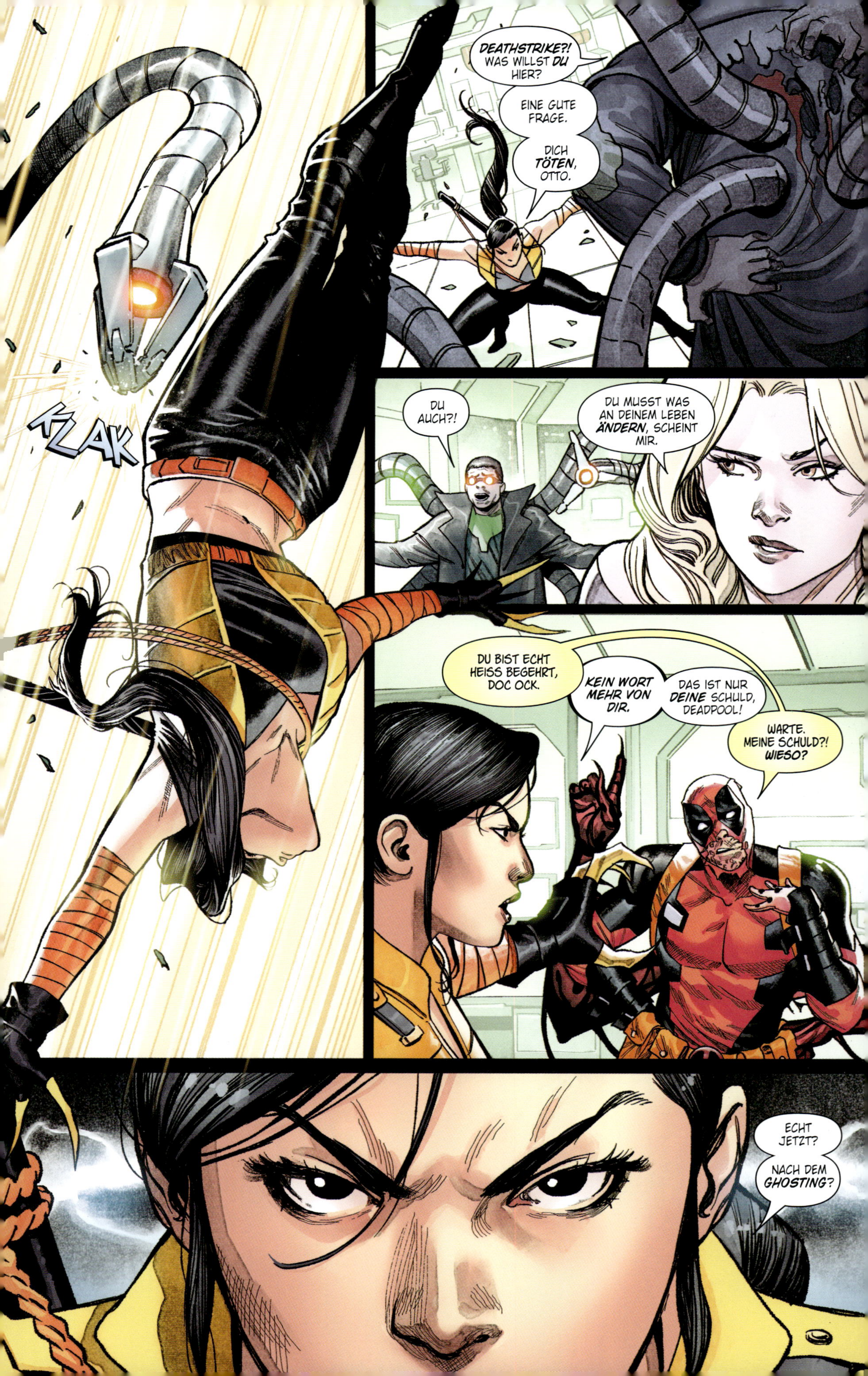
KLAK
DEATHSTRIKE?! WAS WILLST DU HIER?
EINE GUTE FRAGE.
DICH TÖTEN, OTTO.
DU AUCH?!
DU MUSST WAS AN DEINEM LEBEN ÄNDERN, SCHEINT MIR.
DU BIST ECHT HEISS BEGEHRT, DOC OCK.
KEIN WORT MEHR VON DIR.
DAS IST NUR DEINE SCHULD, DEADPOOL!
WARTE. MEINE SCHULD?! WIESO?
ECHT JETZT?
NACH DEM GHOSTING?

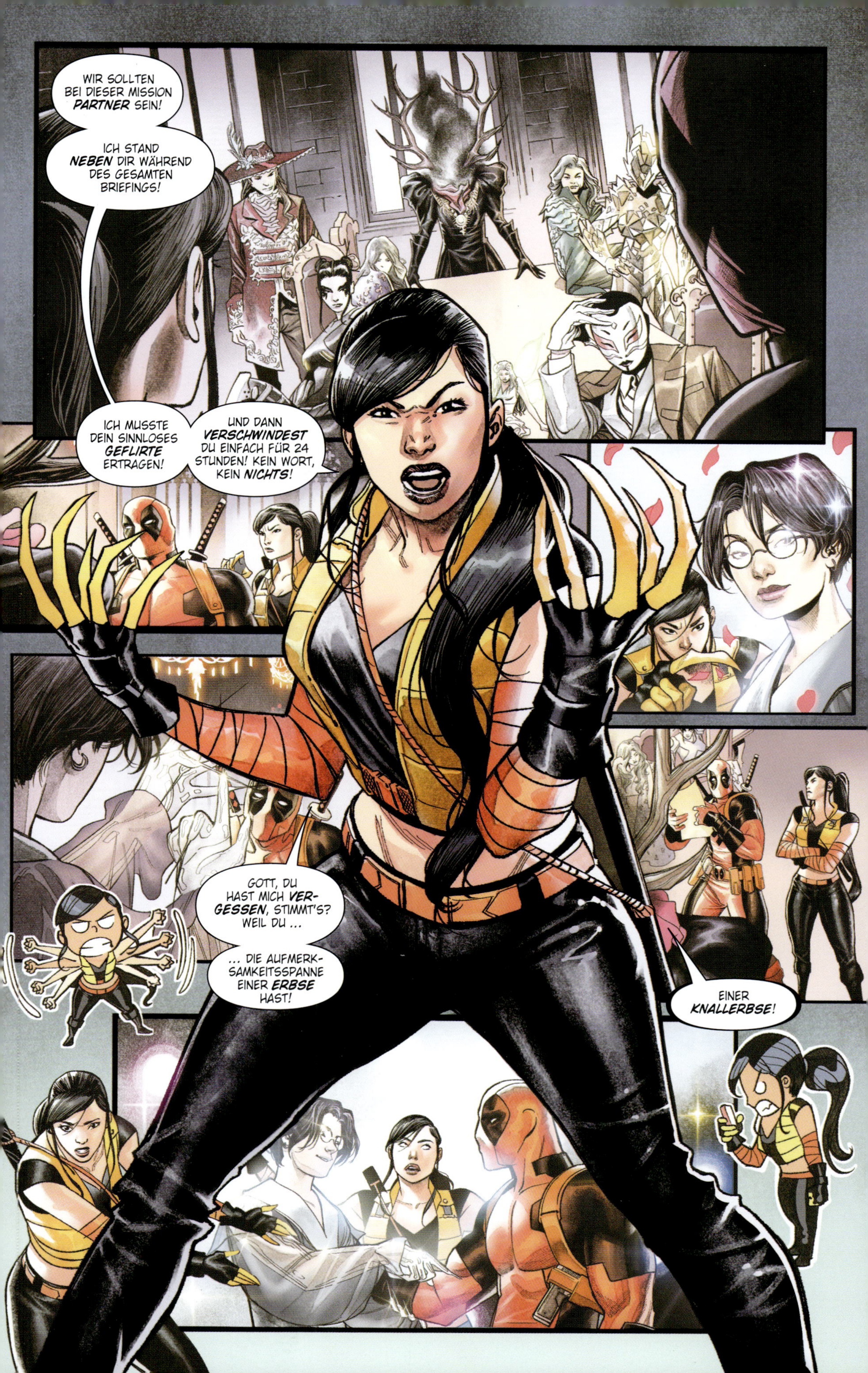
WIR SOLLTEN BEI DIESER MISSION PARTNER SEIN!
ICH STAND NEBEN DIR WÄHREND DES GESAMTEN BRIEFINGS!
ICH MUSSTE DEIN SINNLOSES GEFLIRTE ERTRAGEN!
UND DANN VERSCHWINDEST DU EINFACH FÜR 24 STUNDEN! KEIN WORT, KEIN NICHTS!
GOTT, DU HAST MICH VER-GESSEN, STIMMT'S? WEIL DU ...
... DIE AUFMERK-SAMKEITSSPANNE EINER ERBSE HAST!
EINER KNALLERBSE!

[3%]

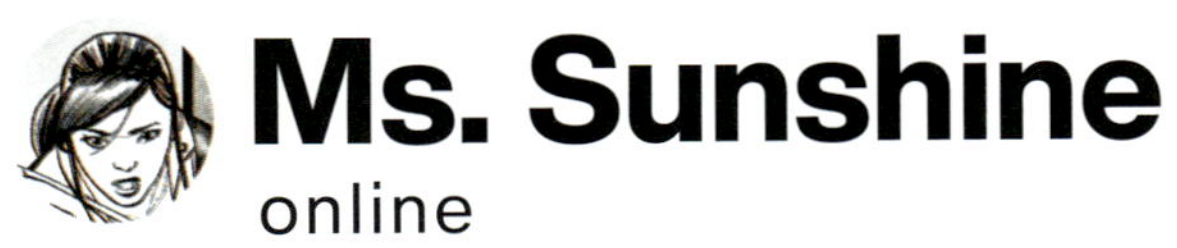

Ms. Sunshine
online

Alles in diesem Chat ist verschlüsselt und wird automatisch nach 48 Stunden gelöscht.

Dienstag

Stammt diese eklige Pizza von Dir? 14:34 Uhr

🙂 14:36 Uhr

Magst Du sie? 14:36 Uhr

Nein, sie ist eklig, wie gesagt. Wieso Ananas UND Oliven? 14:37 Uhr

ya :3 14:37 Uhr

Du hast von jedem Stück das spitze Ende gegessen. Wer macht so was? 14:38 Uhr

🙂 14:38 Uhr

Hör auf. 14:38 Uhr

Wie auch immer ... ich beobachte das Dach der Zielperson. Es gibt ein Oberlicht. Da könnte man eindringen. 14:40 Uhr

Laut seiner Akte müsste er morgen zwischen 19:30 Uhr und Mitternacht im Labor sein. Das ist unser Fenster. Also treffen wir uns auf dem Dach gegen 18 Uhr. 14:41 Uhr

okieee (*¯▽¯)b 14:42 Uhr

Du hast Glück, dass ich diese Mission erfüllen will, sonst würde ich Dich in einem Ameisenhaufen einbuddeln. 14:43 Uhr

🙂 14:46 Uhr

Droh nicht mit einem Vergnügen. (*¯ ³¯*)♥ 14:46 Uhr

Und wenn du noch mal „versehentlich" ein „Thirst Trap"-Video schickst, lösche ich Dich. 14:47 Uhr

Mittwoch

Wo bist Du? 19:42 Uhr

Deadpool. 20:20 Uhr

Deadpool. Antworte mir. 20:50 Uhr

3 verpasste Anrufe.

Was soll das? Geh an Dein &%$§ Telefon. 21:30 Uhr

1 verpasster Anruf.

Okay. Mach ich's eben alleine. 22:03 Uhr

—

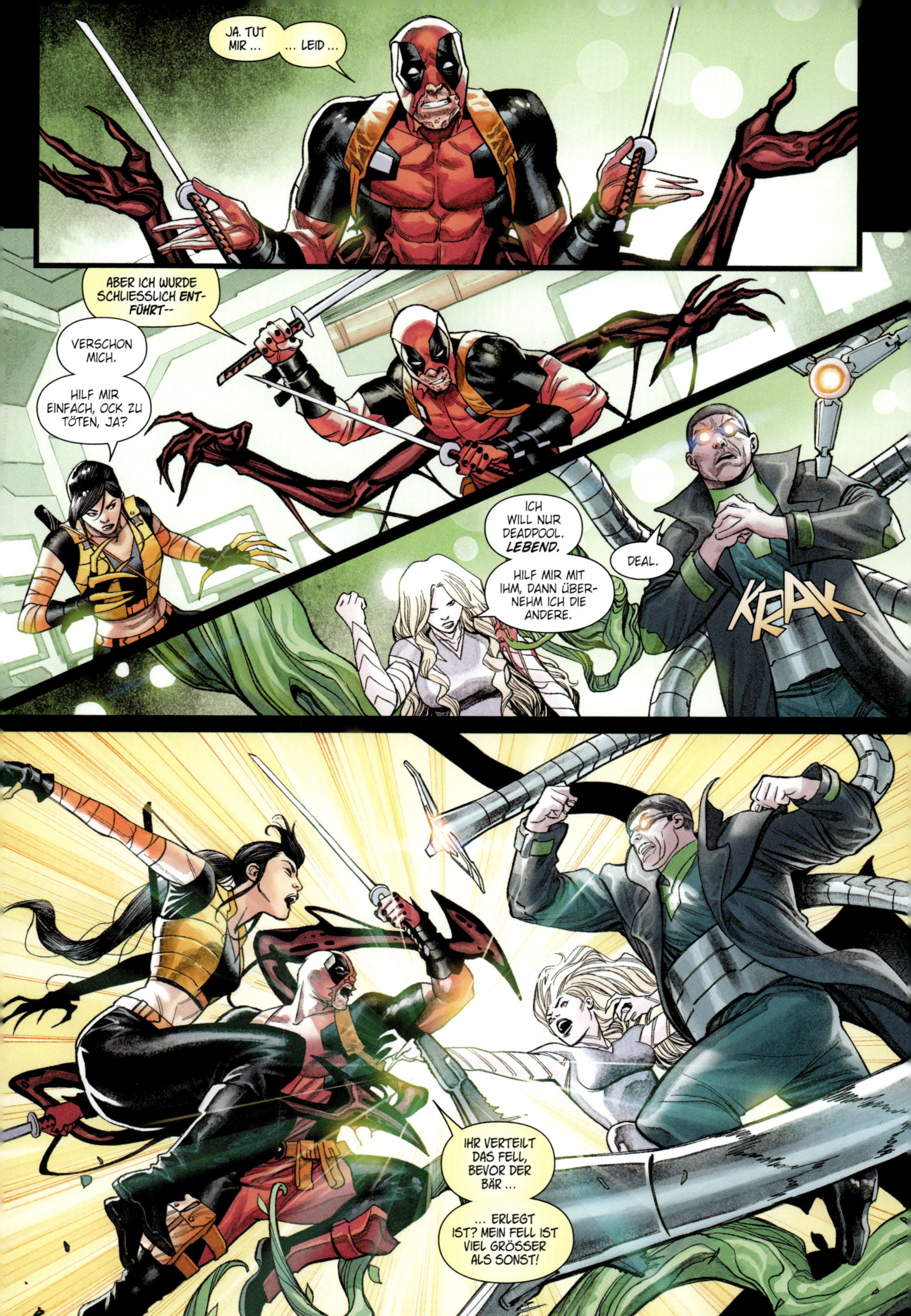

JA. TUT MIR ...
... LEID ...
ABER ICH WURDE SCHLIESSLICH **ENT-FÜHRT**--
VERSCHON MICH.
HILF MIR EINFACH, OCK ZU TÖTEN, JA?
ICH WILL NUR DEADPOOL. ***LEBEND.***
HILF MIR MIT IHM, DANN ÜBER-NEHM ICH DIE ANDERE.
DEAL.
KRAK
IHR VERTEILT DAS FELL, BEVOR DER BÄR ...
... ERLEGT IST? MEIN FELL IST VIEL GRÖSSER ALS SONST!

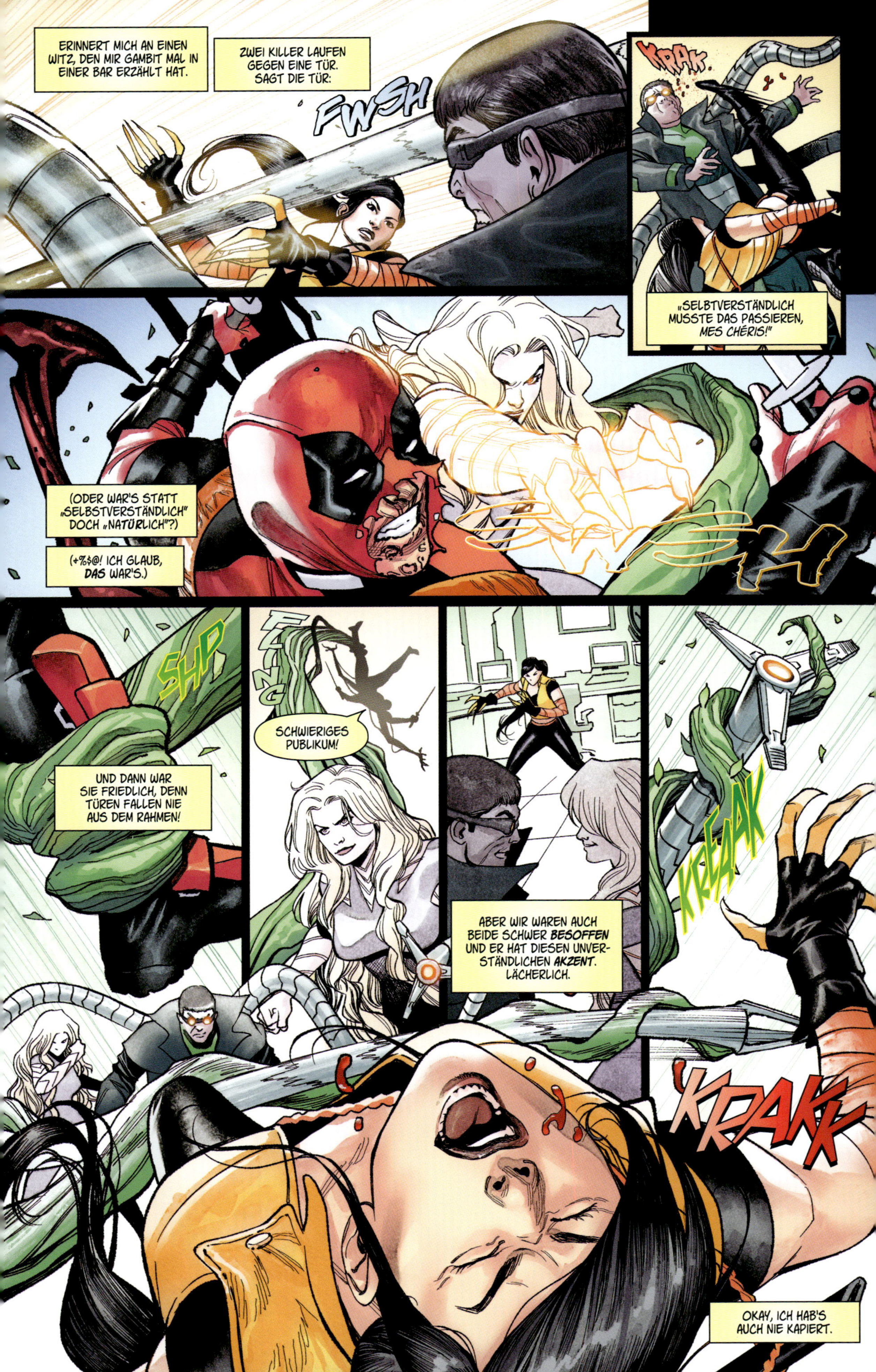
ERINNERT MICH AN EINEN WITZ, DEN MIR GAMBIT MAL IN EINER BAR ERZÄHLT HAT.
ZWEI KILLER LAUFEN GEGEN EINE TÜR. SAGT DIE TÜR:
FWSH
KRAK
„SELBTVERSTÄNDLICH MUSSTE DAS PASSIEREN, MES CHÉRIS!"
(ODER WAR'S STATT „SELBSTVERSTÄNDLICH" DOCH „NATÜRLICH"?)
(+%$@! ICH GLAUB, DAS WAR'S.)
SHWSH
SHP
UND DANN WAR SIE FRIEDLICH, DENN TÜREN FALLEN NIE AUS DEM RAHMEN!
FZING
SCHWIERIGES PUBLIKUM!
ABER WIR WAREN AUCH BEIDE SCHWER BESOFFEN UND ER HAT DIESEN UNVERSTÄNDLICHEN AKZENT. LÄCHERLICH.
KREAAK
KRAKK
OKAY, ICH HAB'S AUCH NIE KAPIERT.

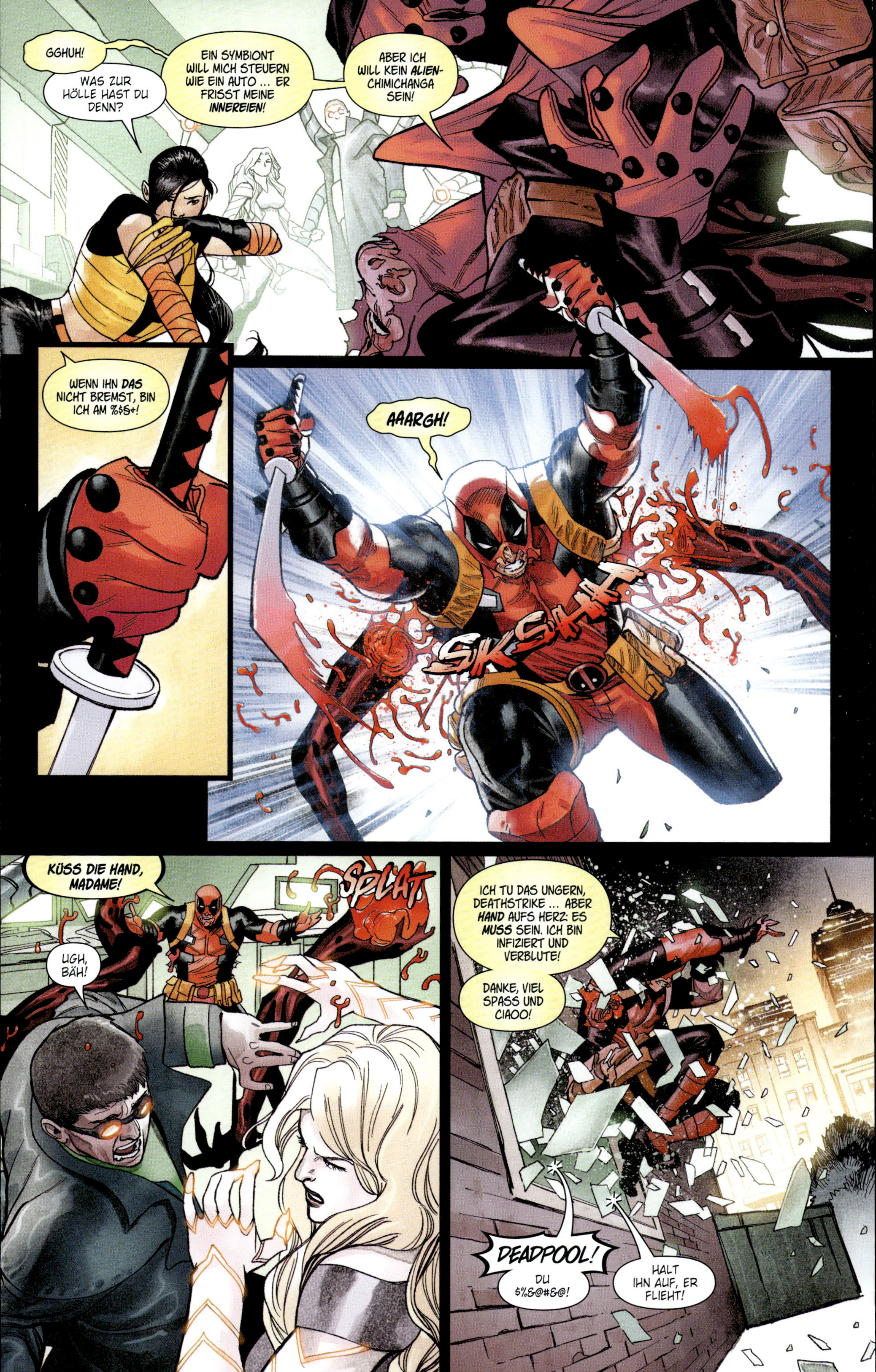
GGHUH!
WAS ZUR HÖLLE HAST DU DENN?
EIN SYMBIONT WILL MICH STEUERN WIE EIN AUTO ... ER FRISST MEINE INNEREIEN!
ABER ICH WILL KEIN ALIEN-CHIMICHANGA SEIN!
WENN IHN DAS NICHT BREMST, BIN ICH AM %$§+!
AAARGH!
SKSH
KÜSS DIE HAND, MADAME!
SPLAT
UGH, BÄH!
ICH TU DAS UNGERN, DEATHSTRIKE ... ABER HAND AUFS HERZ: ES MUSS SEIN. ICH BIN INFIZIERT UND VERBLUTE!
DANKE, VIEL SPASS UND CIAOO!
DEADPOOL!
DU $%&@#&@!
HALT IHN AUF, ER FLIEHT!

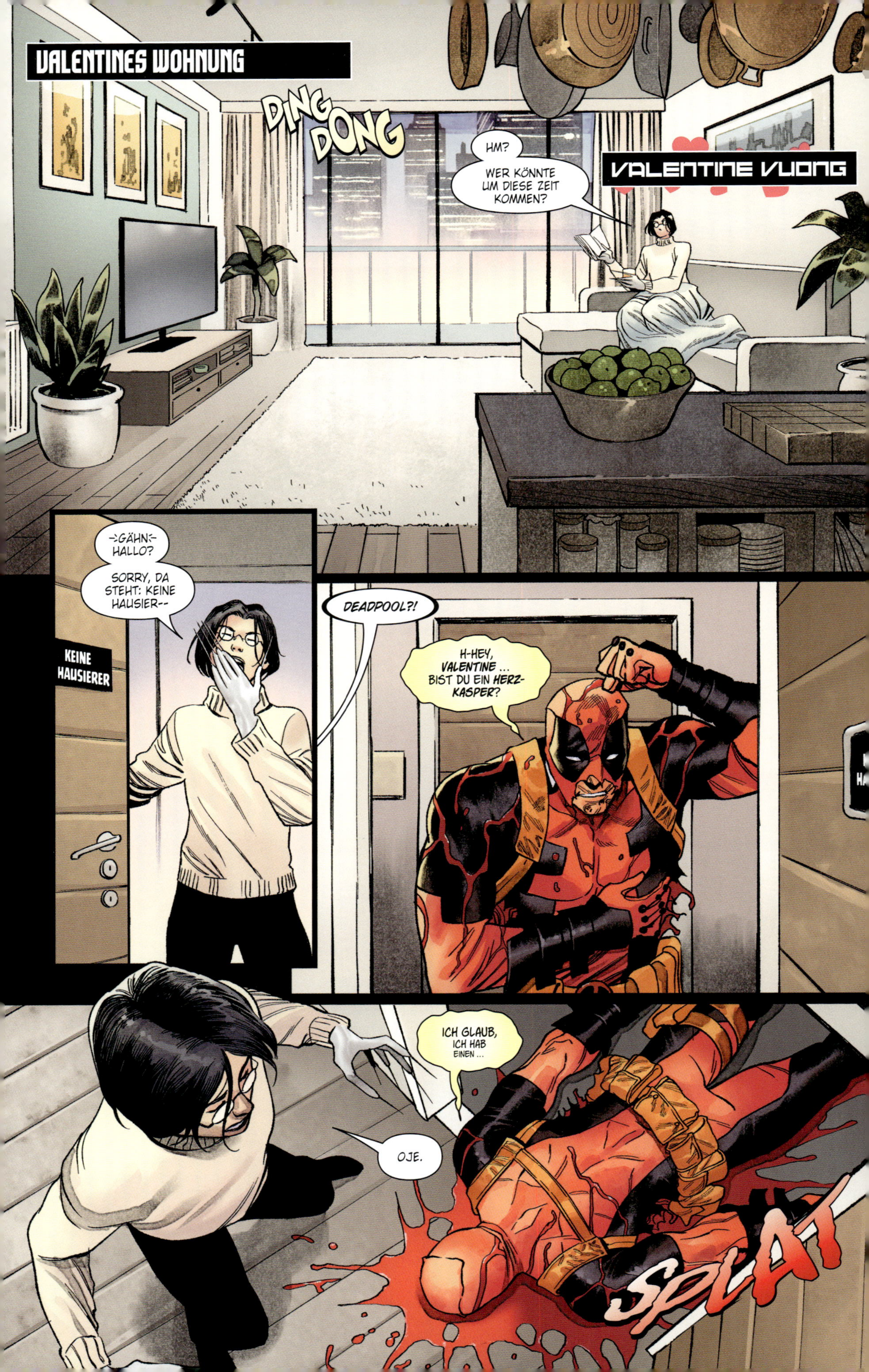
VALENTINES WOHNUNG
DING DONG
HM?
WER KÖNNTE UM DIESE ZEIT KOMMEN?
VALENTINE VUONG
-GÄHN- HALLO?
SORRY, DA STEHT: KEINE HAUSIER--
KEINE HAUSIERER
DEADPOOL?!
H-HEY, VALENTINE ... BIST DU EIN HERZ-KASPER?
ICH GLAUB, ICH HAB EINEN ...
OJE.
SPLAT

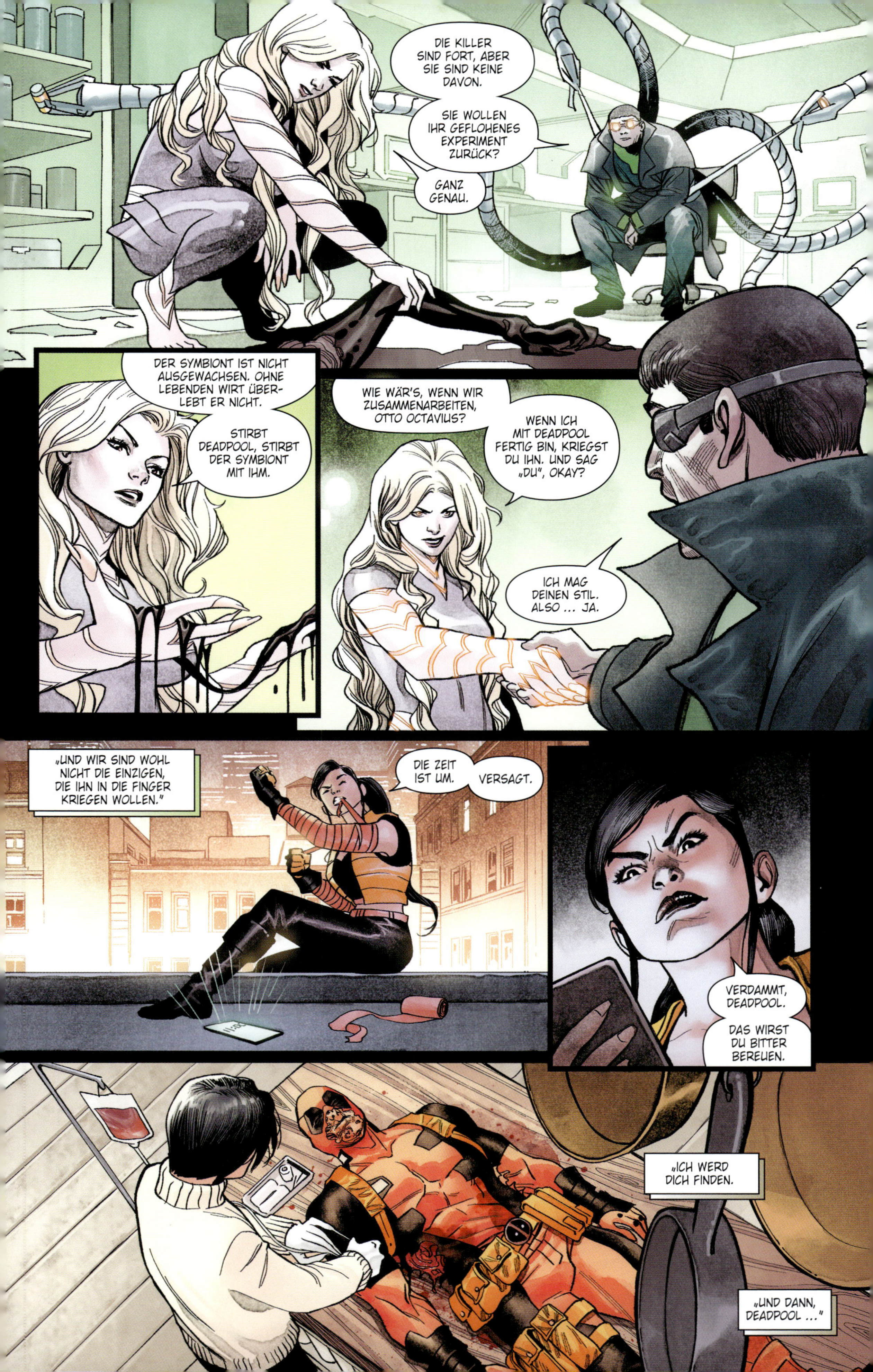
DIE KILLER SIND FORT, ABER SIE SIND KEINE DAVON.
SIE WOLLEN IHR GEFLOHENES EXPERIMENT ZURÜCK?
GANZ GENAU.
DER SYMBIONT IST NICHT AUSGEWACHSEN. OHNE LEBENDEN WIRT ÜBERLEBT ER NICHT.
STIRBT DEADPOOL, STIRBT DER SYMBIONT MIT IHM.
WIE WÄR'S, WENN WIR ZUSAMMENARBEITEN, OTTO OCTAVIUS?
WENN ICH MIT DEADPOOL FERTIG BIN, KRIEGST DU IHN. UND SAG „DU", OKAY?
ICH MAG DEINEN STIL. ALSO ... JA.
„UND WIR SIND WOHL NICHT DIE EINZIGEN, DIE IHN IN DIE FINGER KRIEGEN WOLLEN."
DIE ZEIT IST UM.
VERSAGT.
VERDAMMT, DEADPOOL.
DAS WIRST DU BITTER BEREUEN.
„ICH WERD DICH FINDEN.
„UND DANN, DEADPOOL ..."

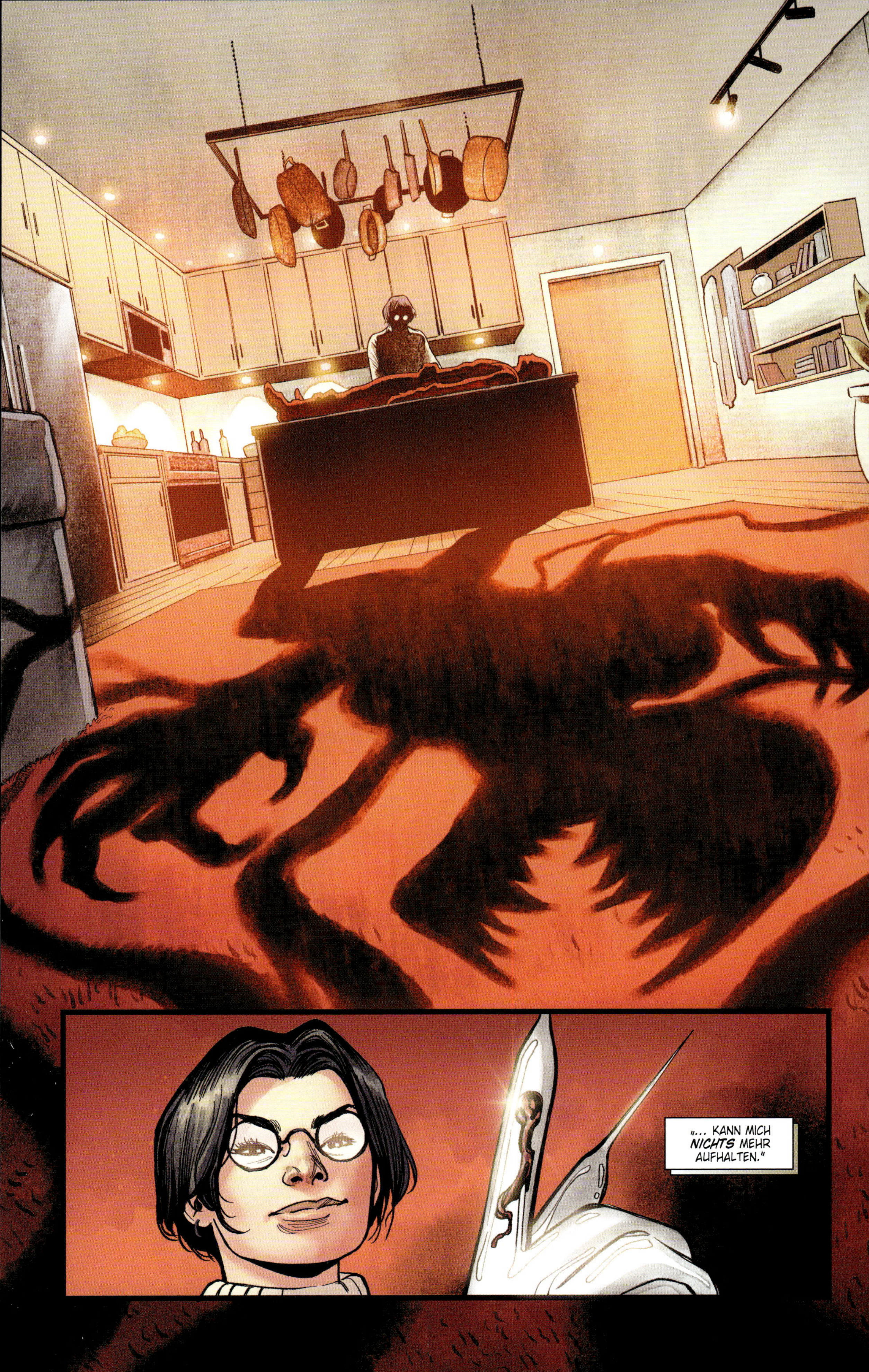
„... KANN MICH NICHTS MEHR AUFHALTEN."

ATELIER

Valentine,

die Frist ist um. Wade Wilson und Yuriko Oyama haben versagt. Ich kann kaum ausdrücken, wie enttäuscht ich bin.

Sie sind ab sofort von allen geheimen Schutzräumen und Basen ausgeschlossen. Du musst den Kontakt zu ihnen vollkommen einstellen.

Das ist ein ausdrücklicher Befehl.

Gruß,
Horned Emperor

ATELIER

Emperor,

ich habe Wade Wilson und Yuriko Oyama weder gesehen noch mit ihnen gesprochen, seit die Frist verstrichen ist. Sollten sie versuchen, mein Safe House zu betreten, werde ich sie abweisen.

Bei allem Respekt, ich habe Dein Urteil immer akzeptiert. Es sollte keinen Grund geben, meines anzuzweifeln.

Beste Grüße,
Valentine

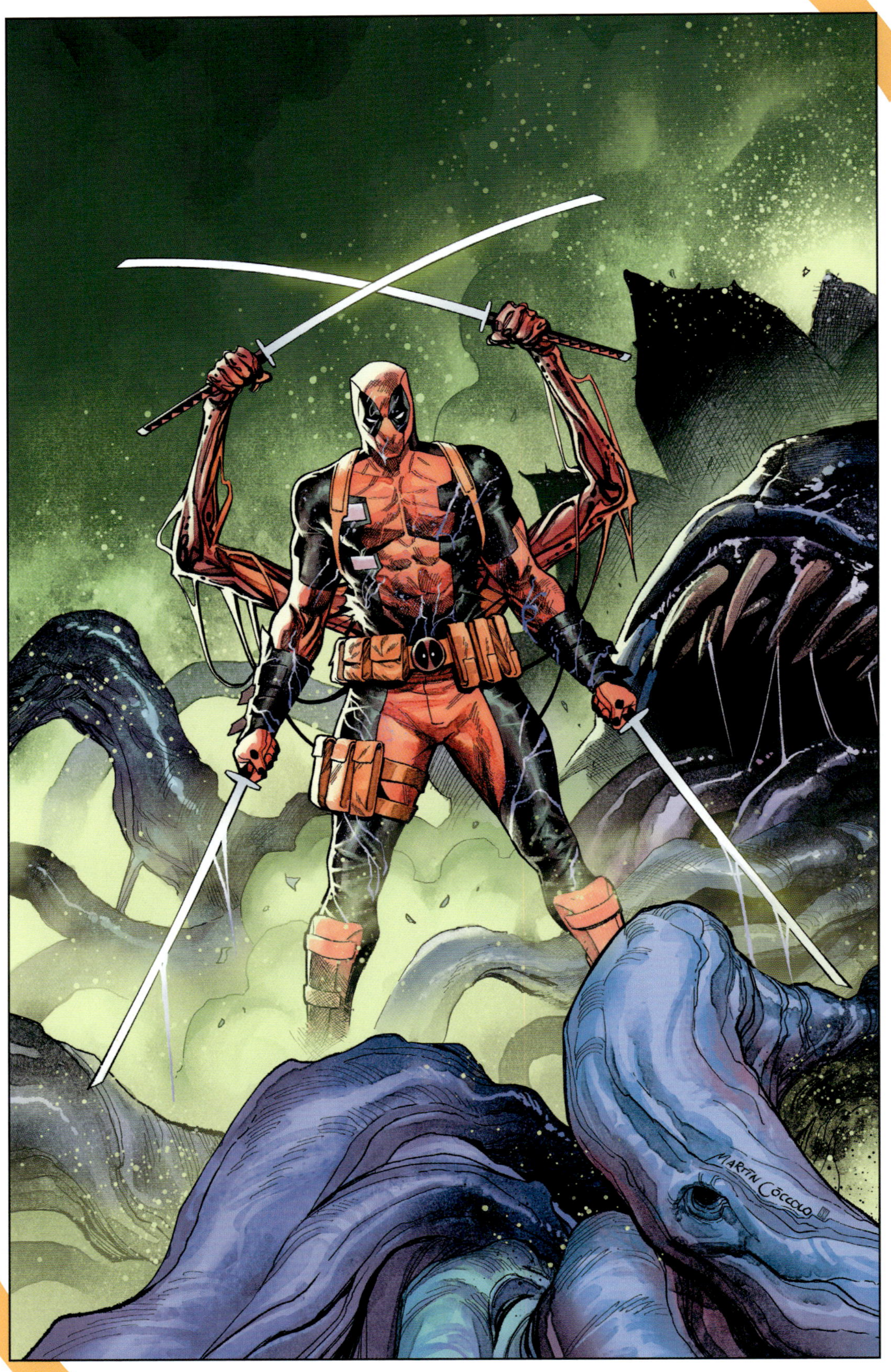

Deadpool (2023) 3
Cover von **MARTÍN CÓCCOLO**

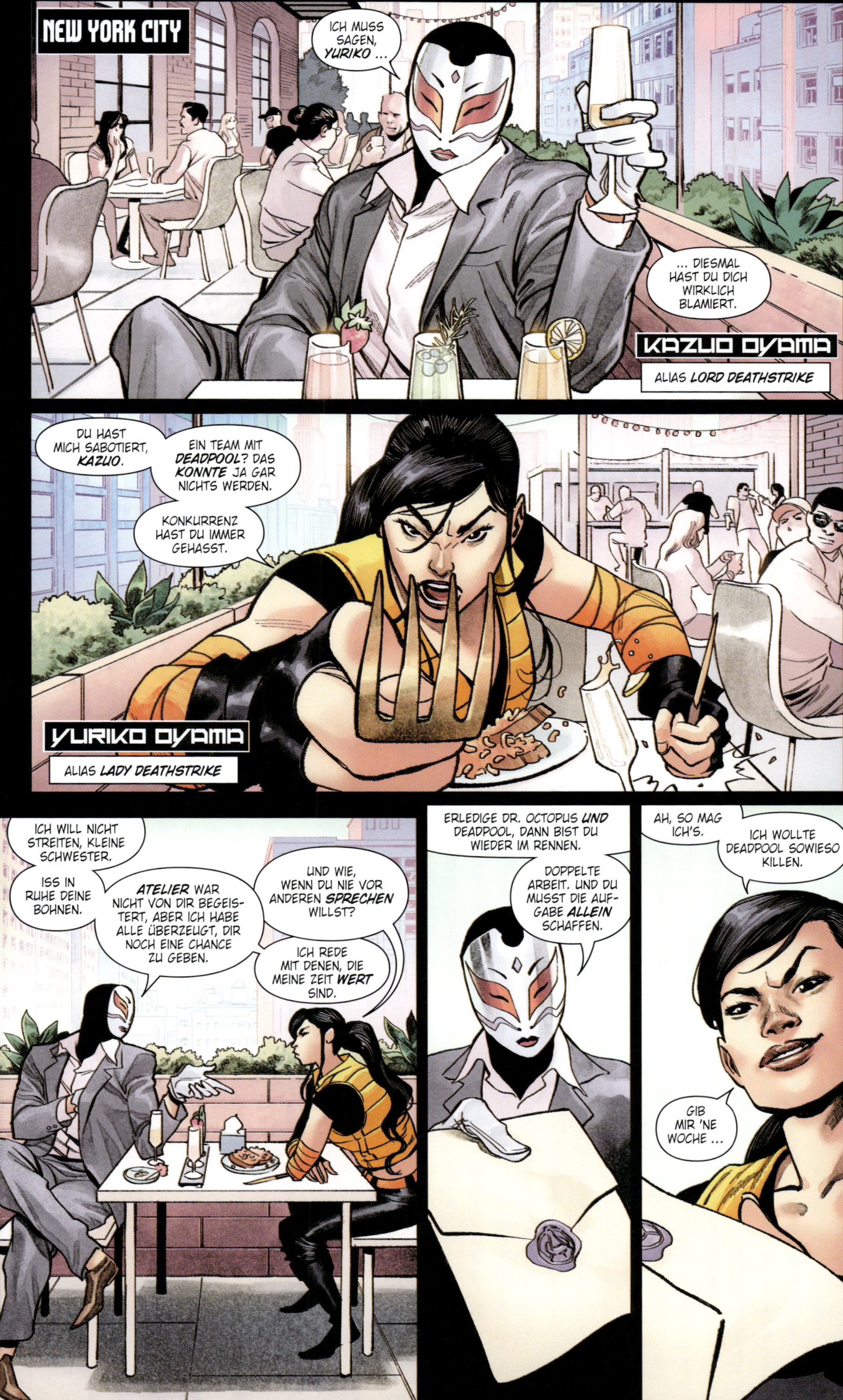
NEW YORK CITY
ICH MUSS SAGEN, YURIKO ...
... DIESMAL HAST DU DICH WIRKLICH BLAMIERT.
KAZUO OYAMA
ALIAS LORD DEATHSTRIKE
DU HAST MICH SABOTIERT, KAZUO.
EIN TEAM MIT DEADPOOL? DAS KONNTE JA GAR NICHTS WERDEN.
KONKURRENZ HAST DU IMMER GEHASST.
YURIKO OYAMA
ALIAS LADY DEATHSTRIKE
ICH WILL NICHT STREITEN, KLEINE SCHWESTER.
ISS IN RUHE DEINE BOHNEN.
ATELIER WAR NICHT VON DIR BEGEISTERT, ABER ICH HABE ALLE ÜBERZEUGT, DIR NOCH EINE CHANCE ZU GEBEN.
UND WIE, WENN DU NIE VOR ANDEREN SPRECHEN WILLST?
ICH REDE MIT DENEN, DIE MEINE ZEIT WERT SIND.
ERLEDIGE DR. OCTOPUS UND DEADPOOL, DANN BIST DU WIEDER IM RENNEN.
DOPPELTE ARBEIT. UND DU MUSST DIE AUFGABE ALLEIN SCHAFFEN.
AH, SO MAG ICH'S.
ICH WOLLTE DEADPOOL SOWIESO KILLEN.
GIB MIR 'NE WOCHE ...

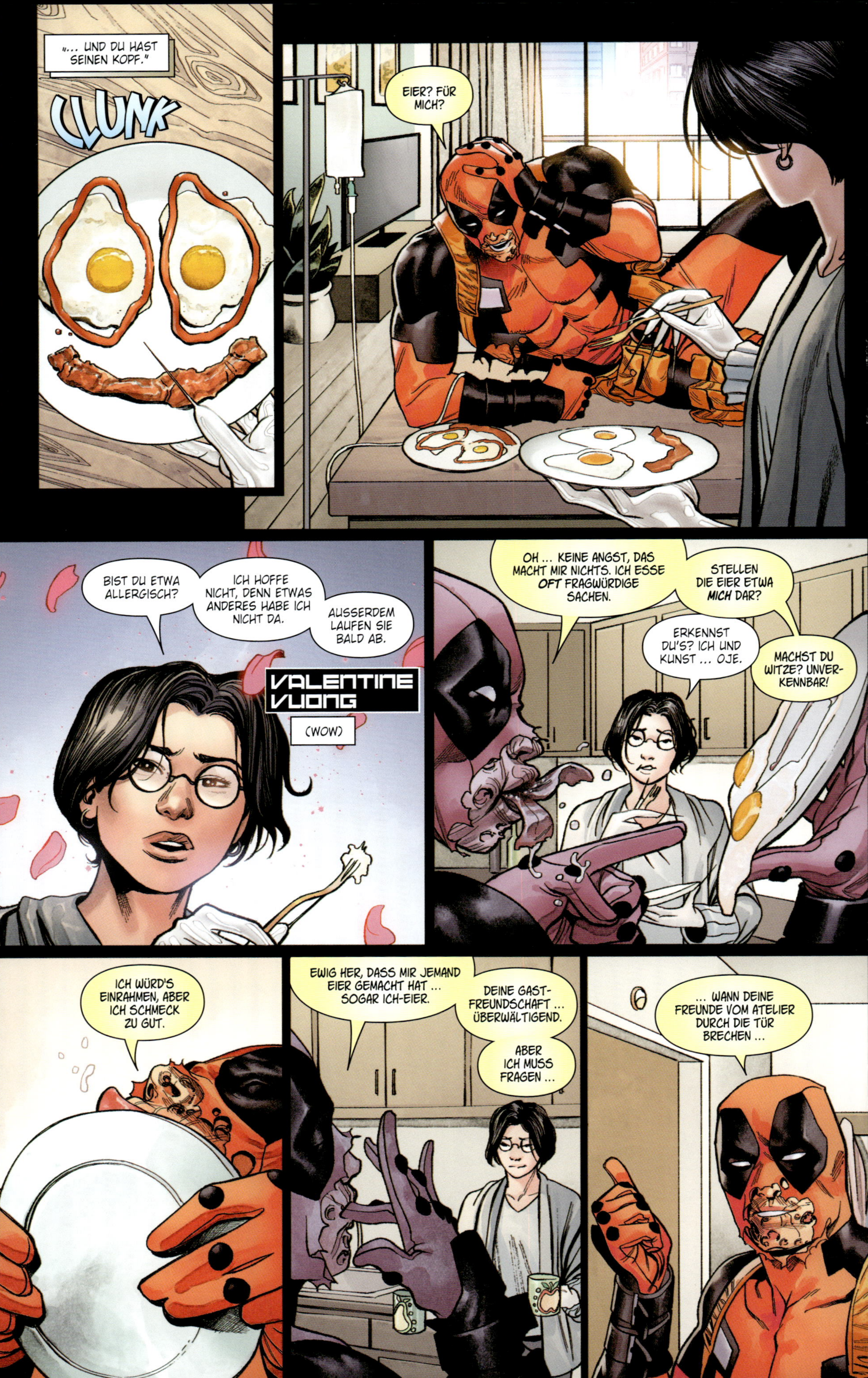
"... UND DU HAST SEINEN KOPF."
CLUNK
EIER? FÜR MICH?
BIST DU ETWA ALLERGISCH?
ICH HOFFE NICHT, DENN ETWAS ANDERES HABE ICH NICHT DA.
AUSSERDEM LAUFEN SIE BALD AB.
VALENTINE VUONG
(WOW)
OH ... KEINE ANGST, DAS MACHT MIR NICHTS. ICH ESSE OFT FRAGWÜRDIGE SACHEN.
STELLEN DIE EIER ETWA MICH DAR?
ERKENNST DU'S? ICH UND KUNST ... OJE.
MACHST DU WITZE? UNVERKENNBAR!
ICH WÜRD'S EINRAHMEN, ABER ICH SCHMECK ZU GUT.
EWIG HER, DASS MIR JEMAND EIER GEMACHT HAT ... SOGAR ICH-EIER.
DEINE GASTFREUNDSCHAFT ... ÜBERWÄLTIGEND.
ABER ICH MUSS FRAGEN ...
... WANN DEINE FREUNDE VOM ATELIER DURCH DIE TÜR BRECHEN ...

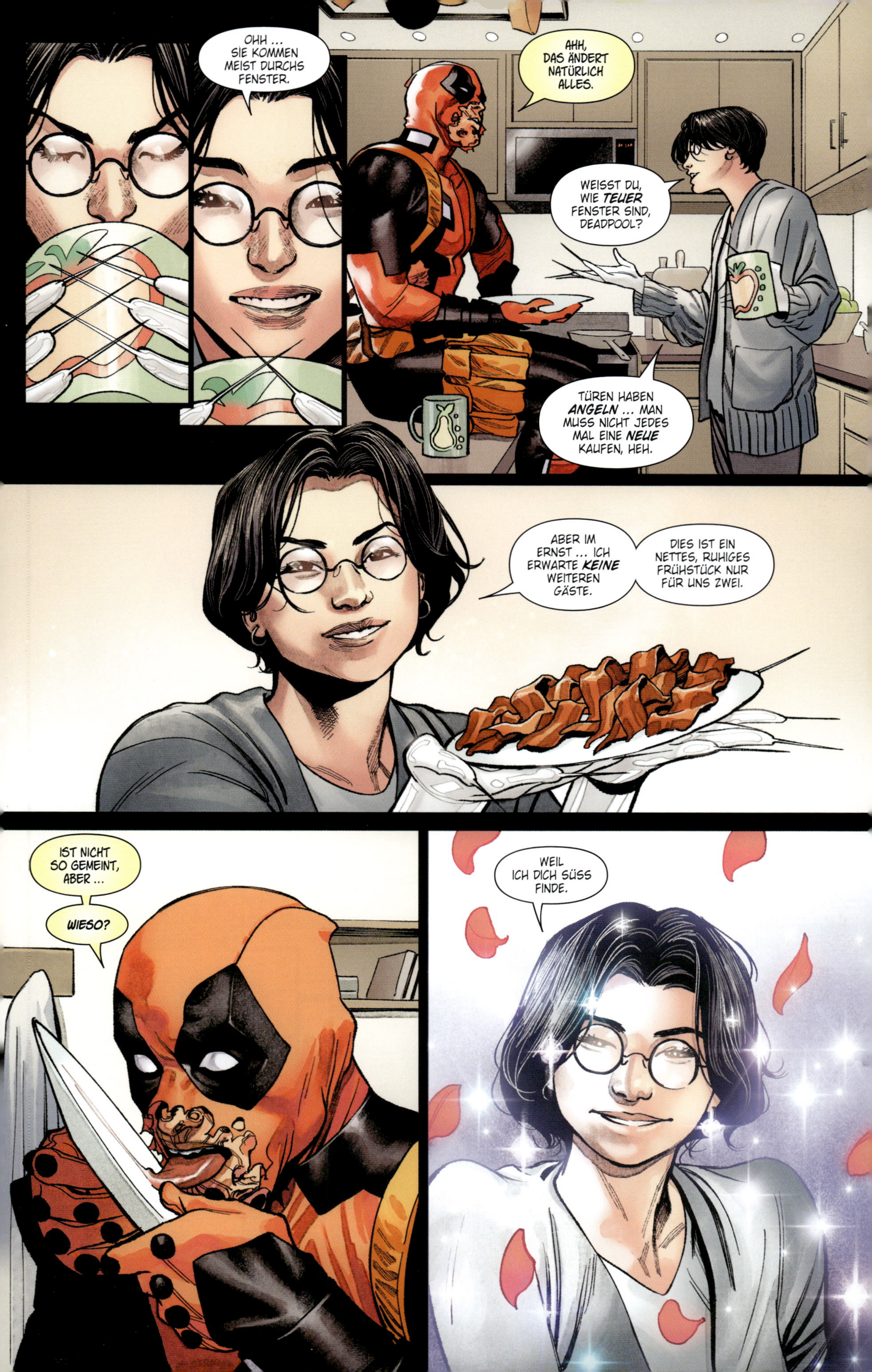
OHH ... SIE KOMMEN MEIST DURCHS FENSTER.
AHH, DAS ÄNDERT NATÜRLICH ALLES.
WEISST DU, WIE TEUER FENSTER SIND, DEADPOOL?
TÜREN HABEN ANGELN ... MAN MUSS NICHT JEDES MAL EINE NEUE KAUFEN, HEH.
ABER IM ERNST ... ICH ERWARTE KEINE WEITEREN GÄSTE.
DIES IST EIN NETTES, RUHIGES FRÜHSTÜCK NUR FÜR UNS ZWEI.
IST NICHT SO GEMEINT, ABER ...
WIESO?
WEIL ICH DICH SÜSS FINDE.

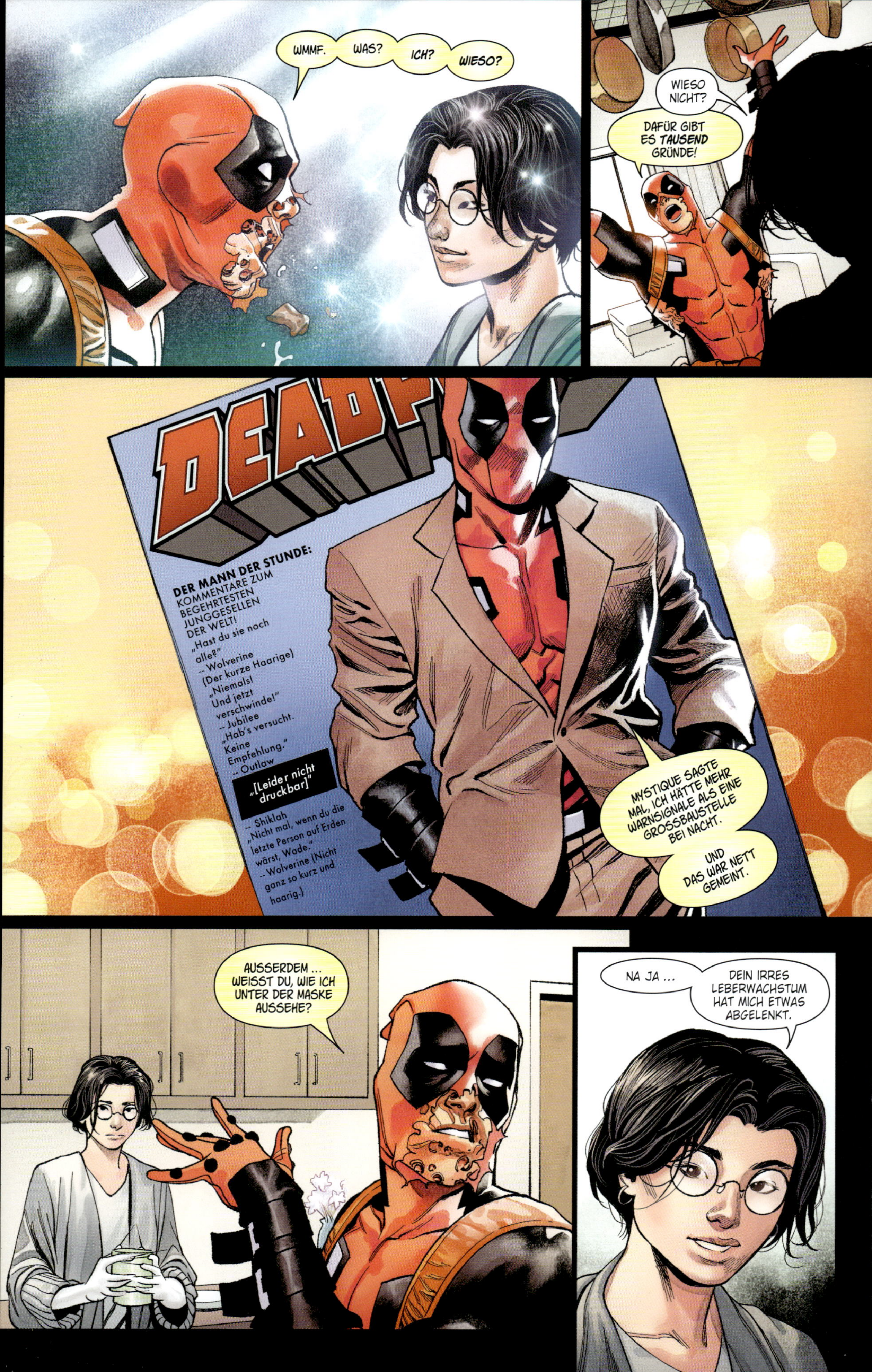
WMMF.
WAS?
ICH?
WIESO?
WIESO NICHT?
DAFÜR GIBT ES TAUSEND GRÜNDE!
DEADP
DER MANN DER STUNDE:
KOMMENTARE ZUM BEGEHRTESTEN JUNGGESELLEN DER WELT!
„Hast du sie noch alle?"
-- Wolverine (Der kurze Haarige)
„Niemals! Und jetzt verschwinde!"
-- Jubilee
„Hab's versucht. Keine Empfehlung."
-- Outlaw
„[Leider nicht druckbar]"
-- Shiklah
„Nicht mal, wenn du die letzte Person auf Erden wärst, Wade."
-- Wolverine (Nicht ganz so kurz und haarig.)
MYSTIQUE SAGTE MAL, ICH HÄTTE MEHR WARNSIGNALE ALS EINE GROSSBAUSTELLE BEI NACHT.
UND DAS WAR NETT GEMEINT.
AUSSERDEM ... WEISST DU, WIE ICH UNTER DER MASKE AUSSEHE?
NA JA ...
DEIN IRRES LEBERWACHSTUM HAT MICH ETWAS ABGELENKT.

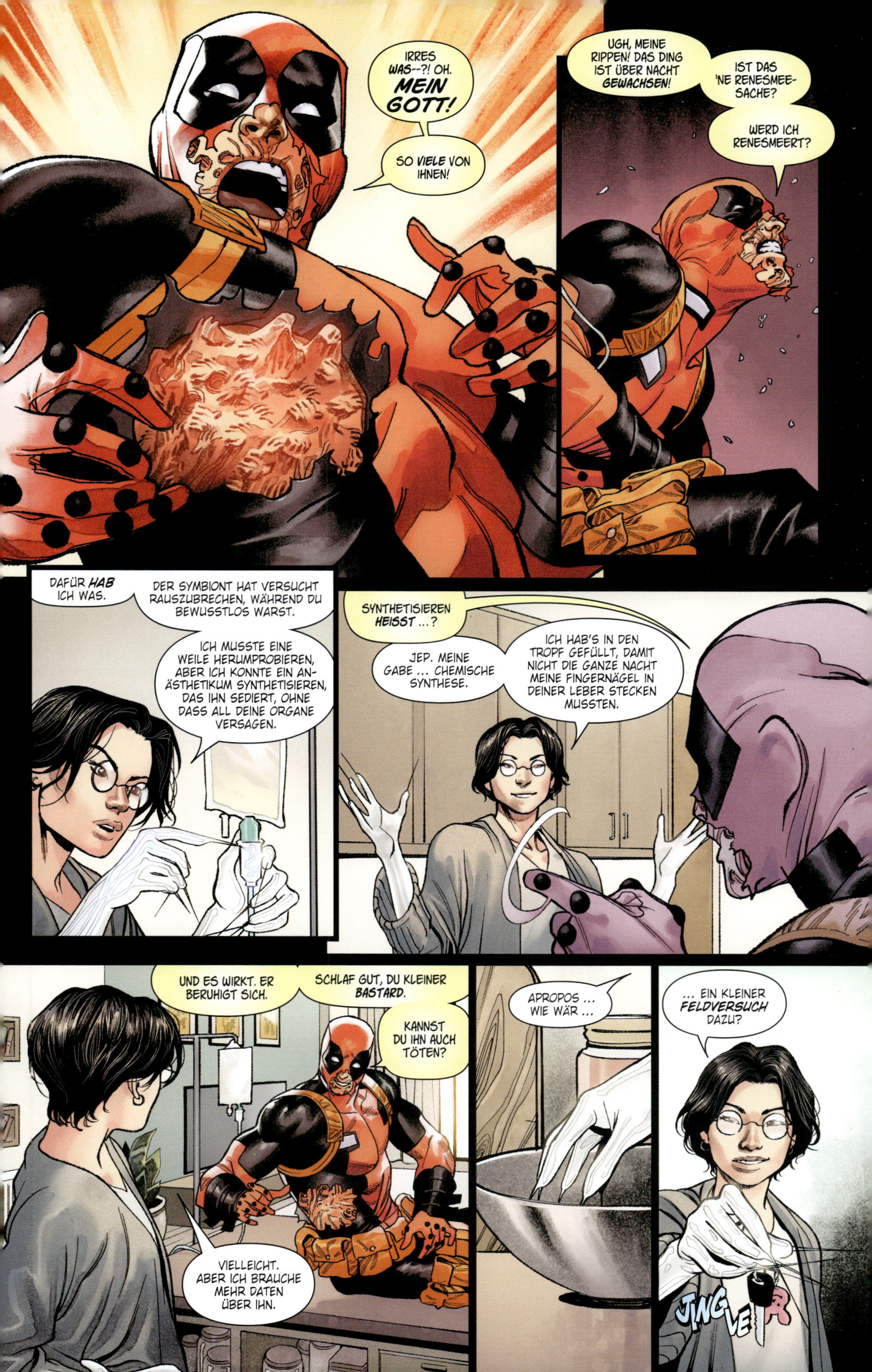

IRRES WAS--?! OH. MEIN GOTT!
SO VIELE VON IHNEN!
UGH, MEINE RIPPEN! DAS DING IST ÜBER NACHT GEWACHSEN!
IST DAS 'NE RENESMEE-SACHE?
WERD ICH RENESMEERT?
DAFÜR HAB ICH WAS.
DER SYMBIONT HAT VERSUCHT RAUSZUBRECHEN, WÄHREND DU BEWUSSTLOS WARST.
ICH MUSSTE EINE WEILE HERUMPROBIEREN, ABER ICH KONNTE EIN ANÄSTHETIKUM SYNTHETISIEREN, DAS IHN SEDIERT, OHNE DASS ALL DEINE ORGANE VERSAGEN.
SYNTHETISIEREN HEISST …?
JEP. MEINE GABE … CHEMISCHE SYNTHESE.
ICH HAB'S IN DEN TROPF GEFÜLLT, DAMIT NICHT DIE GANZE NACHT MEINE FINGERNÄGEL IN DEINER LEBER STECKEN MUSSTEN.
UND ES WIRKT. ER BERUHIGT SICH.
SCHLAF GUT, DU KLEINER BASTARD.
KANNST DU IHN AUCH TÖTEN?
VIELLEICHT. ABER ICH BRAUCHE MEHR DATEN ÜBER IHN.
APROPOS … WIE WÄR …
… EIN KLEINER FELDVERSUCH DAZU?
JINGLE

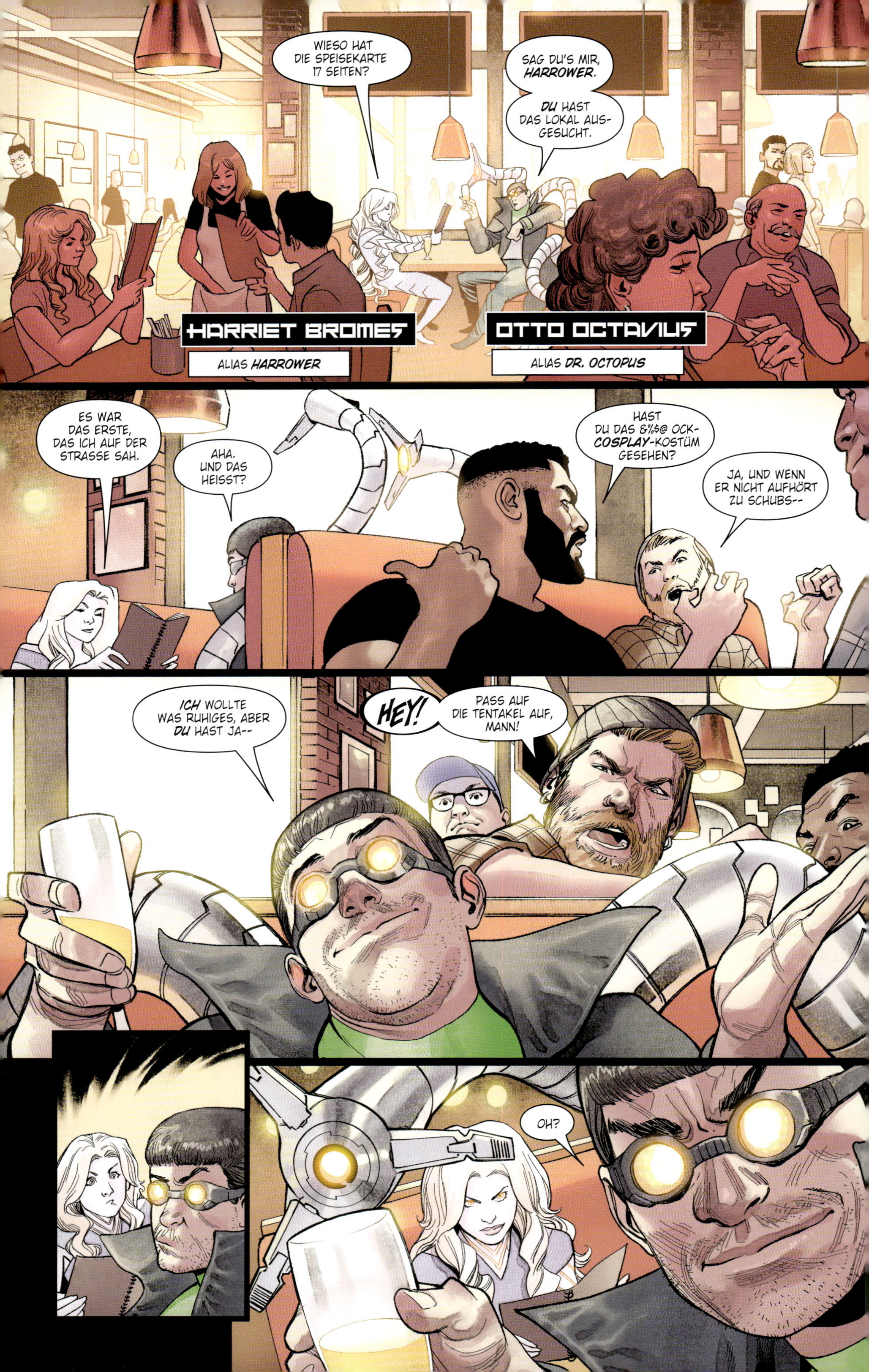

WIESO HAT DIE SPEISEKARTE 17 SEITEN?
SAG DU'S MIR, *HARROWER*.
DU HAST DAS LOKAL AUS-GESUCHT.
HARRIET BROMES
ALIAS *HARROWER*
OTTO OCTAVIUS
ALIAS *DR. OCTOPUS*
ES WAR DAS ERSTE, DAS ICH AUF DER STRASSE SAH.
AHA. UND DAS HEISST?
HAST DU DAS &%$@ OCK-*COSPLAY*-KOSTÜM GESEHEN?
JA, UND WENN ER NICHT AUFHÖRT ZU SCHUBS--
ICH WOLLTE WAS RUHIGES, ABER *DU* HAST JA--
HEY!
PASS AUF DIE TENTAKEL AUF, MANN!
OH?

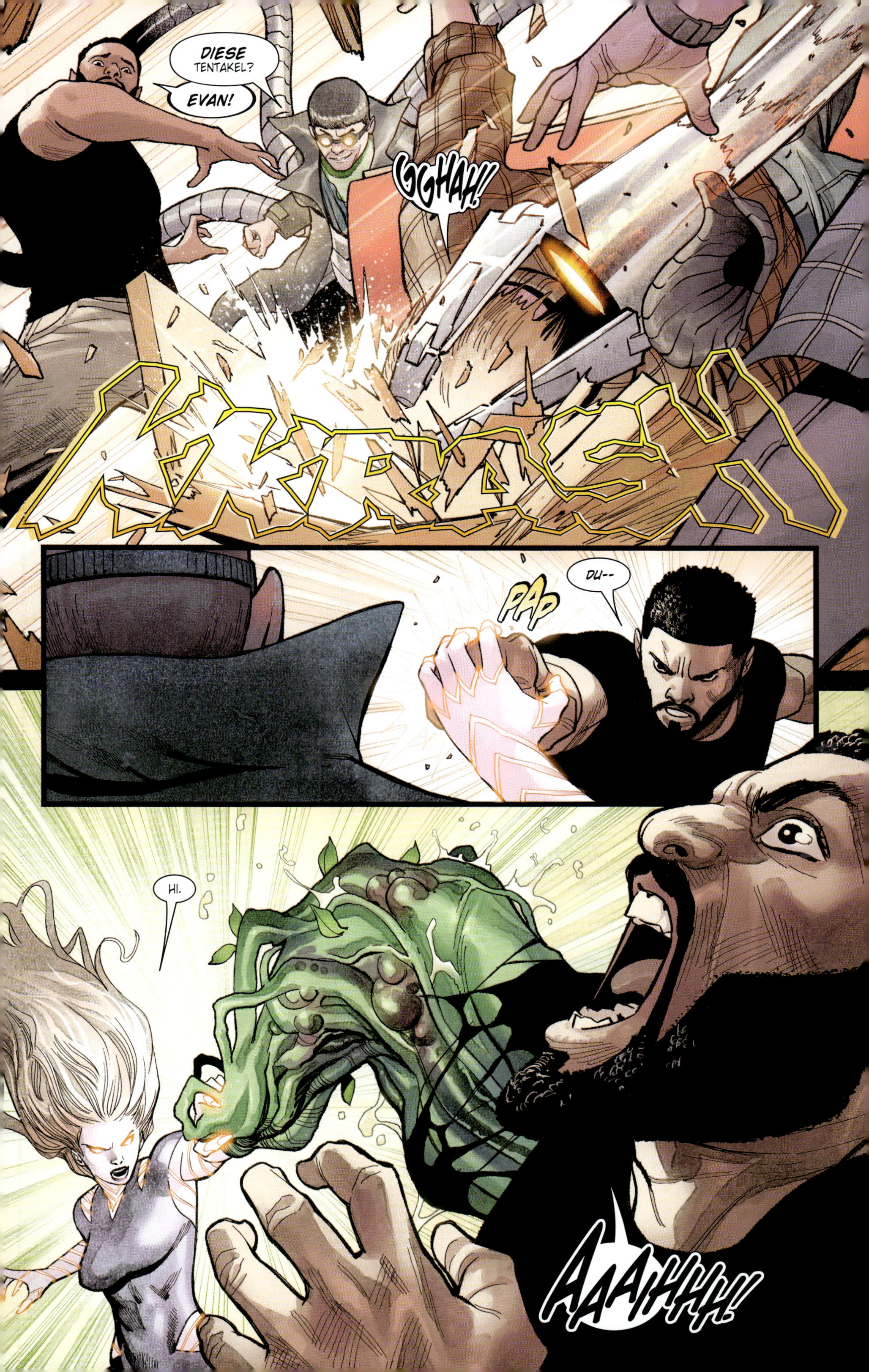
DIESE TENTAKEL?
EVAN!
GGHAH!
PAP
DU--
HI.
AAAHHHH!

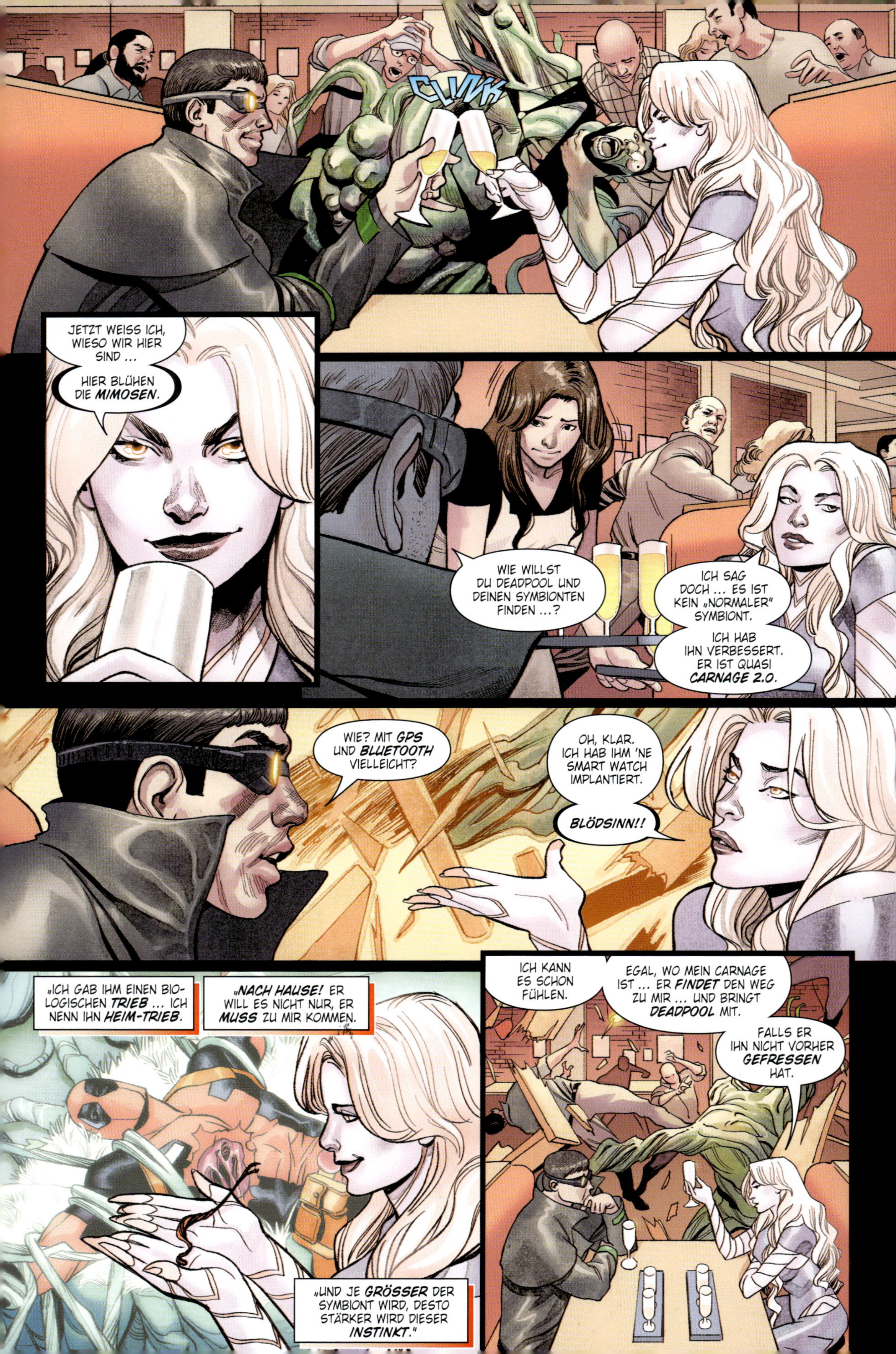
CLINK
JETZT WEISS ICH, WIESO WIR HIER SIND …
HIER BLÜHEN DIE MIMOSEN.
WIE WILLST DU DEADPOOL UND DEINEN SYMBIONTEN FINDEN …?
ICH SAG DOCH … ES IST KEIN „NORMALER" SYMBIONT.
ICH HAB IHN VERBESSERT. ER IST QUASI CARNAGE 2.0.
WIE? MIT GPS UND BLUETOOTH VIELLEICHT?
OH, KLAR. ICH HAB IHM 'NE SMART WATCH IMPLANTIERT.
BLÖDSINN!!
„ICH GAB IHM EINEN BIOLOGISCHEN TRIEB … ICH NENN IHN HEIM-TRIEB.
„NACH HAUSE! ER WILL ES NICHT NUR, ER MUSS ZU MIR KOMMEN.
„UND JE GRÖSSER DER SYMBIONT WIRD, DESTO STÄRKER WIRD DIESER INSTINKT."
ICH KANN ES SCHON FÜHLEN.
EGAL, WO MEIN CARNAGE IST … ER FINDET DEN WEG ZU MIR … UND BRINGT DEADPOOL MIT.
FALLS ER IHN NICHT VORHER GEFRESSEN HAT.

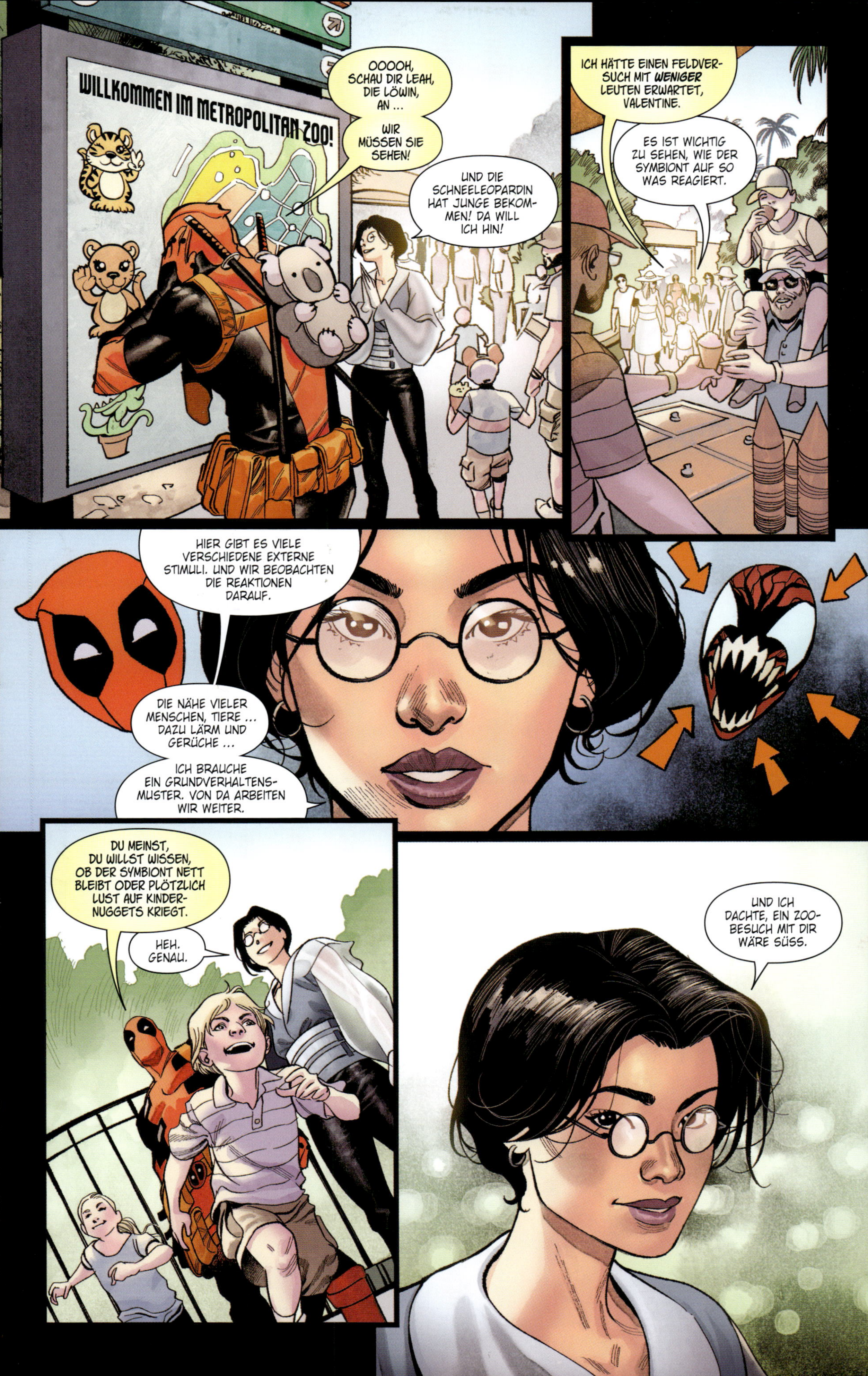
WILLKOMMEN IM METROPOLITAN ZOO!
OOOOH, SCHAU DIR LEAH, DIE LÖWIN, AN ...
WIR MÜSSEN SIE SEHEN!
UND DIE SCHNEELEOPARDIN HAT JUNGE BEKOMMEN! DA WILL ICH HIN!
ICH HÄTTE EINEN FELDVERSUCH MIT WENIGER LEUTEN ERWARTET, VALENTINE.
ES IST WICHTIG ZU SEHEN, WIE DER SYMBIONT AUF SO WAS REAGIERT.
HIER GIBT ES VIELE VERSCHIEDENE EXTERNE STIMULI. UND WIR BEOBACHTEN DIE REAKTIONEN DARAUF.
DIE NÄHE VIELER MENSCHEN, TIERE ... DAZU LÄRM UND GERÜCHE ...
ICH BRAUCHE EIN GRUNDVERHALTENSMUSTER. VON DA ARBEITEN WIR WEITER.
DU MEINST, DU WILLST WISSEN, OB DER SYMBIONT NETT BLEIBT ODER PLÖTZLICH LUST AUF KINDERNUGGETS KRIEGT.
HEH. GENAU.
UND ICH DACHTE, EIN ZOOBESUCH MIT DIR WÄRE SÜSS.

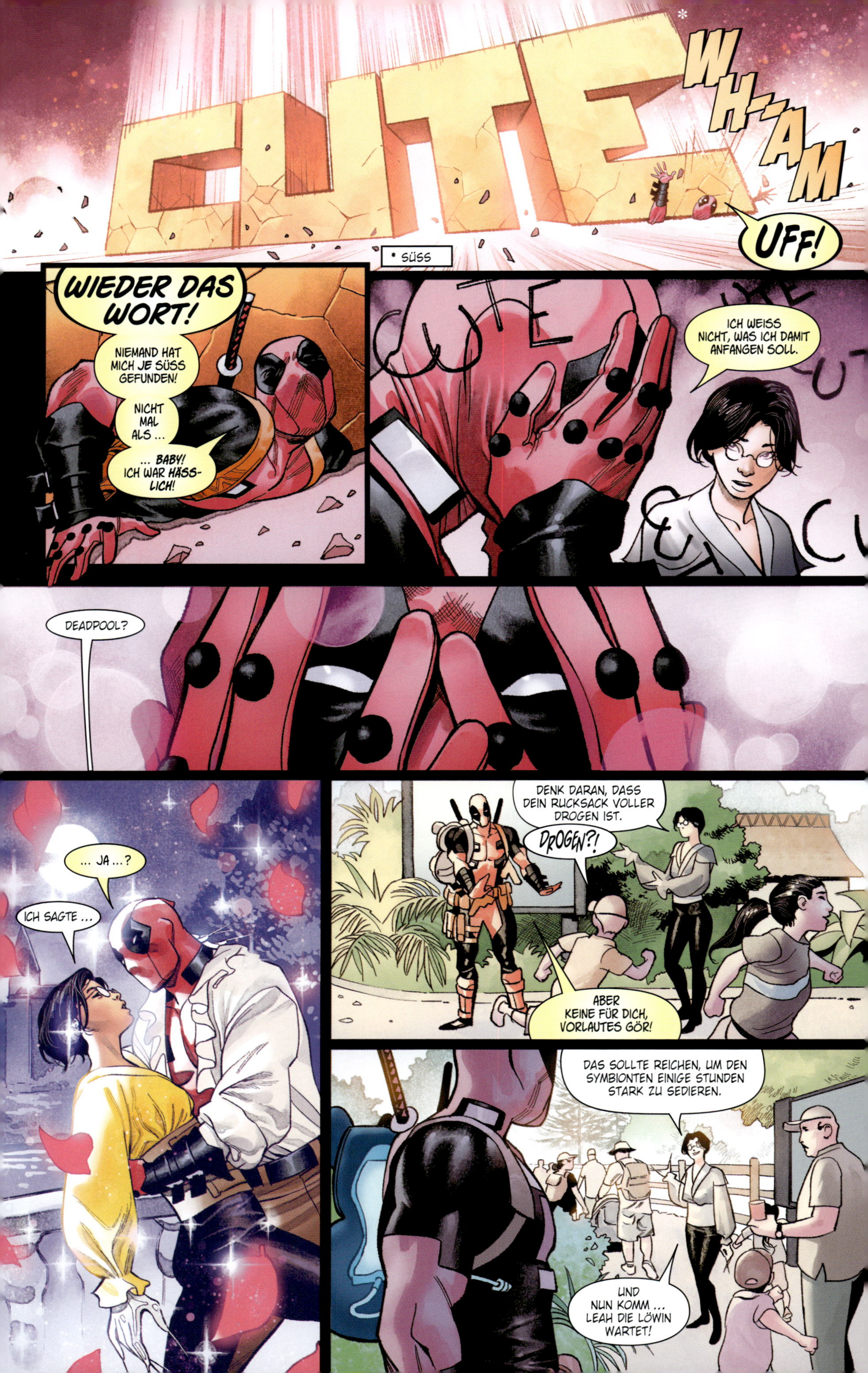
CUTE*
WH-AM
UFF!
* SÜSS
WIEDER DAS WORT!
NIEMAND HAT MICH JE SÜSS GEFUNDEN!
NICHT MAL ALS ...
... BABY! ICH WAR HÄSS-LICH!
ICH WEISS NICHT, WAS ICH DAMIT ANFANGEN SOLL.
DEADPOOL?
... JA ...?
ICH SAGTE ...
DENK DARAN, DASS DEIN RUCKSACK VOLLER DROGEN IST.
DROGEN?!
ABER KEINE FÜR DICH, VORLAUTES GÖR!
DAS SOLLTE REICHEN, UM DEN SYMBIONTEN EINIGE STUNDEN STARK ZU SEDIEREN.
UND NUN KOMM ... LEAH DIE LÖWIN WARTET!

Kleine nützliche Zootipps!

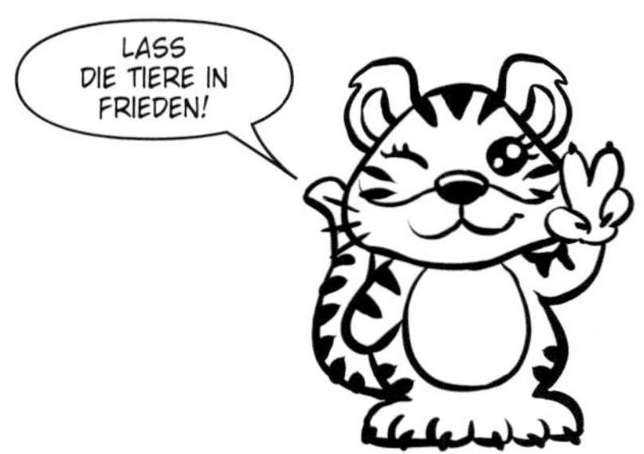

Tini der Tiger

- Respektiere alle Tiere! SCHREI sie nicht an! Wirf kein Futter oder sonst etwas in ihr Gehege.
- Frag alles, was du wissen willst, und beobachte die Tiere aus der Ferne, aber versuch nicht, zu ihnen zu kommen! Die Tiere sind sehr scheu.

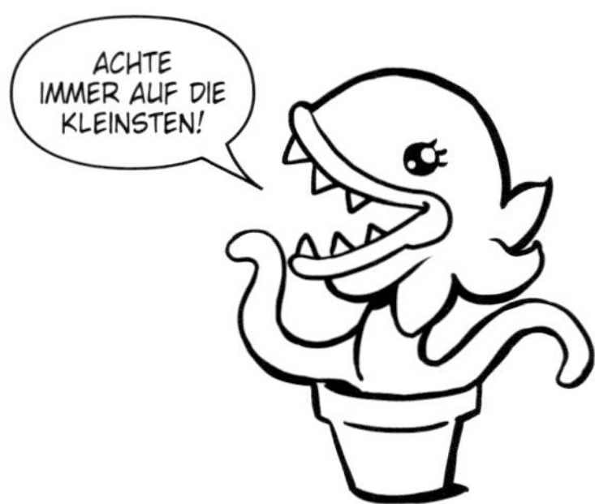

Vita die Venusfliegenfalle

- Vermeide Todesfälle, indem du die kleineren Kinder im Auge behältst!
- Fass keine Tiere an! Das ist außerhalb des Streichelzoos streng verboten.*

** Der Streichelzoo ist zurzeit wegen Reparaturarbeiten geschlossen.*

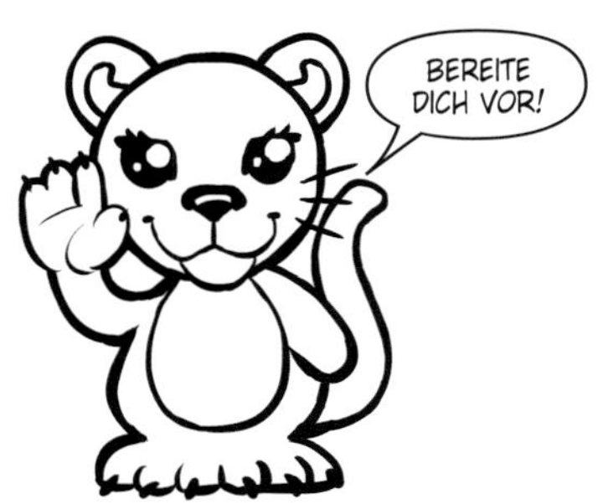

Leah die Löwin

- Nimm etwas zu essen und genug Wasser mit! Hitze ist kein Problem, wenn man genug trinkt und auf seinen Körper hört.
- Leg vorher deine Route fest! Im Metropolitan Zoo gibt es viel zu sehen ... so wirst du nichts davon verpassen.

Der Metropolitan Zoo haftet nicht für Verletzungen, die entstehen, weil Sicherheitsvorschriften nicht beachtet werden. Und, bitte, bitte ... grinst nicht die Schimpansen an!

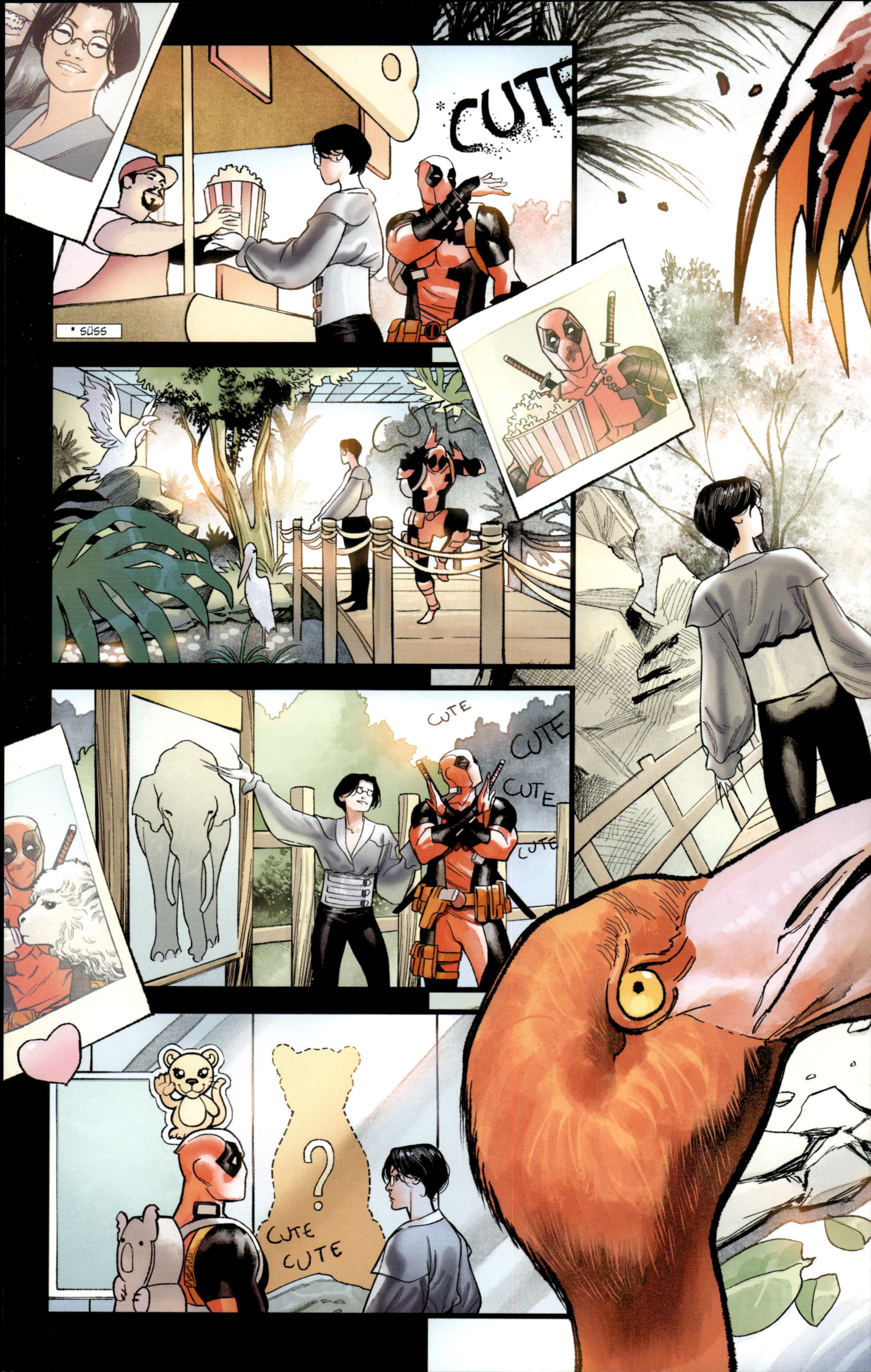
*CUTE
* SÜSS
CUTE
CUTE
CUTE
CUTE
CUTE
CUTE
CUTE

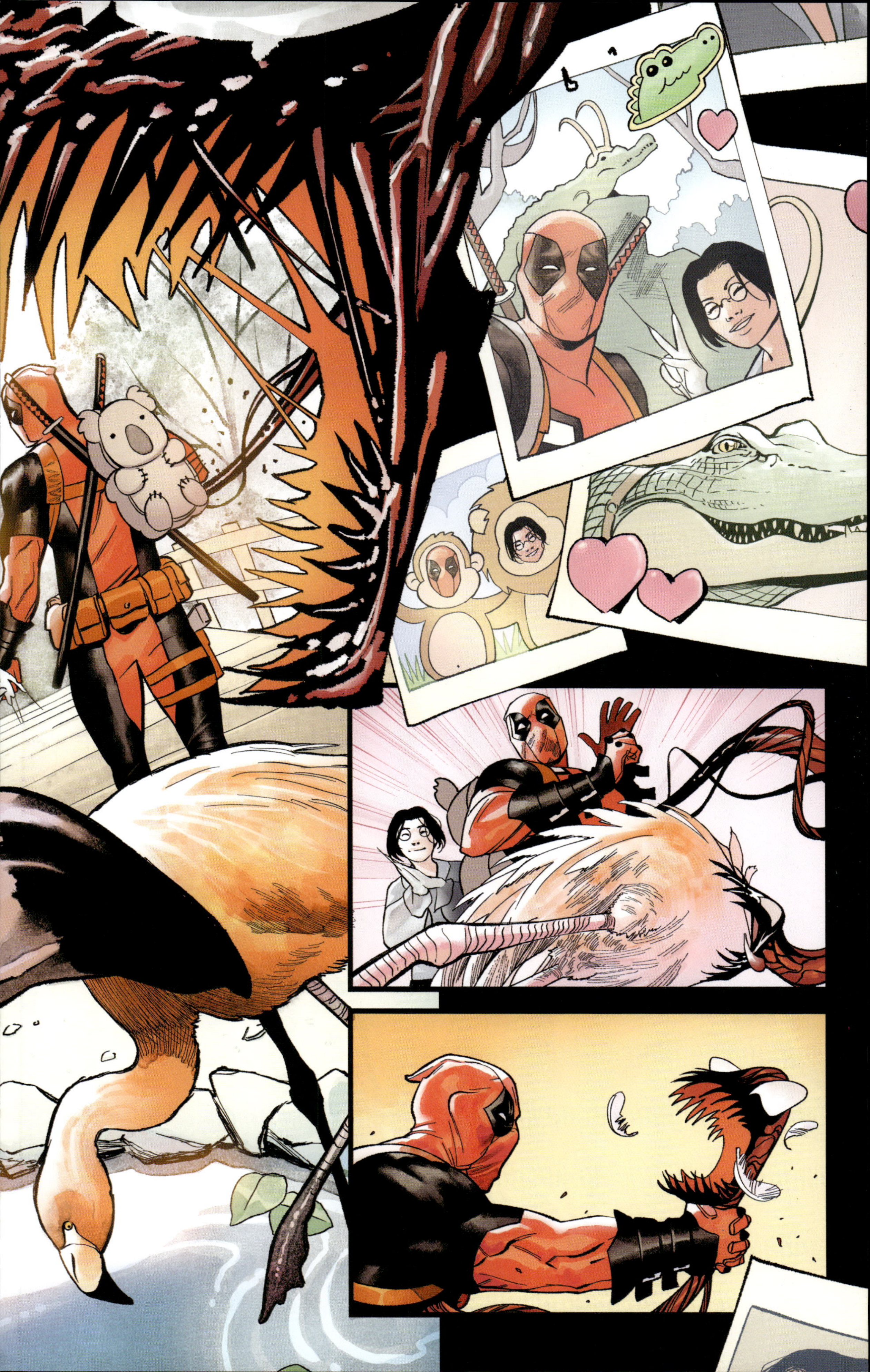

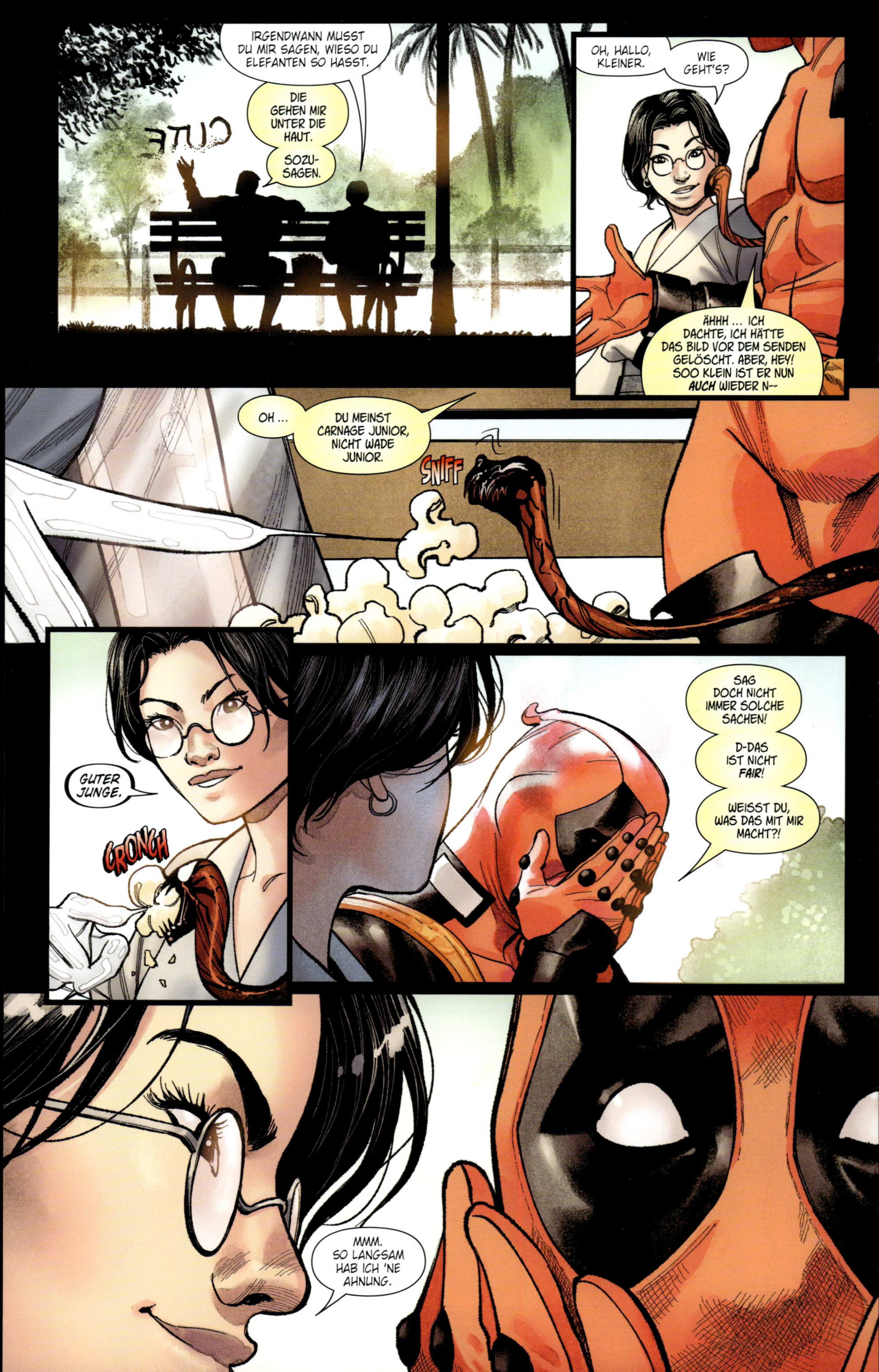
IRGENDWANN MUSST DU MIR SAGEN, WIESO DU ELEFANTEN SO HASST.
DIE GEHEN MIR UNTER DIE HAUT.
SOZU-SAGEN.
OH, HALLO, KLEINER.
WIE GEHT'S?
ÄHHH ... ICH DACHTE, ICH HÄTTE DAS BILD VOR DEM SENDEN GELÖSCHT. ABER, HEY! SOO KLEIN IST ER NUN *AUCH* WIEDER N--
OH ...
DU MEINST CARNAGE JUNIOR, NICHT WADE JUNIOR.
SNIFF
GUTER JUNGE.
CRONCH
SAG DOCH NICHT IMMER SOLCHE SACHEN!
D-DAS IST NICHT *FAIR*!
WEISST DU, WAS DAS MIT MIR MACHT?!
MMM. SO LANGSAM HAB ICH 'NE AHNUNG.

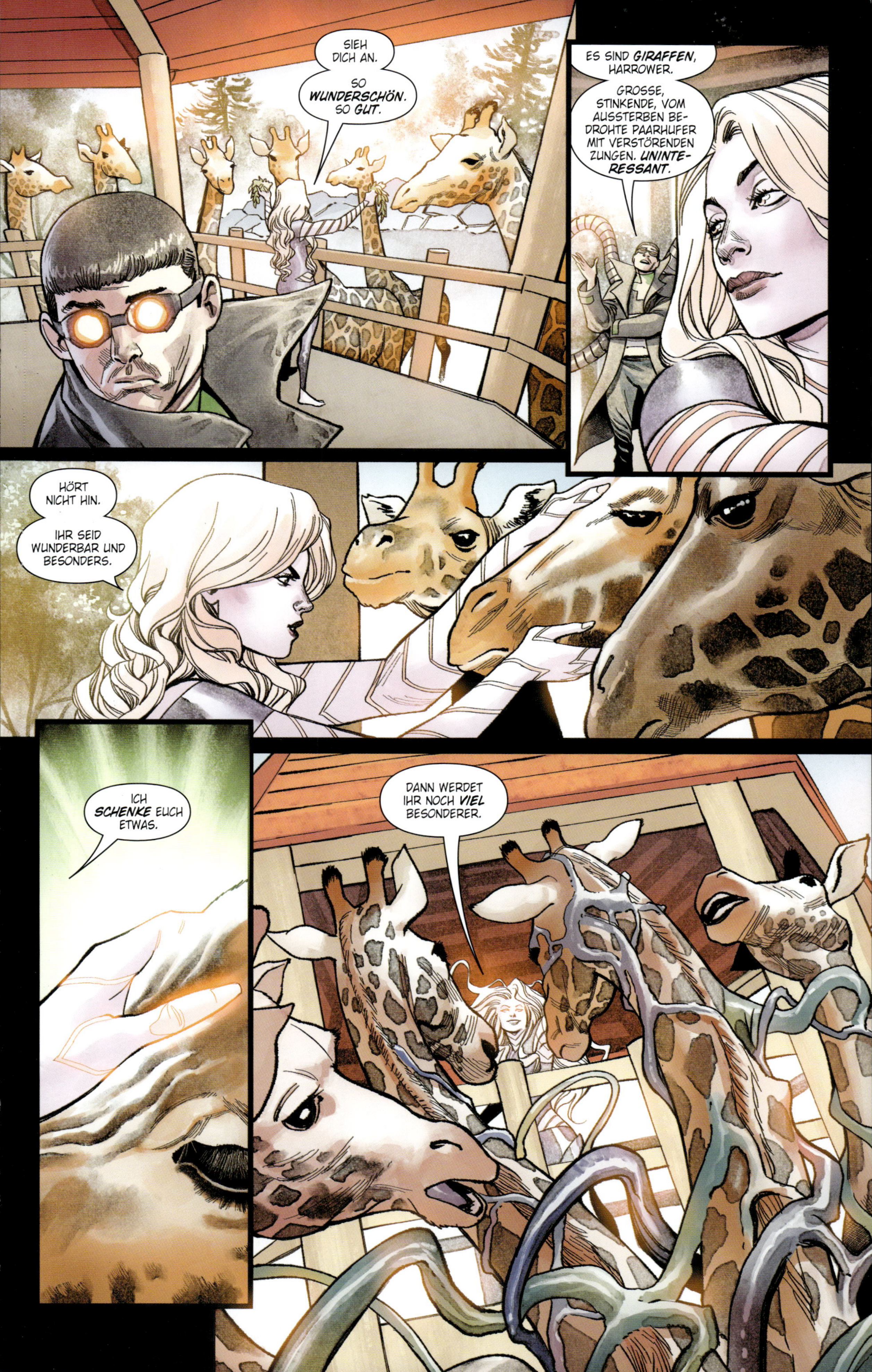
SIEH DICH AN.
SO WUNDERSCHÖN. SO GUT.
ES SIND GIRAFFEN, HARROWER.
GROSSE, STINKENDE, VOM AUSSTERBEN BEDROHTE PAARHUFER MIT VERSTÖRENDEN ZUNGEN. UNINTERESSANT.
HÖRT NICHT HIN.
IHR SEID WUNDERBAR UND BESONDERS.
ICH SCHENKE EUCH ETWAS.
DANN WERDET IHR NOCH VIEL BESONDERER.

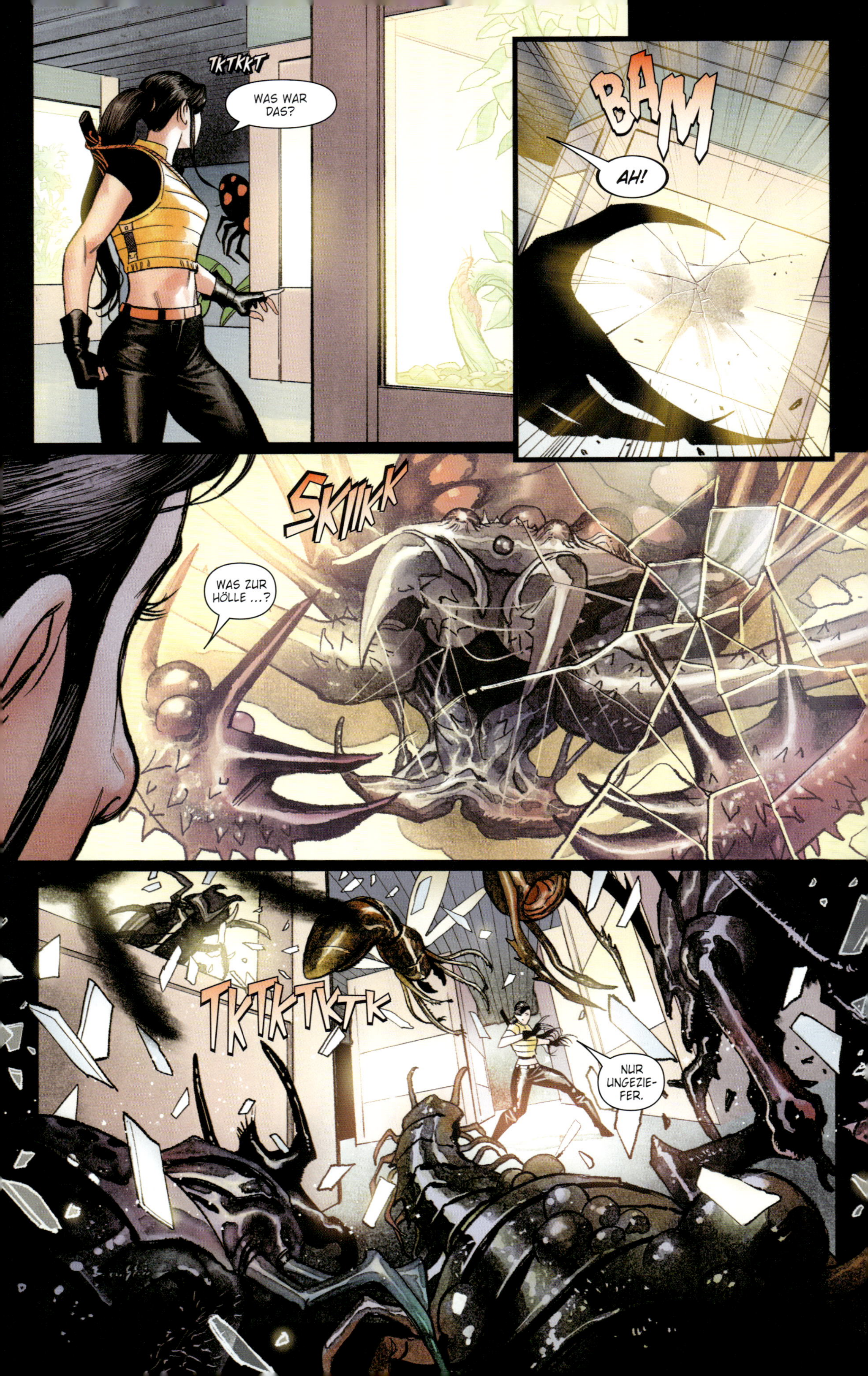
TKTKKT
WAS WAR DAS?
BAM
AH!
SKIIKK
WAS ZUR HÖLLE ...?
TKTKTKTK
NUR UNGEZIE-FER.

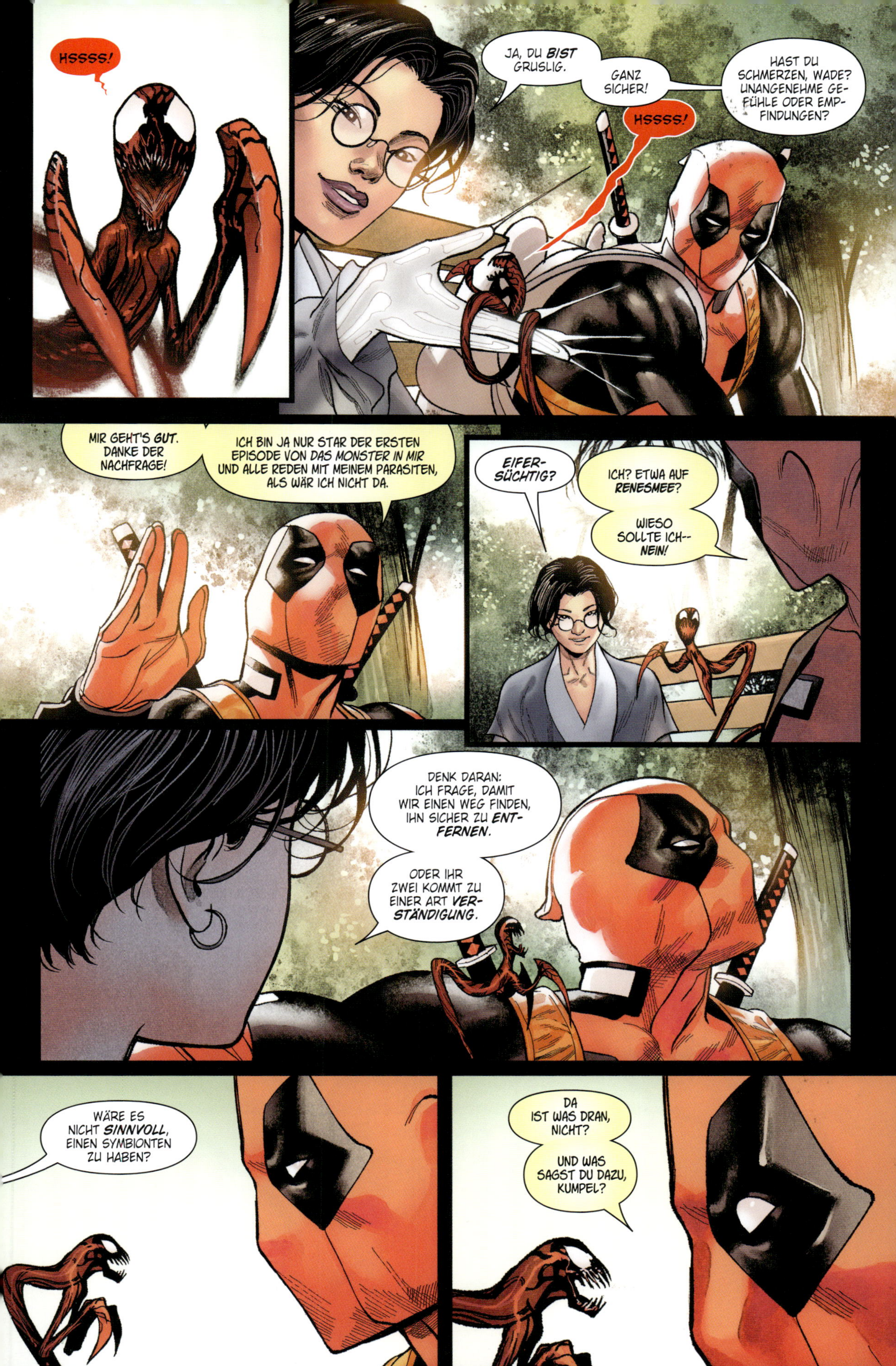
HSSSS!
JA, DU BIST GRUSLIG.
GANZ SICHER!
HAST DU SCHMERZEN, WADE? UNANGENEHME GEFÜHLE ODER EMPFINDUNGEN?
HSSSS!
MIR GEHT'S GUT. DANKE DER NACHFRAGE!
ICH BIN JA NUR STAR DER ERSTEN EPISODE VON DAS MONSTER IN MIR UND ALLE REDEN MIT MEINEM PARASITEN, ALS WÄR ICH NICHT DA.
EIFERSÜCHTIG?
ICH? ETWA AUF RENESMEE?
WIESO SOLLTE ICH-- NEIN!
DENK DARAN: ICH FRAGE, DAMIT WIR EINEN WEG FINDEN, IHN SICHER ZU ENTFERNEN.
ODER IHR ZWEI KOMMT ZU EINER ART VERSTÄNDIGUNG.
WÄRE ES NICHT SINNVOLL, EINEN SYMBIONTEN ZU HABEN?
DA IST WAS DRAN, NICHT?
UND WAS SAGST DU DAZU, KUMPEL?

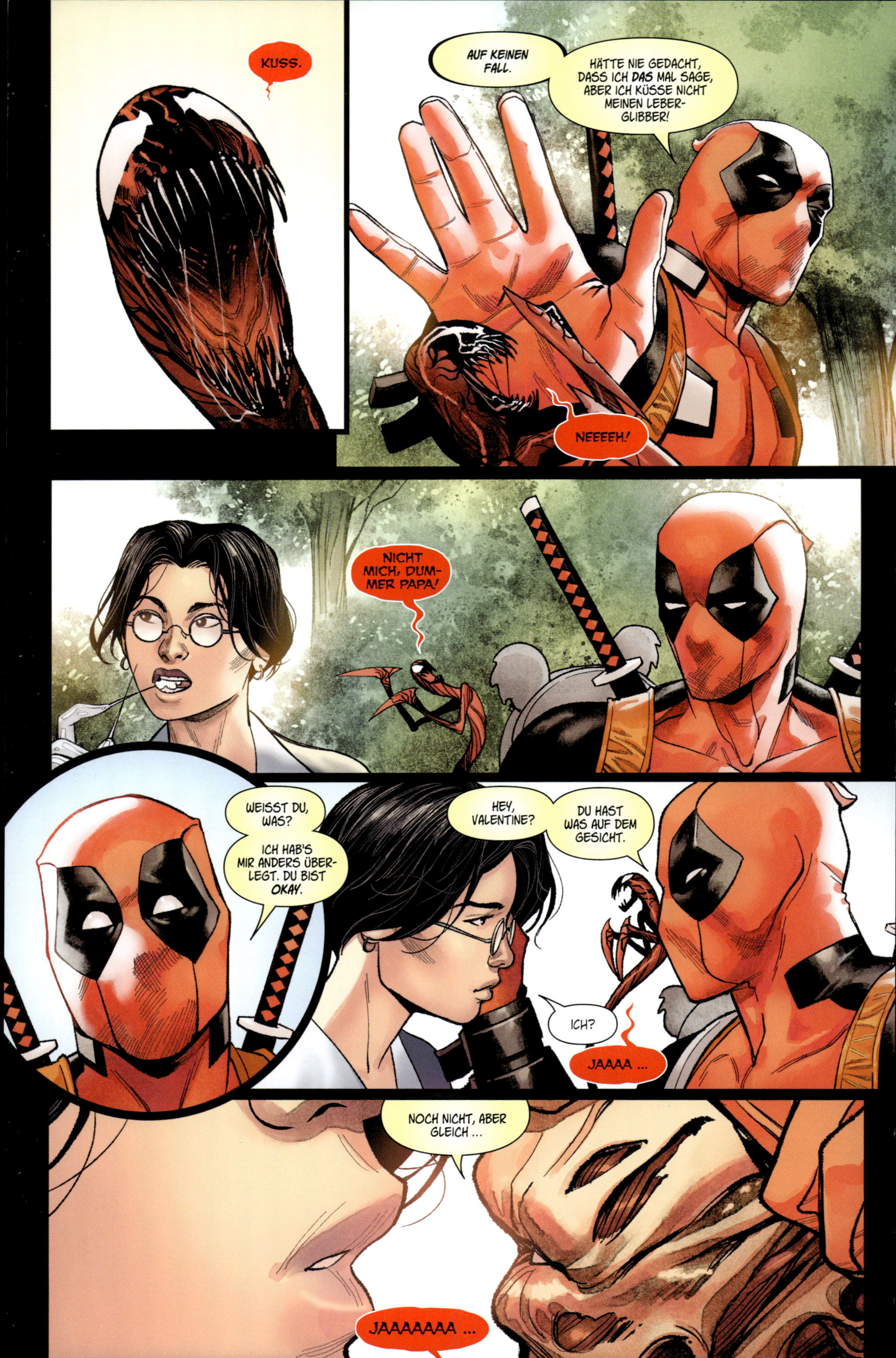
KUSS.
AUF KEINEN FALL.
HÄTTE NIE GEDACHT, DASS ICH DAS MAL SAGE, ABER ICH KÜSSE NICHT MEINEN LEBER-GLIBBER!
NEEEEH!
NICHT MICH, DUMMER PAPA!
WEISST DU, WAS?
ICH HAB'S MIR ANDERS ÜBER-LEGT. DU BIST OKAY.
HEY, VALENTINE?
DU HAST WAS AUF DEM GESICHT.
ICH?
JAAAA ...
NOCH NICHT, ABER GLEICH ...
JAAAAAAA ...

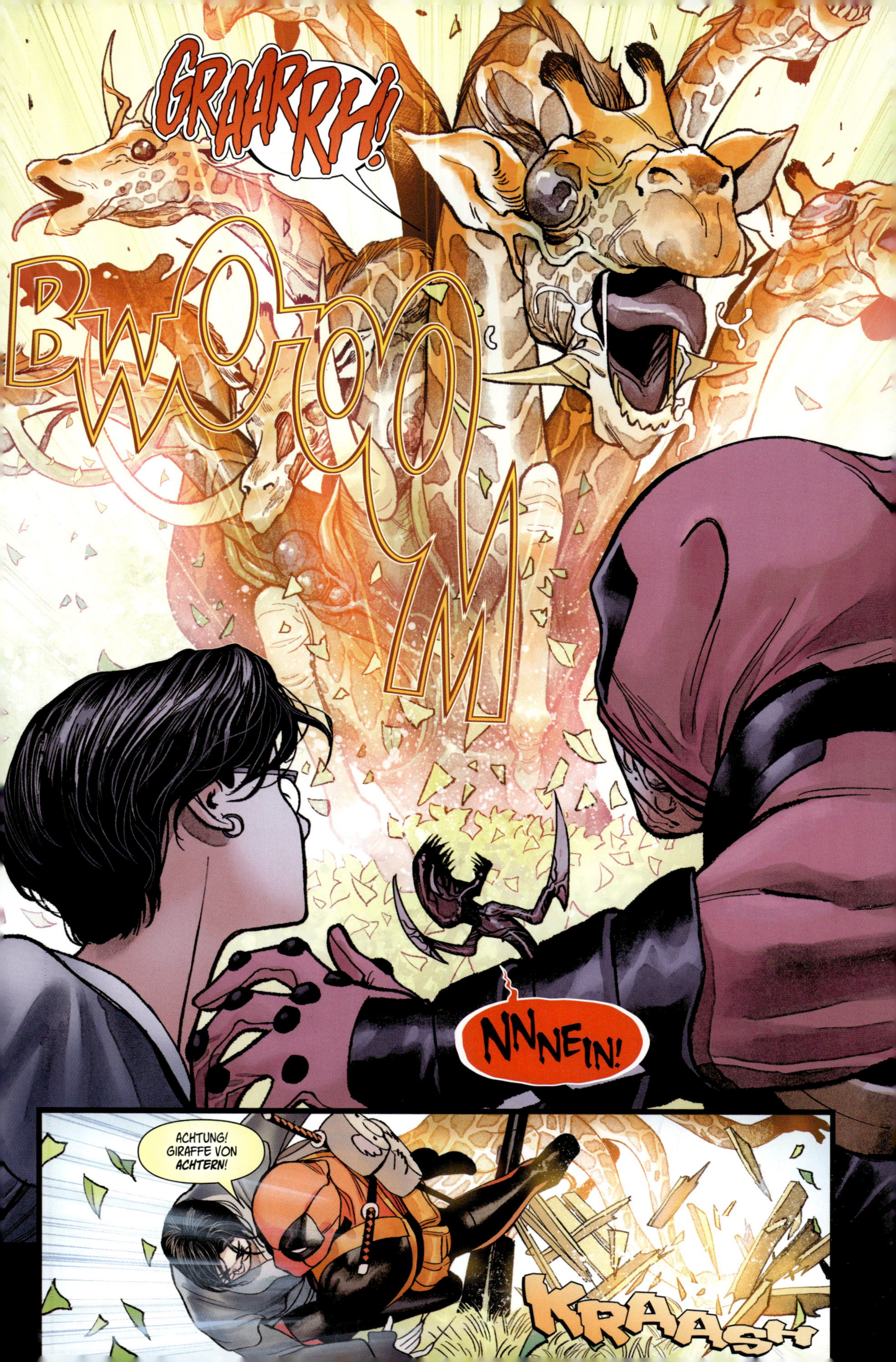
GRAARRH!
BWOOOOM
NNNEIN!
ACHTUNG! GIRAFFE VON ACHTERN!
KRAASH

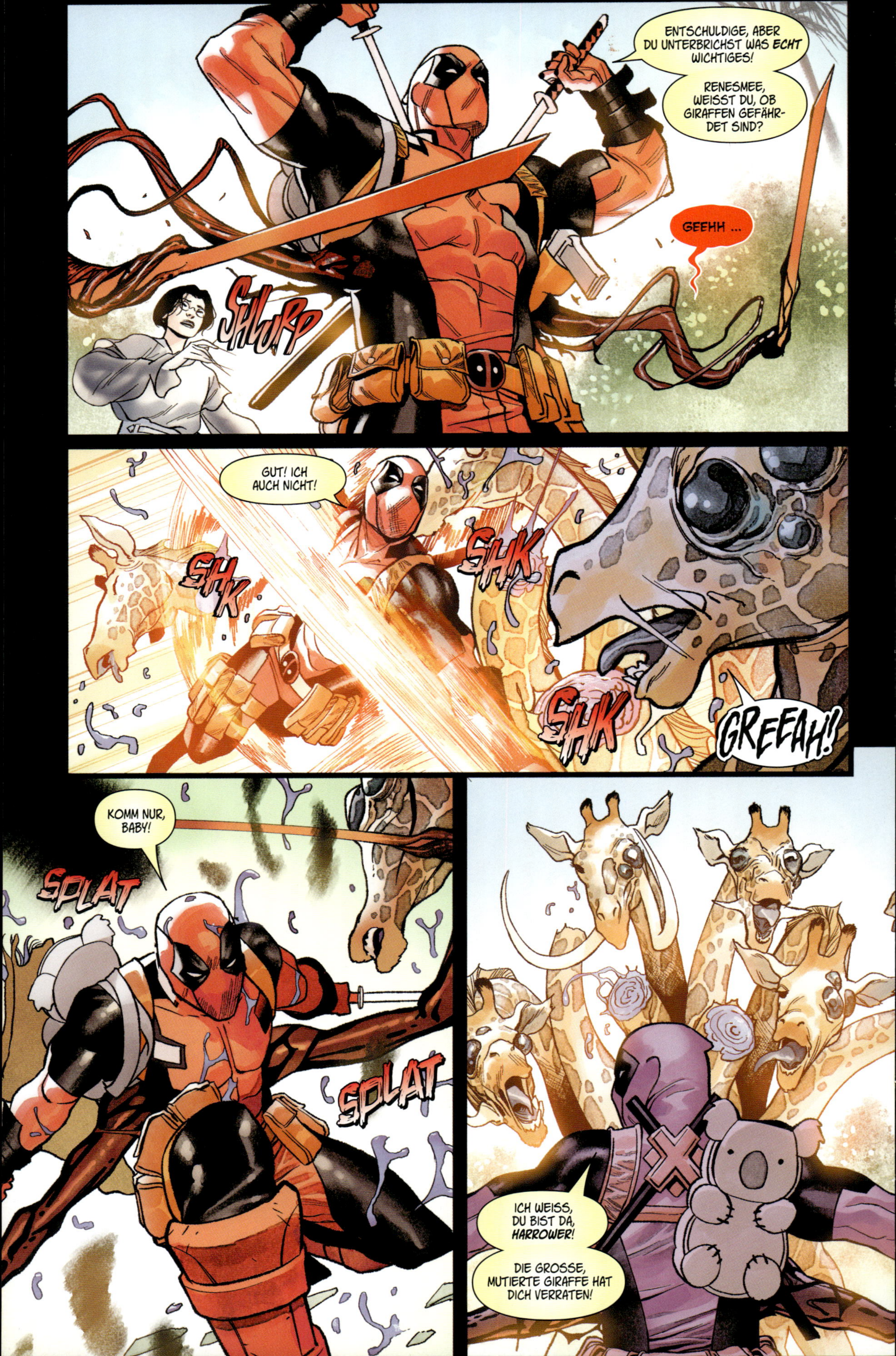

ENTSCHULDIGE, ABER DU UNTERBRICHST WAS **ECHT** WICHTIGES!

RENESMEE, WEISST DU, OB GIRAFFEN GEFÄHR-DET SIND?

GEEHH ...

SHLURP

GUT! ICH AUCH NICHT!

SHK

SHK

SHK

GREEAH!

KOMM NUR, BABY!

SPLAT

SPLAT

ICH WEISS, DU BIST DA, **HARROWER!**

DIE GROSSE, MUTIERTE GIRAFFE HAT DICH VERRATEN!

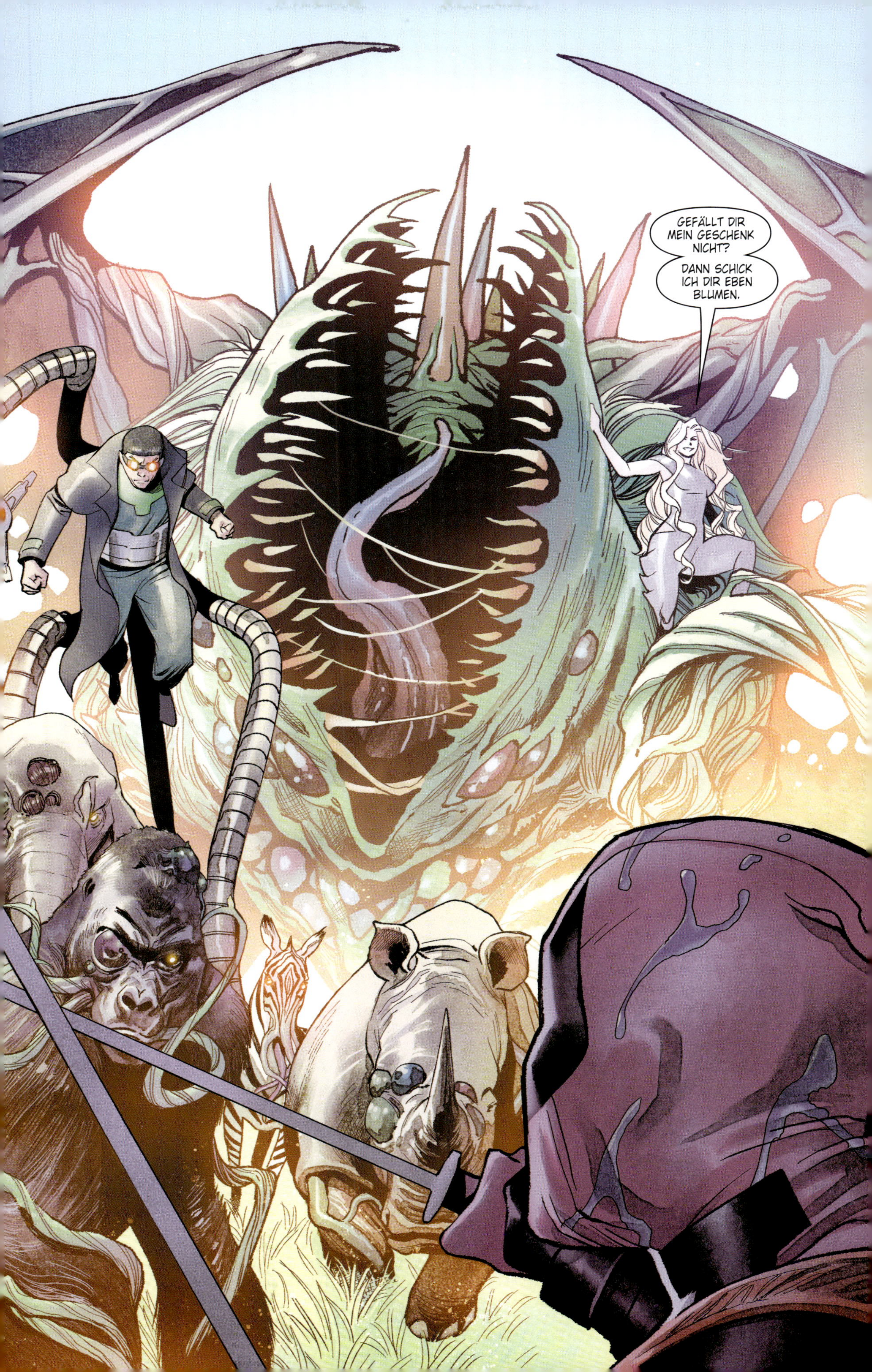
GEFÄLLT DIR MEIN GESCHENK NICHT?
DANN SCHICK ICH DIR EBEN BLUMEN.

Valentines Frühstücksfreunde

- Heiz den Ofen auf 190°C vor.
- Leg ein Backblech mit leicht zerknitterter Alufolie aus.
- Arrangiere den Bacon in Sichelform und back ihn knusprig.
- Schau alle paar Minuten nach, damit er nicht schwarz wird.
- Nimm das Backblech heraus und lass es etwas abkühlen. Dann leg die sichelförmigen, knusprigen Streifen auf Küchenkrepp, damit das überschüssige Fett aufgesaugt wird.

- Erhitze etwas Öl in einer Pfanne auf mittlere Hitze.
- Brate ein Spiegelei und würze es, während das Eiweiß noch brutzelt.
- Nimm mit einem Esslöffel etwas Öl auf und träufle es über das brutzelnde Ei.
- Brate es durch.
- Dann lass das Spiegelei vorsichtig auf einen Teller gleiten und wiederhole das mit einem zweiten Ei.

- Arrangiere die Eier und die Baconstreifen als Smiley auf dem Teller. Dekoriere noch mit etwas Ketchup. Fertig!

- Bereite so deinen Freunden ein völlig normales Frühstücksbankett!

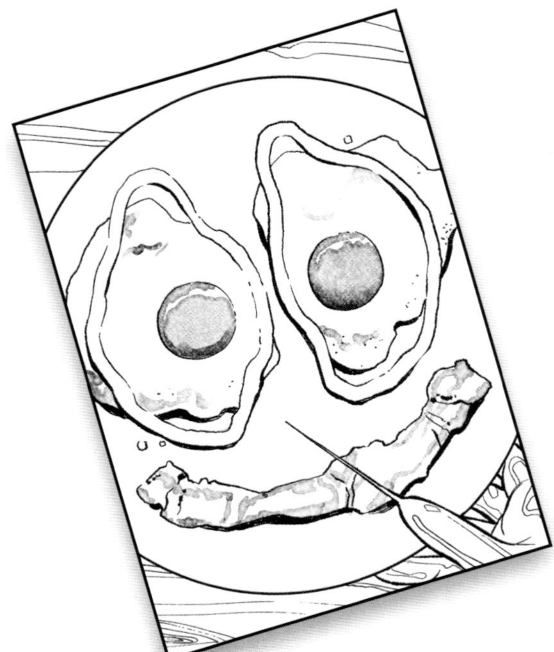

PLATZ VOR NEID ... ABER PLATZ!

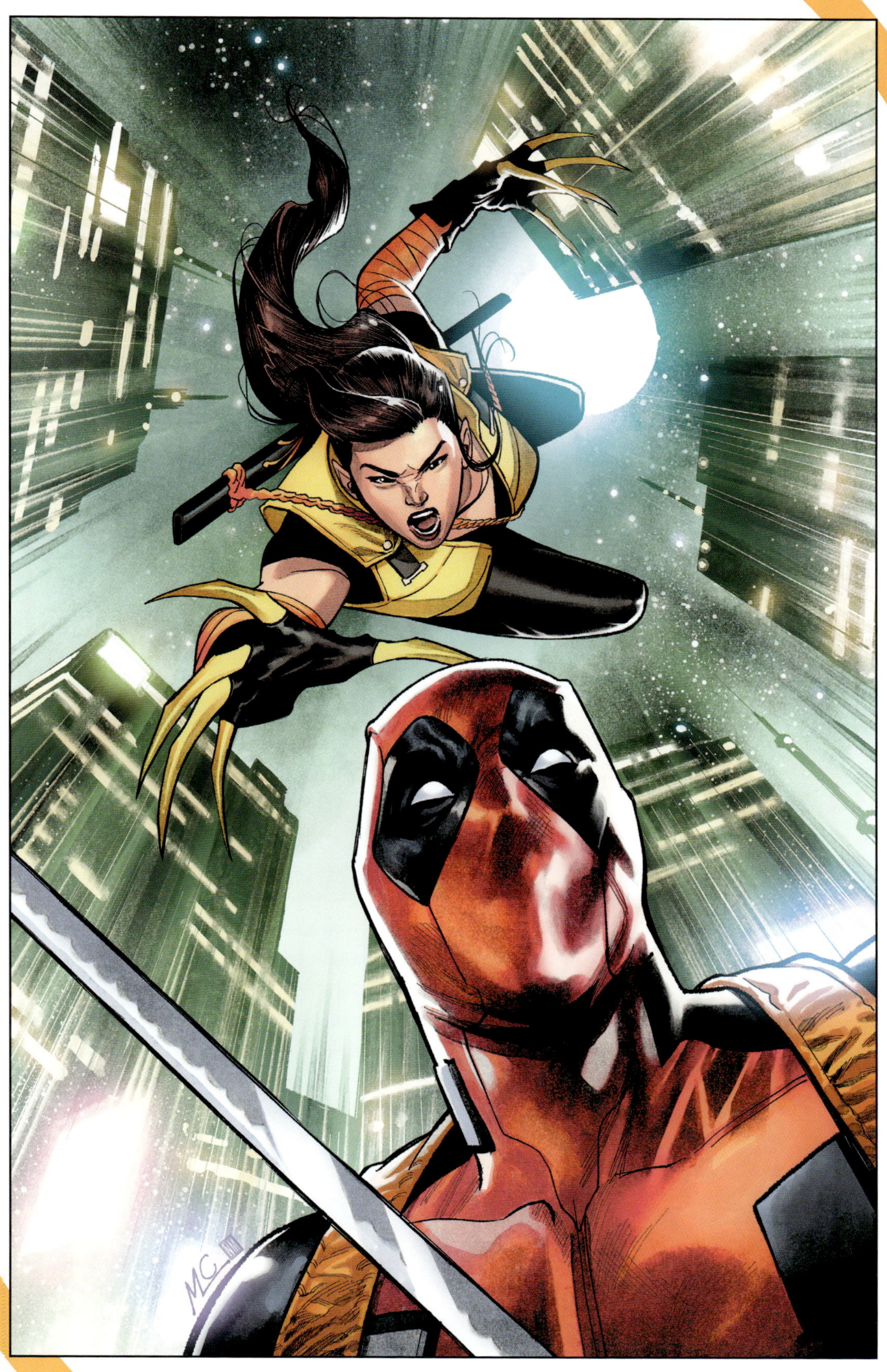

Deadpool (2023) 4
Cover von **MARTÍN CÓCCOLO**

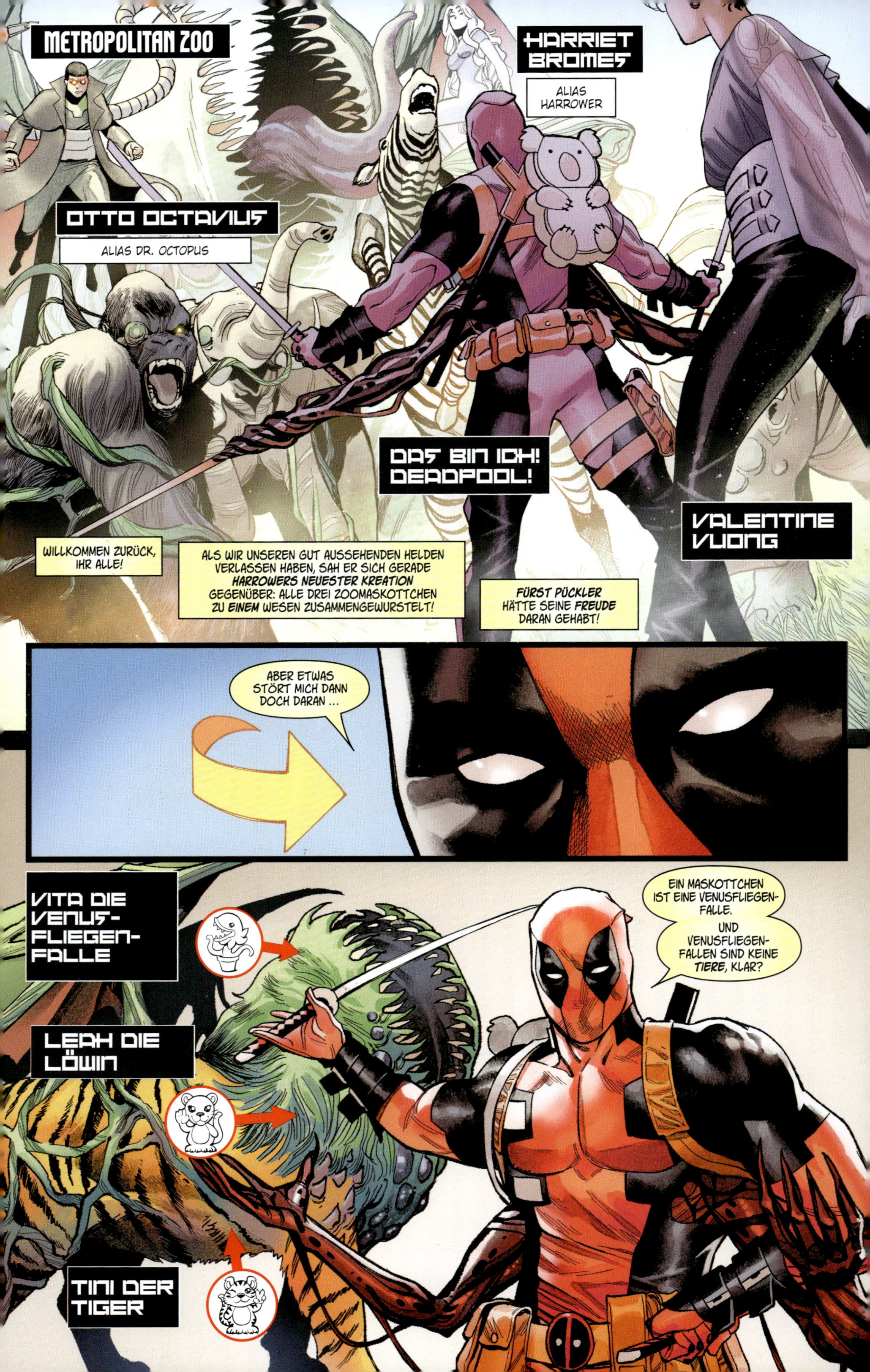
METROPOLITAN ZOO
HARRIET BROMES
ALIAS HARROWER
OTTO OCTAVIUS
ALIAS DR. OCTOPUS
DAS BIN ICH! DEADPOOL!
VALENTINE VUONG
WILLKOMMEN ZURÜCK, IHR ALLE!
ALS WIR UNSEREN GUT AUSSEHENDEN HELDEN VERLASSEN HABEN, SAH ER SICH GERADE HARROWERS NEUESTER KREATION GEGENÜBER: ALLE DREI ZOOMASKOTTCHEN ZU EINEM WESEN ZUSAMMENGEWURSTELT!
FÜRST PÜCKLER HÄTTE SEINE FREUDE DARAN GEHABT!
ABER ETWAS STÖRT MICH DANN DOCH DARAN ...
VITA DIE VENUS-FLIEGEN-FALLE
EIN MASKOTTCHEN IST EINE VENUSFLIEGEN-FALLE.
UND VENUSFLIEGEN-FALLEN SIND KEINE TIERE, KLAR?
LEAH DIE LÖWIN
TINI DER TIGER

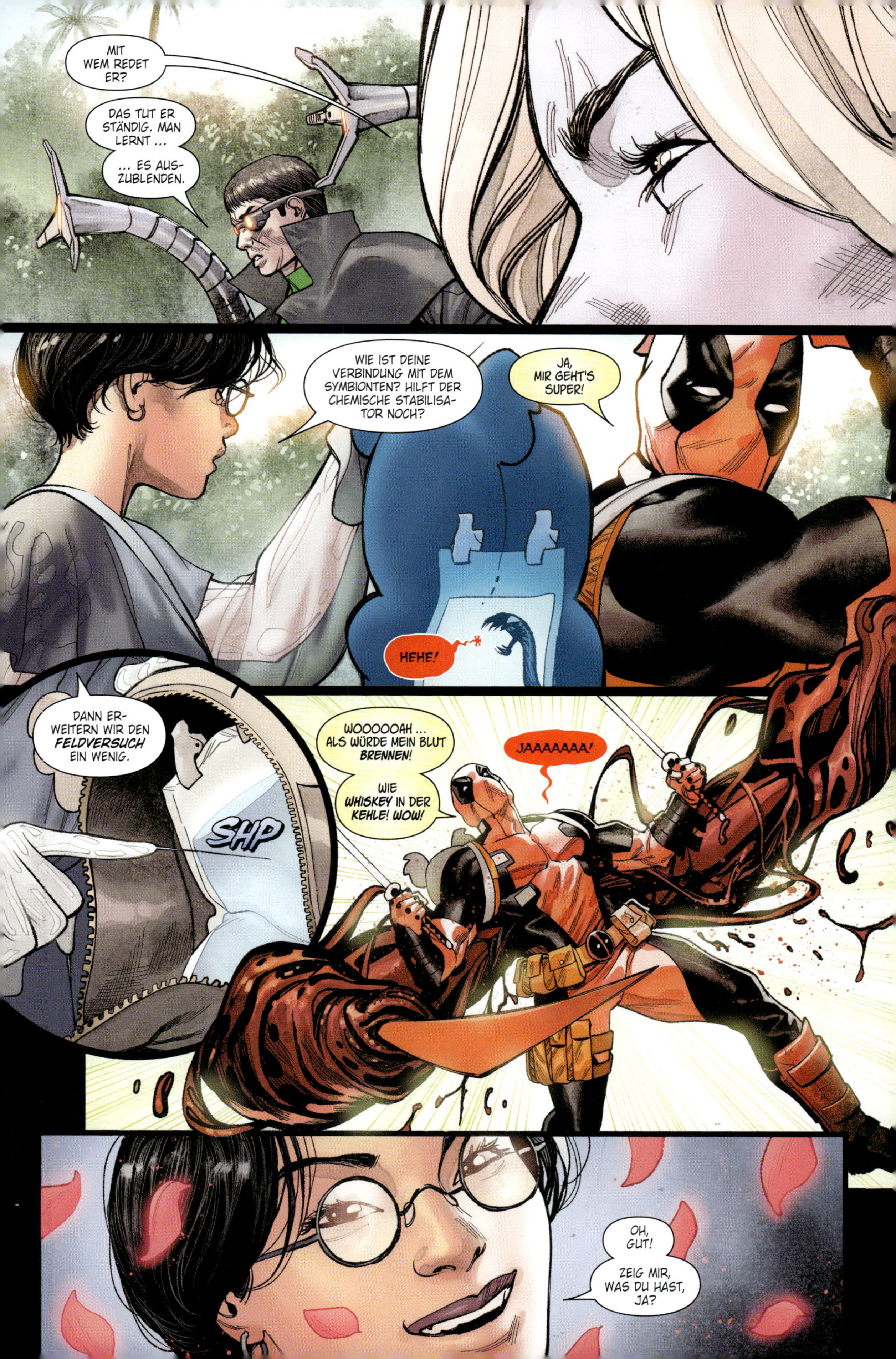

MIT WEM REDET ER?
DAS TUT ER STÄNDIG. MAN LERNT ...
... ES AUSZUBLENDEN.
WIE IST DEINE VERBINDUNG MIT DEM SYMBIONTEN? HILFT DER CHEMISCHE STABILISATOR NOCH?
JA, MIR GEHT'S SUPER!
HEHE!
DANN ERWEITERN WIR DEN FELDVERSUCH EIN WENIG.
SHP
WOOOOOAH ... ALS WÜRDE MEIN BLUT BRENNEN!
WIE WHISKEY IN DER KEHLE! WOW!
JAAAAAAA!
OH, GUT!
ZEIG MIR, WAS DU HAST, JA?

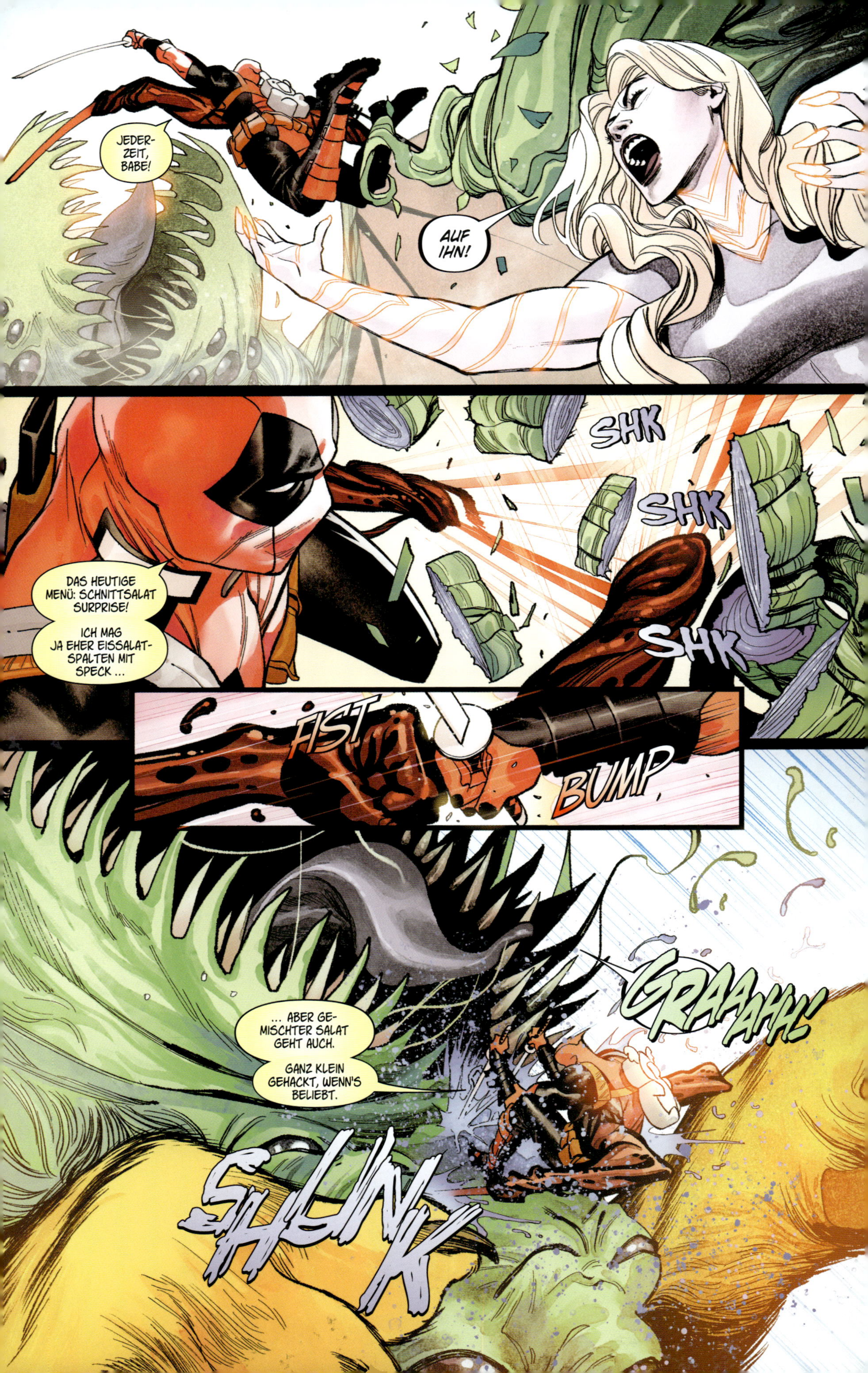
JEDERZEIT, BABE!
AUF IHN!
SHK
SHK
DAS HEUTIGE MENÜ: SCHNITTSALAT SURPRISE!
ICH MAG JA EHER EISSALATSPALTEN MIT SPECK ...
SHK
FIST BUMP
GRAAAHH!
... ABER GEMISCHTER SALAT GEHT AUCH.
GANZ KLEIN GEHACKT, WENN'S BELIEBT.
SHUNK

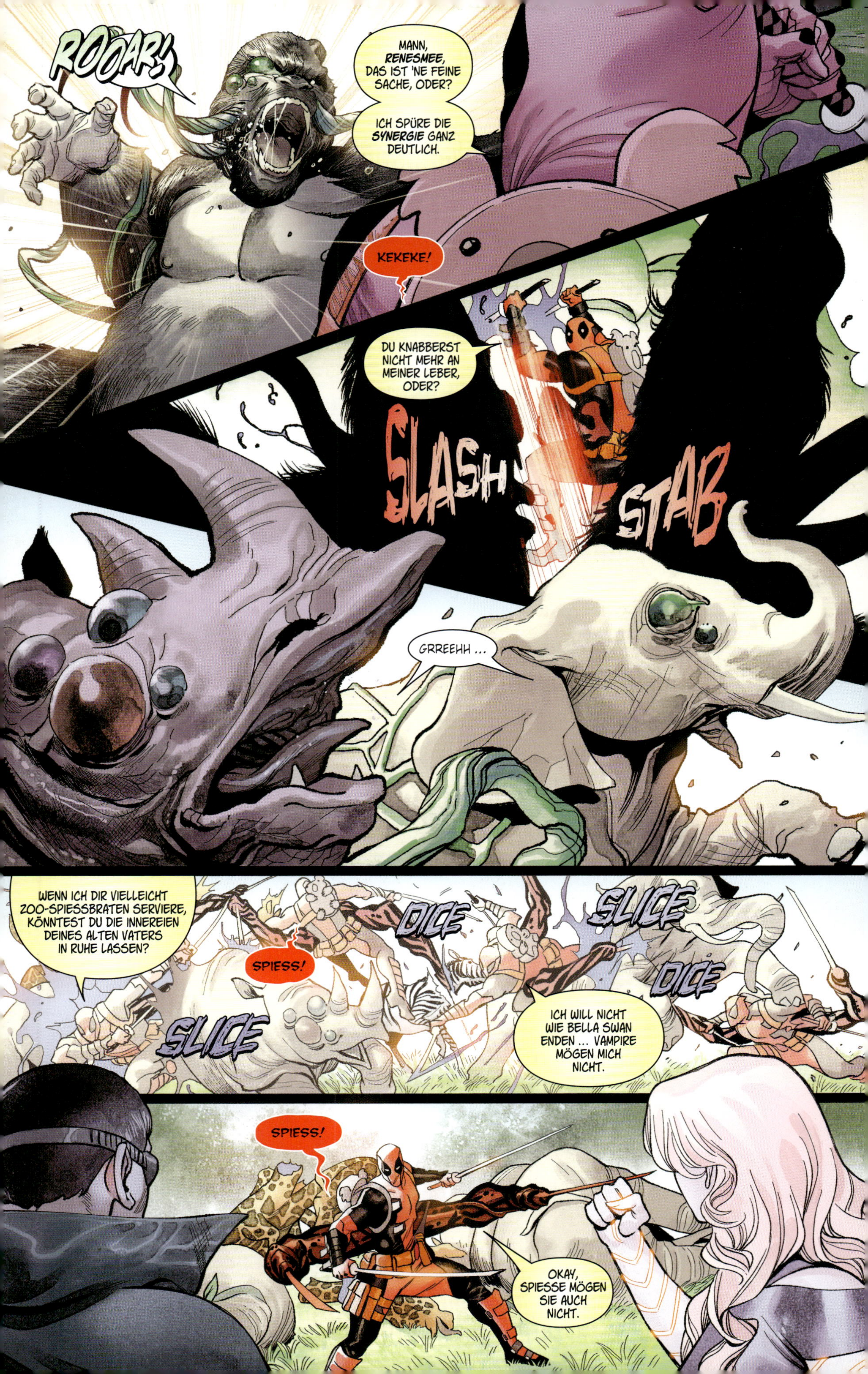
ROOAR!
MANN, RENESMEE, DAS IST 'NE FEINE SACHE, ODER?
ICH SPÜRE DIE SYNERGIE GANZ DEUTLICH.
KEKEKE!
DU KNABBERST NICHT MEHR AN MEINER LEBER, ODER?
SLASH
STAB
GRREEHH ...
WENN ICH DIR VIELLEICHT ZOO-SPIESSBRATEN SERVIERE, KÖNNTEST DU DIE INNEREIEN DEINES ALTEN VATERS IN RUHE LASSEN?
DICE
SLICE
SPIESS!
DICE
SLICE
ICH WILL NICHT WIE BELLA SWAN ENDEN ... VAMPIRE MÖGEN MICH NICHT.
SPIESS!
OKAY, SPIESSE MÖGEN SIE AUCH NICHT.

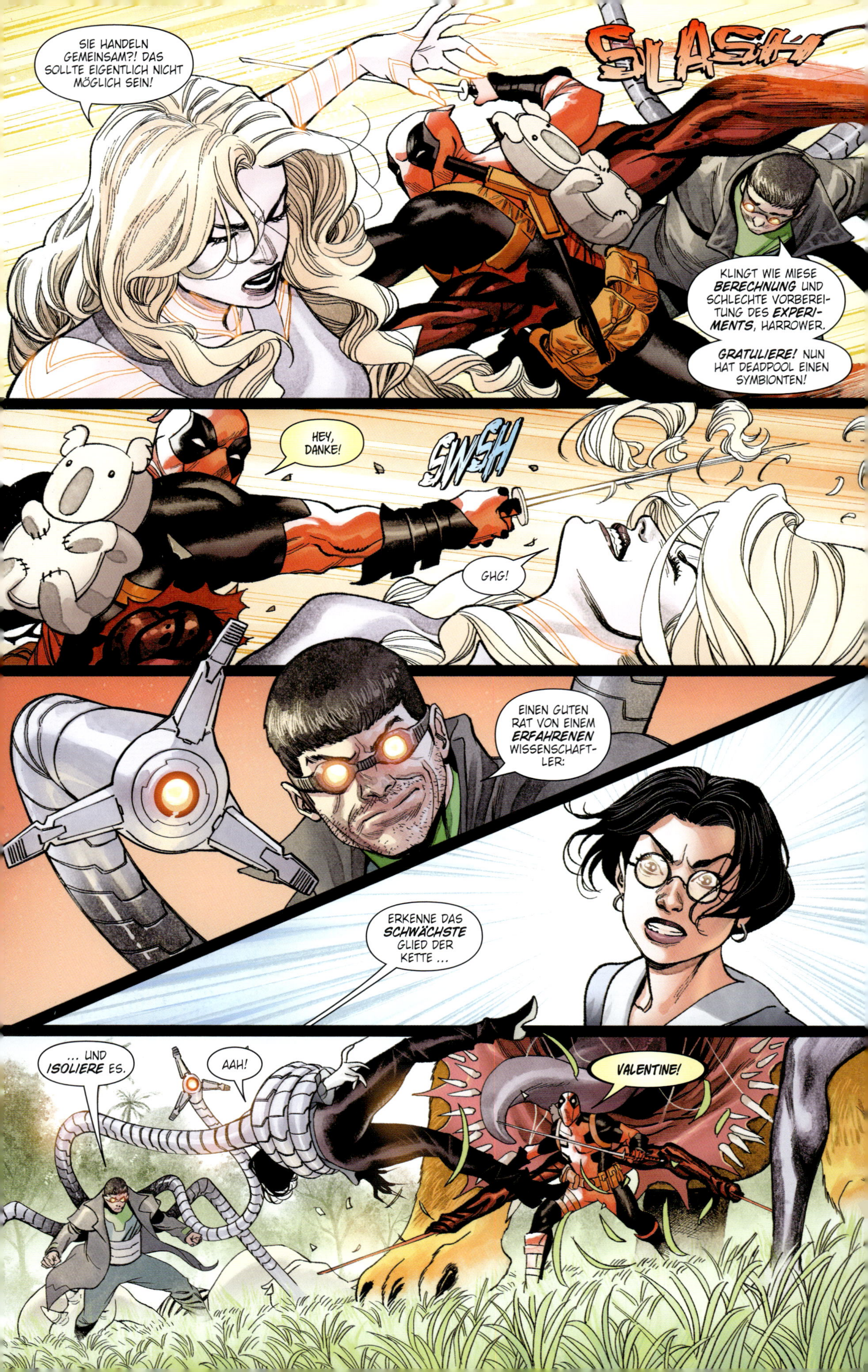
SIE HANDELN GEMEINSAM?! DAS SOLLTE EIGENTLICH NICHT MÖGLICH SEIN!
SLASH
KLINGT WIE MIESE **BERECHNUNG** UND SCHLECHTE VORBEREI-TUNG DES **EXPERI-MENTS**, HARROWER.
GRATULIERE! NUN HAT DEADPOOL EINEN SYMBIONTEN!
HEY, DANKE!
SWSH
GHG!
EINEN GUTEN RAT VON EINEM **ERFAHRENEN** WISSENSCHAFT-LER:
ERKENNE DAS **SCHWÄCHSTE** GLIED DER KETTE ...
... UND **ISOLIERE** ES.
AAH!
VALENTINE!

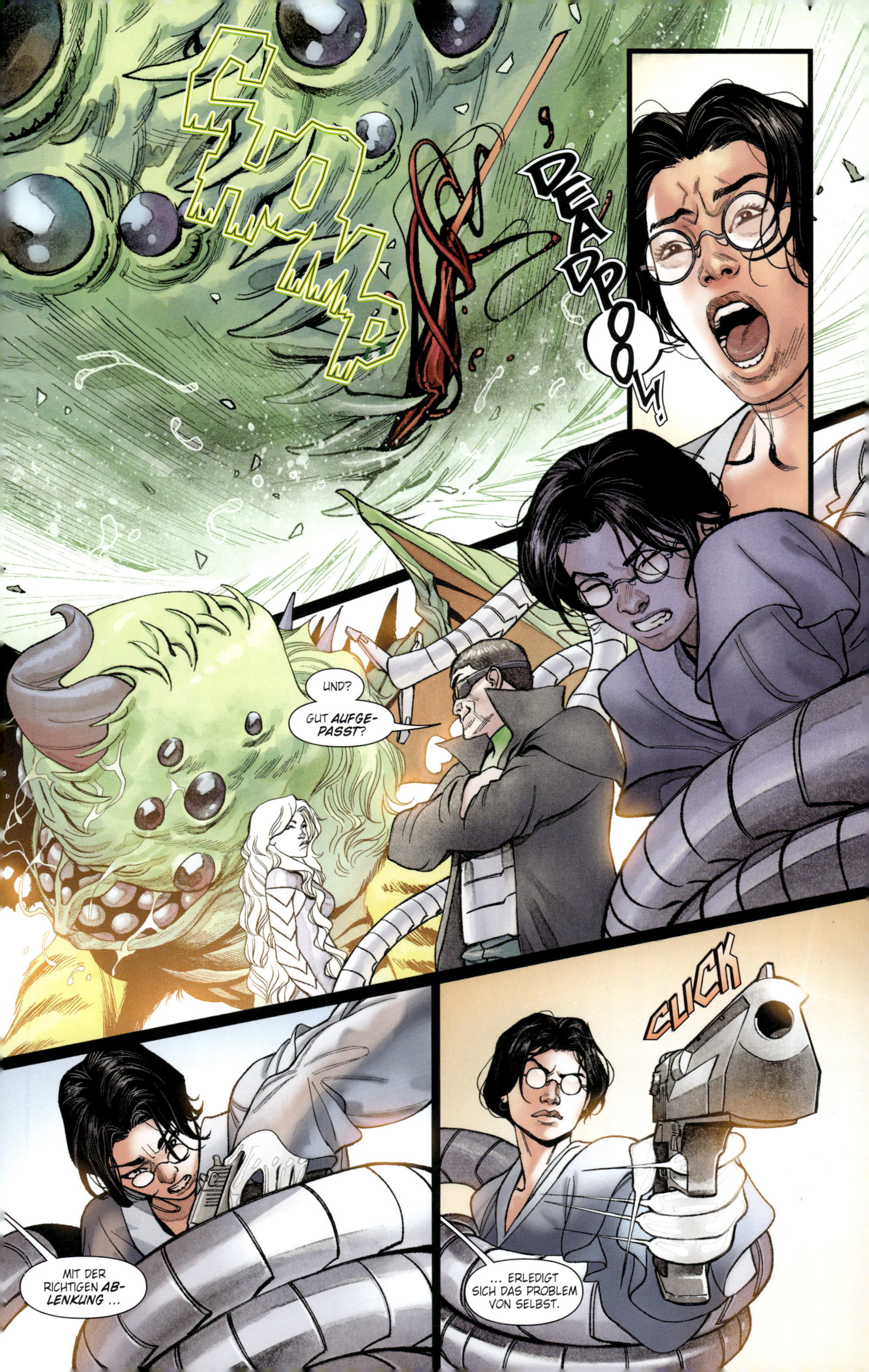
STOMP
DEADPOOL!
UND?
GUT AUFGE-PASST?
MIT DER RICHTIGEN AB-LENKUNG ...
CLICK
... ERLEDIGT SICH DAS PROBLEM VON SELBST.

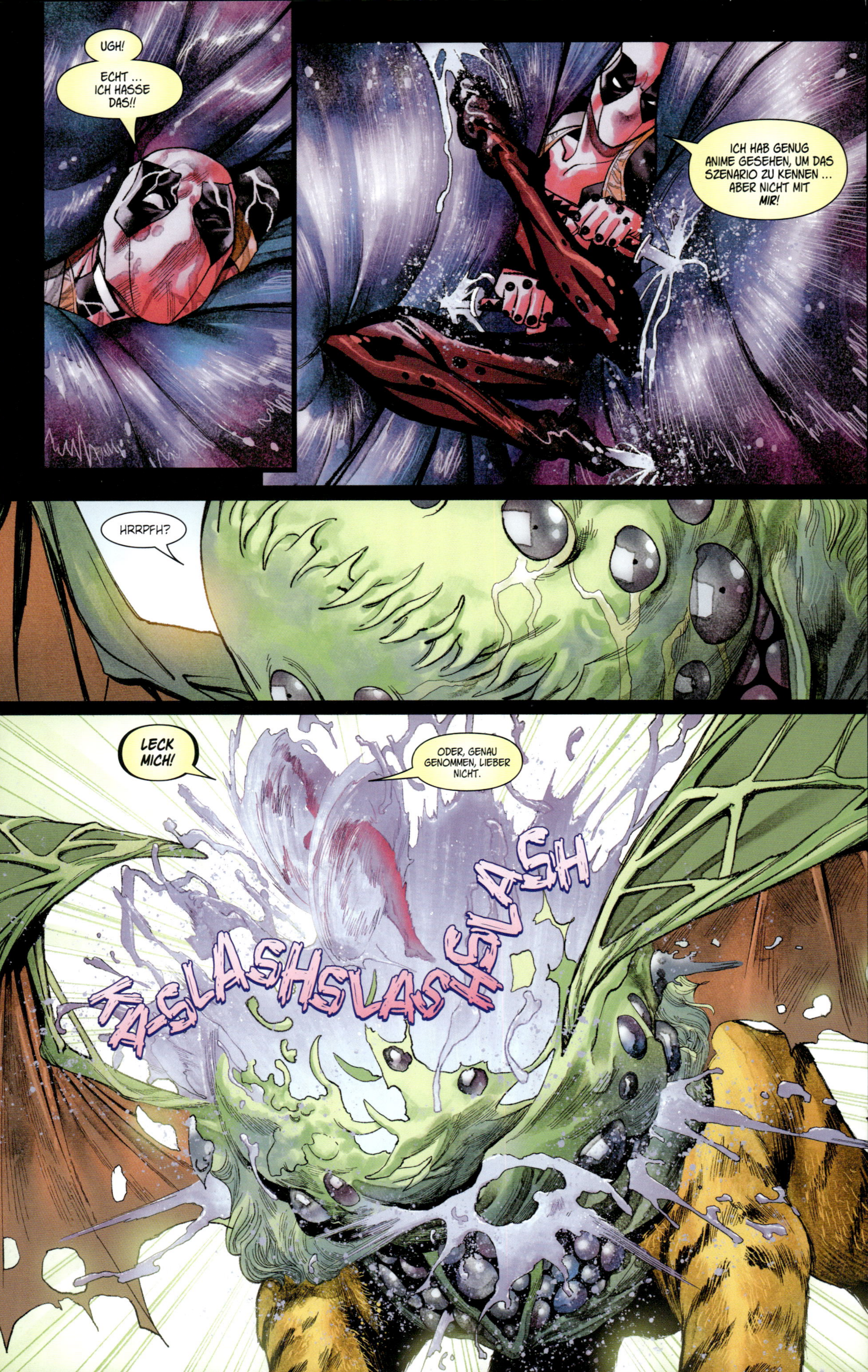
UGH!
ECHT ... ICH HASSE DAS!!
ICH HAB GENUG ANIME GESEHEN, UM DAS SZENARIO ZU KENNEN ... ABER NICHT MIT *MIR*!
HRRPFH?
LECK MICH!
ODER, GENAU GENOMMEN, LIEBER NICHT.
KA-SLASHSLASHSLASH

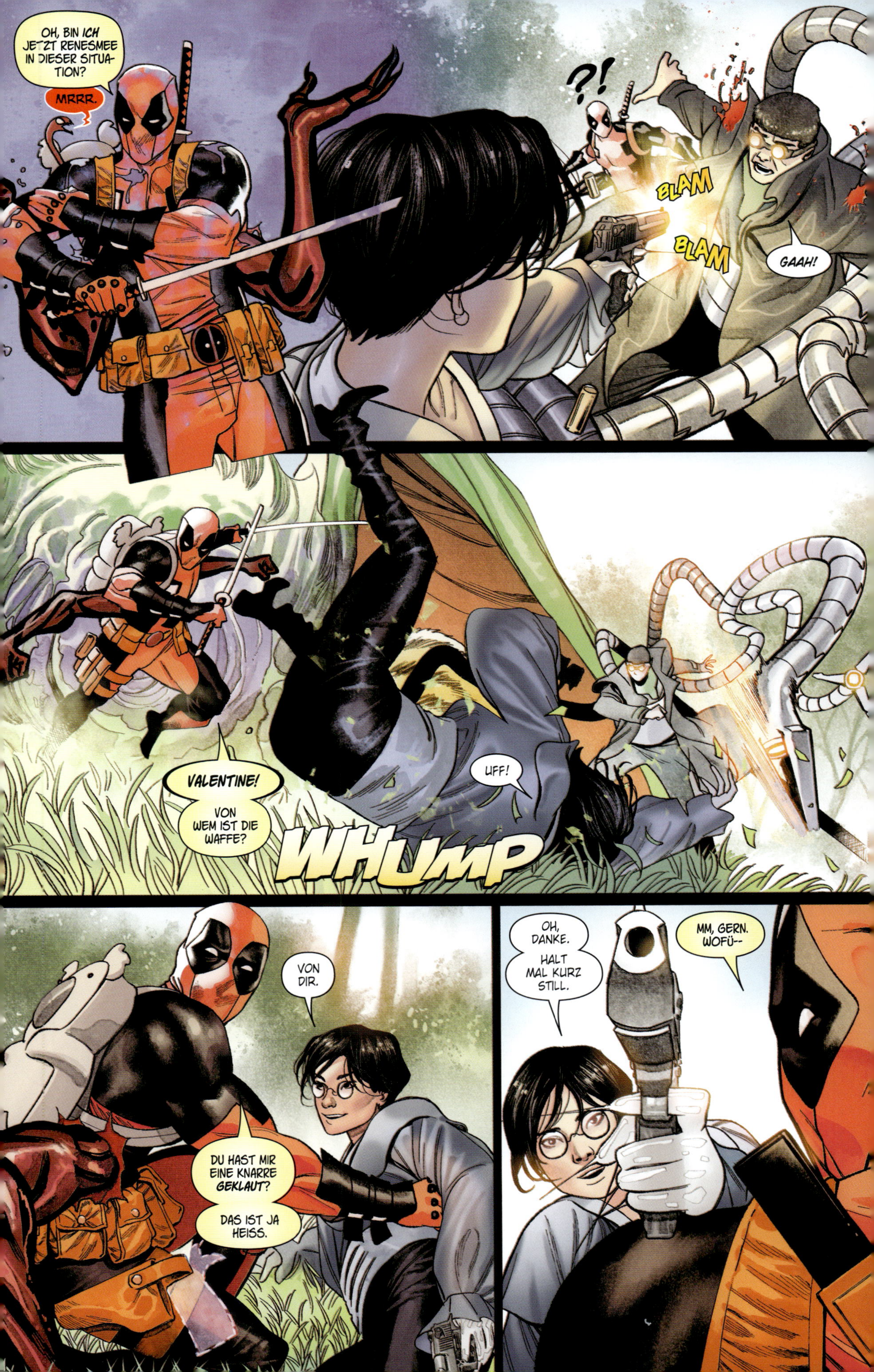
OH, BIN ICH JETZT RENESMEE IN DIESER SITUATION?
MRRR.
?!
BLAM
BLAM
GAAH!
VALENTINE!
VON WEM IST DIE WAFFE?
UFF!
WHUMP
VON DIR.
DU HAST MIR EINE KNARRE GEKLAUT?
DAS IST JA HEISS.
OH, DANKE. HALT MAL KURZ STILL.
MM, GERN. WOFÜ--

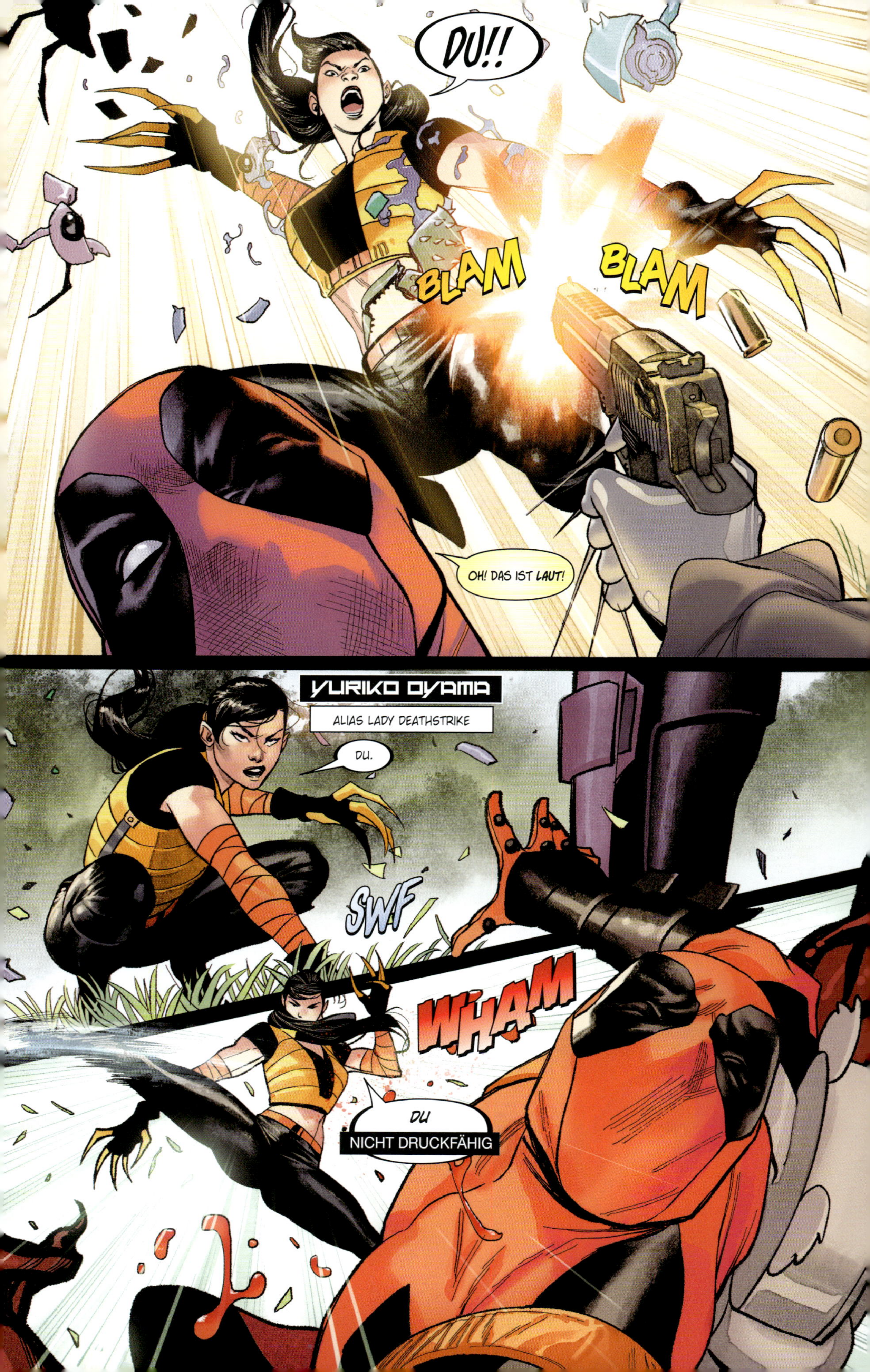
DU!!
BLAM
BLAM
OH! DAS IST LAUT!
YURIKO OYAMA
ALIAS LADY DEATHSTRIKE
DU.
SWF
WHAM
DU
NICHT DRUCKFÄHIG

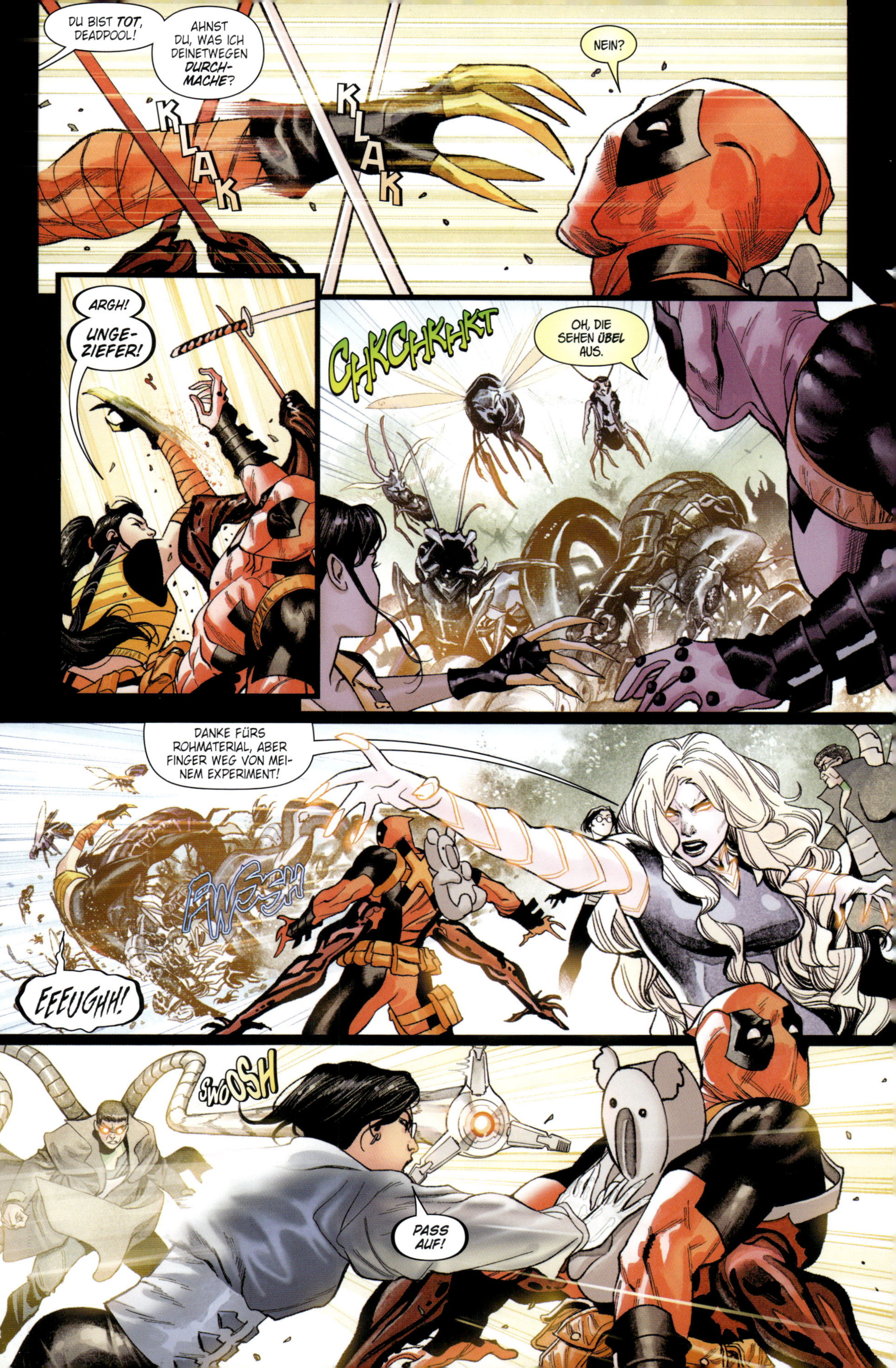
DU BIST TOT, DEADPOOL!
AHNST DU, WAS ICH DEINETWEGEN DURCHMACHE?
KLAK
KLAK
NEIN?
ARGH! UNGEZIEFER!
CHKCHKKKT
OH, DIE SEHEN ÜBEL AUS.
DANKE FÜRS ROHMATERIAL, ABER FINGER WEG VON MEINEM EXPERIMENT!
FWESH
EEEUGHH!
SWOOSH
PASS AUF!

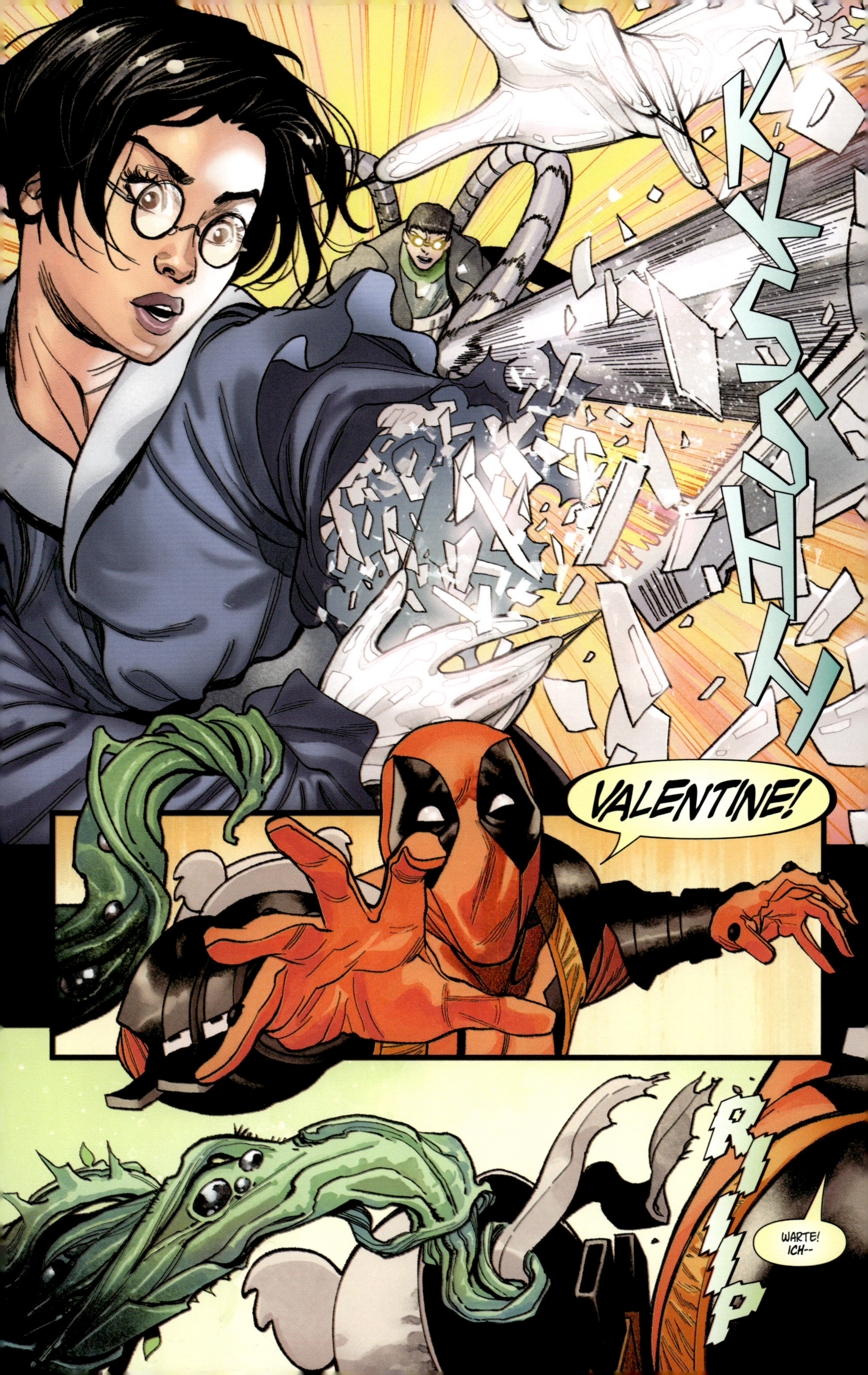
KKSSHH
VALENTINE!
RIIIP
WARTE! ICH--

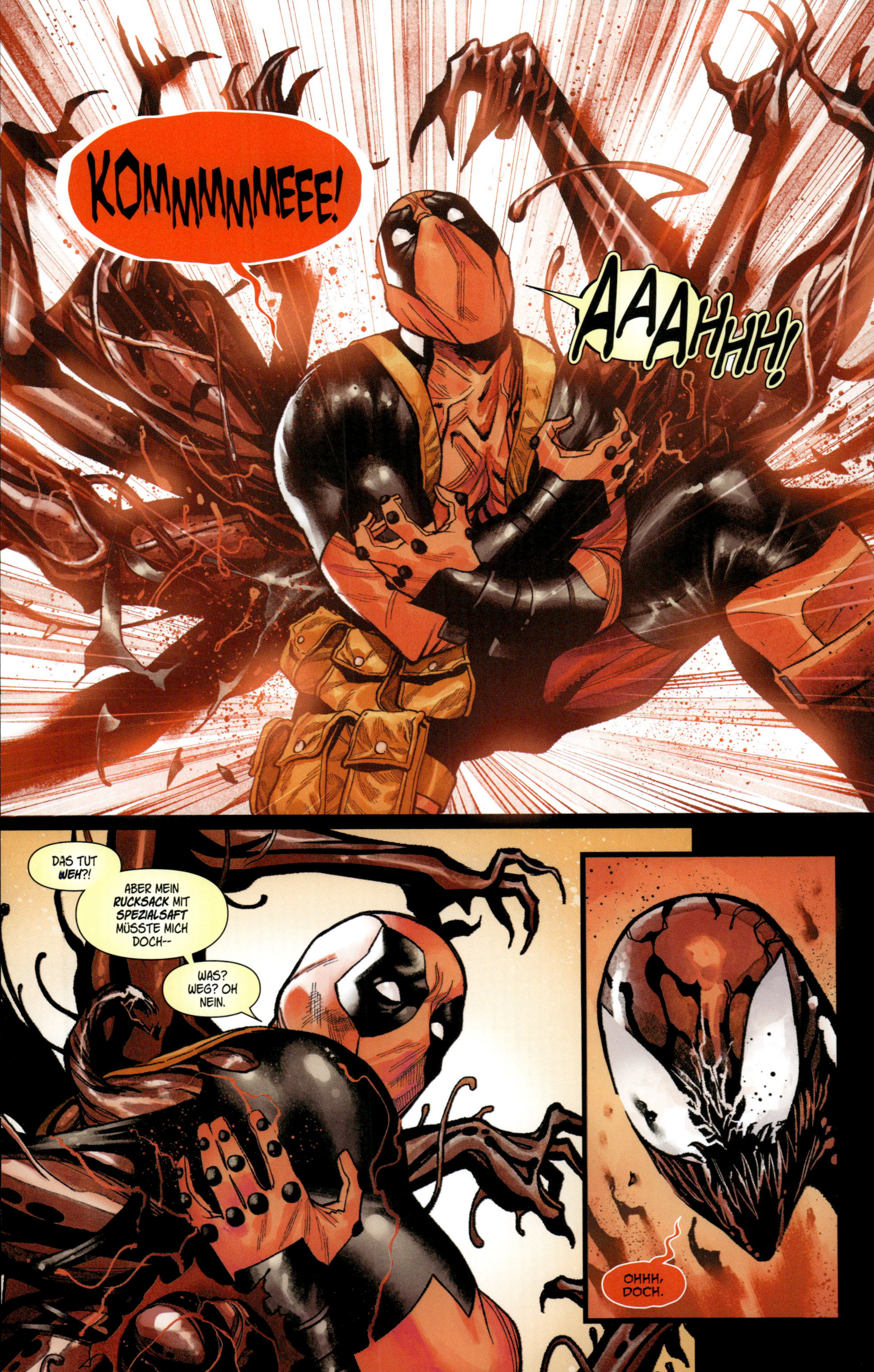
KOMMMMMEEE!
AAAHHH!
DAS TUT WEH?!
ABER MEIN RUCKSACK MIT SPEZIALSAFT MÜSSTE MICH DOCH--
WAS? WEG? OH NEIN.
OHHH, DOCH.

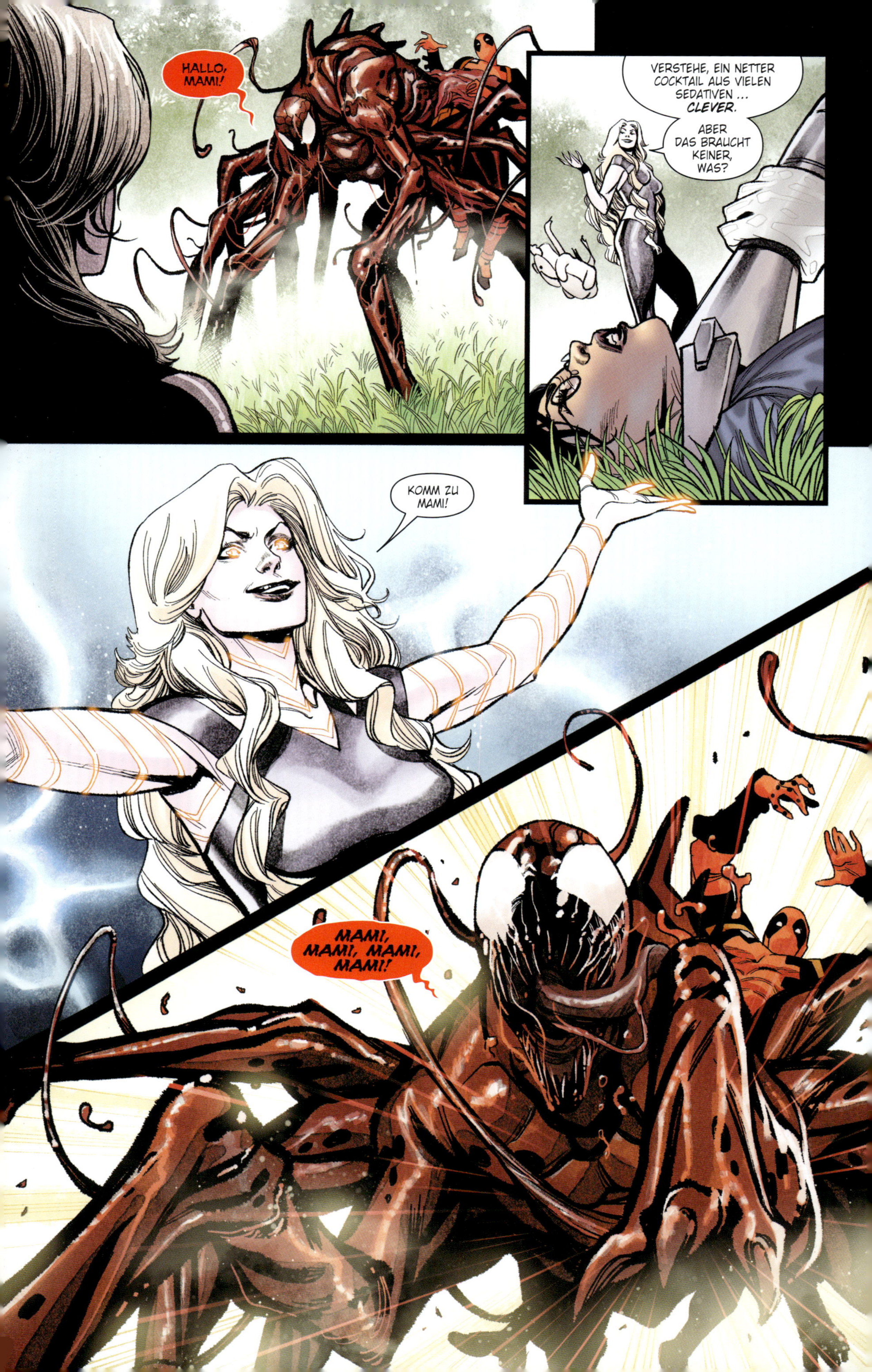
HALLO, MAMI!
VERSTEHE, EIN NETTER COCKTAIL AUS VIELEN SEDATIVEN ... CLEVER.
ABER DAS BRAUCHT KEINER, WAS?
KOMM ZU MAMI!
MAMI, MAMI, MAMI, MAMI!

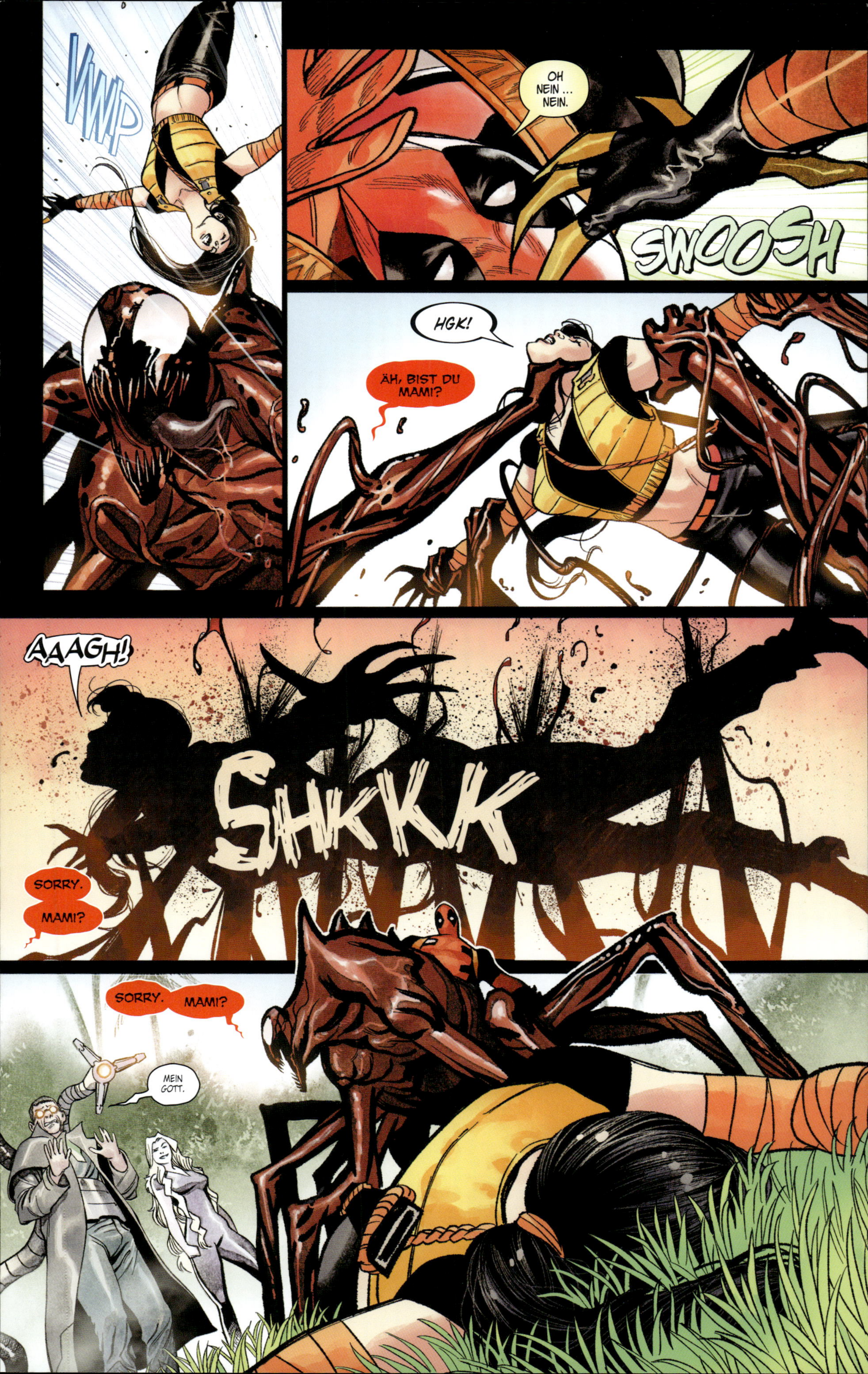
VWIP
OH NEIN ... NEIN.
SWOOSH
HGK!
ÄH, BIST DU MAMI?
AAAGH!
SHKKK
SORRY.
MAMI?
SORRY.
MAMI?
MEIN GOTT.

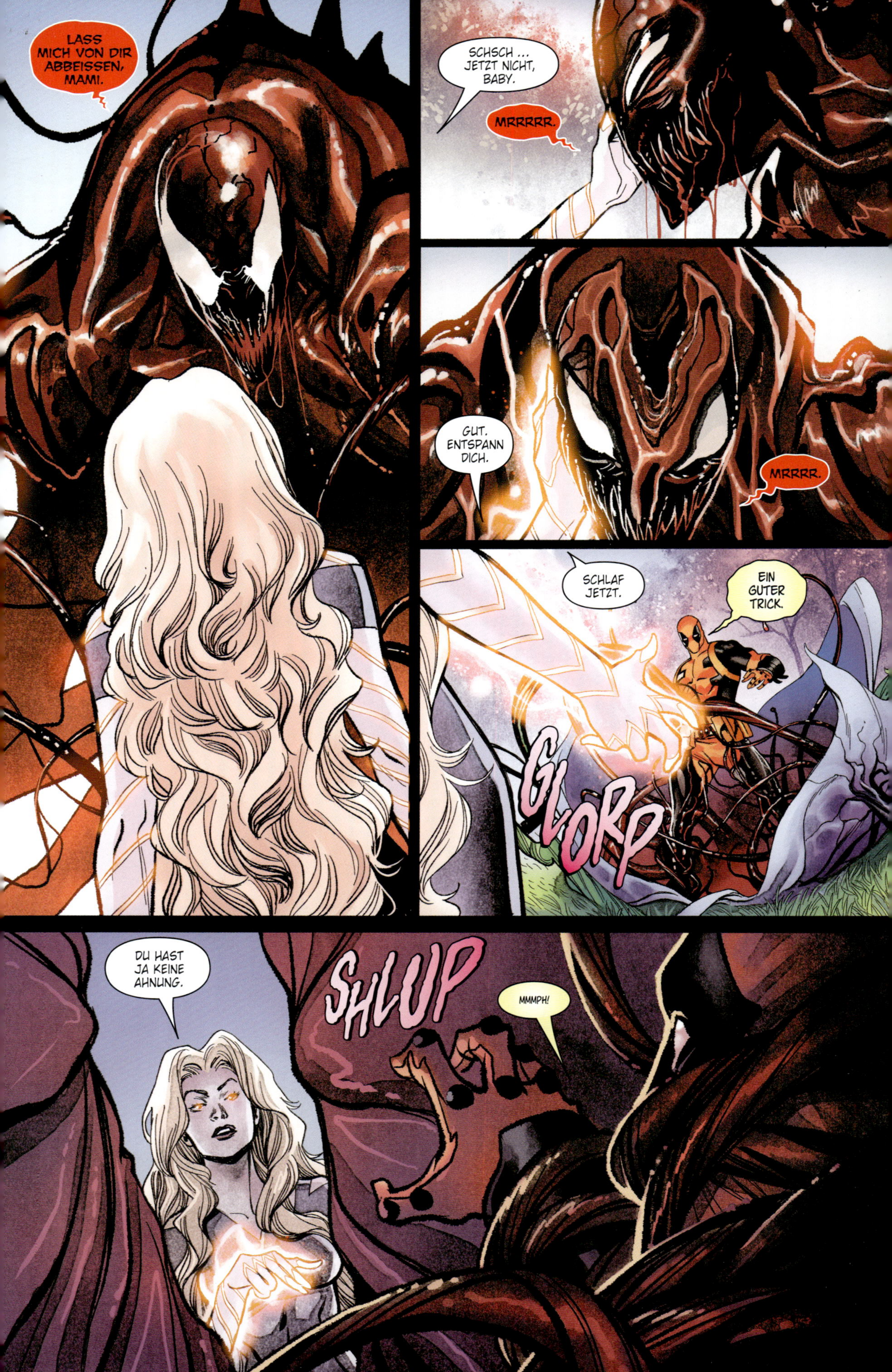
LASS MICH VON DIR ABBEISSEN, MAMI.
SCHSCH ... JETZT NICHT, BABY.
MRRRRR.
GUT. ENTSPANN DICH.
MRRRR.
SCHLAF JETZT.
EIN GUTER TRICK.
GLORP
DU HAST JA KEINE AHNUNG.
SHLUP
MMMPH!

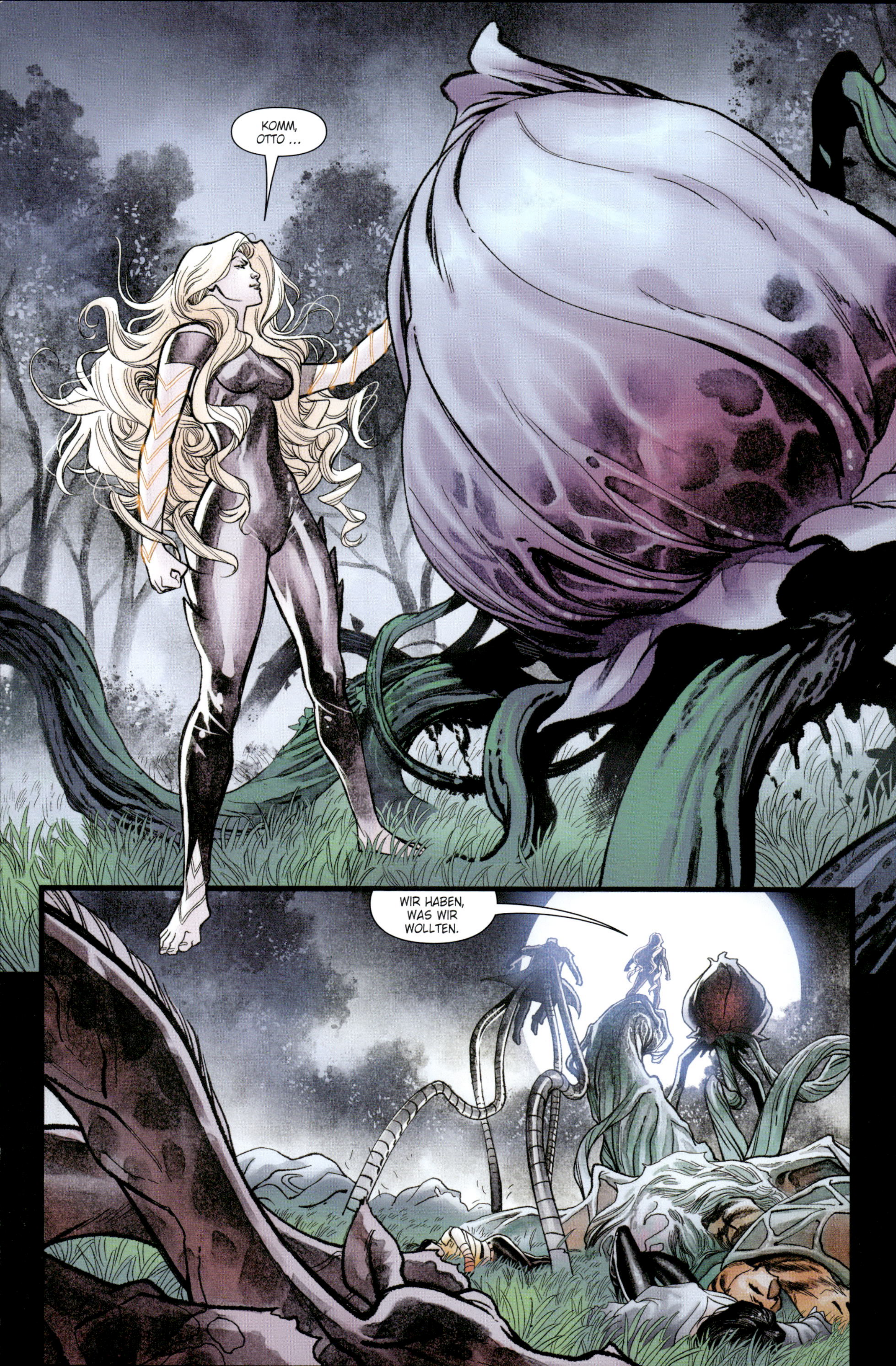
KOMM, OTTO …
WIR HABEN, WAS WIR WOLLTEN.

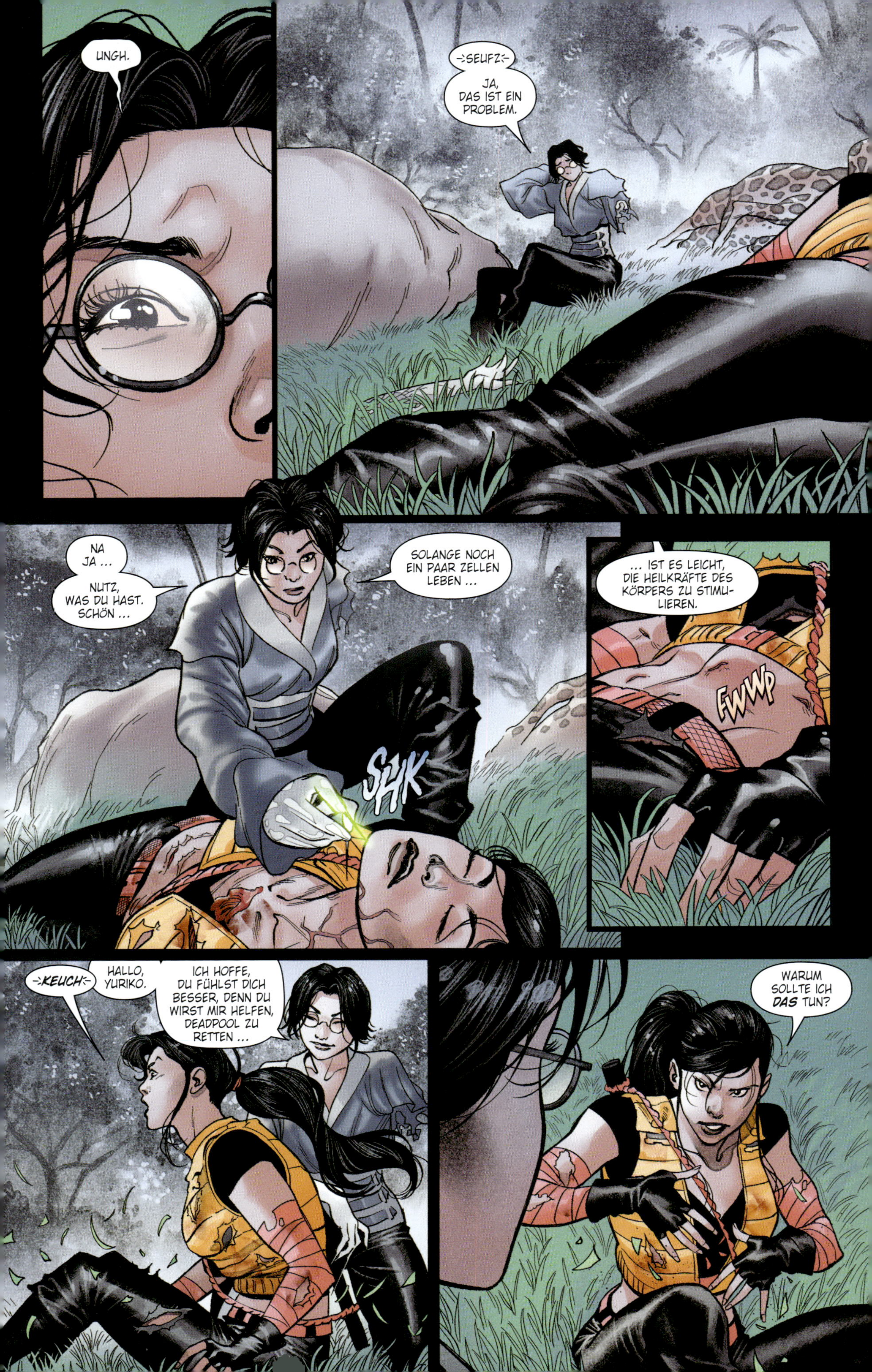
UNGH.
-SEUFZ-
JA, DAS IST EIN PROBLEM.
NA JA ... NUTZ, WAS DU HAST. SCHÖN ...
SOLANGE NOCH EIN PAAR ZELLEN LEBEN ...
SHK
... IST ES LEICHT, DIE HEILKRÄFTE DES KÖRPERS ZU STIMULIEREN.
FWWP
-KEUCH-
HALLO, YURIKO.
ICH HOFFE, DU FÜHLST DICH BESSER, DENN DU WIRST MIR HELFEN, DEADPOOL ZU RETTEN ...
WARUM SOLLTE ICH DAS TUN?

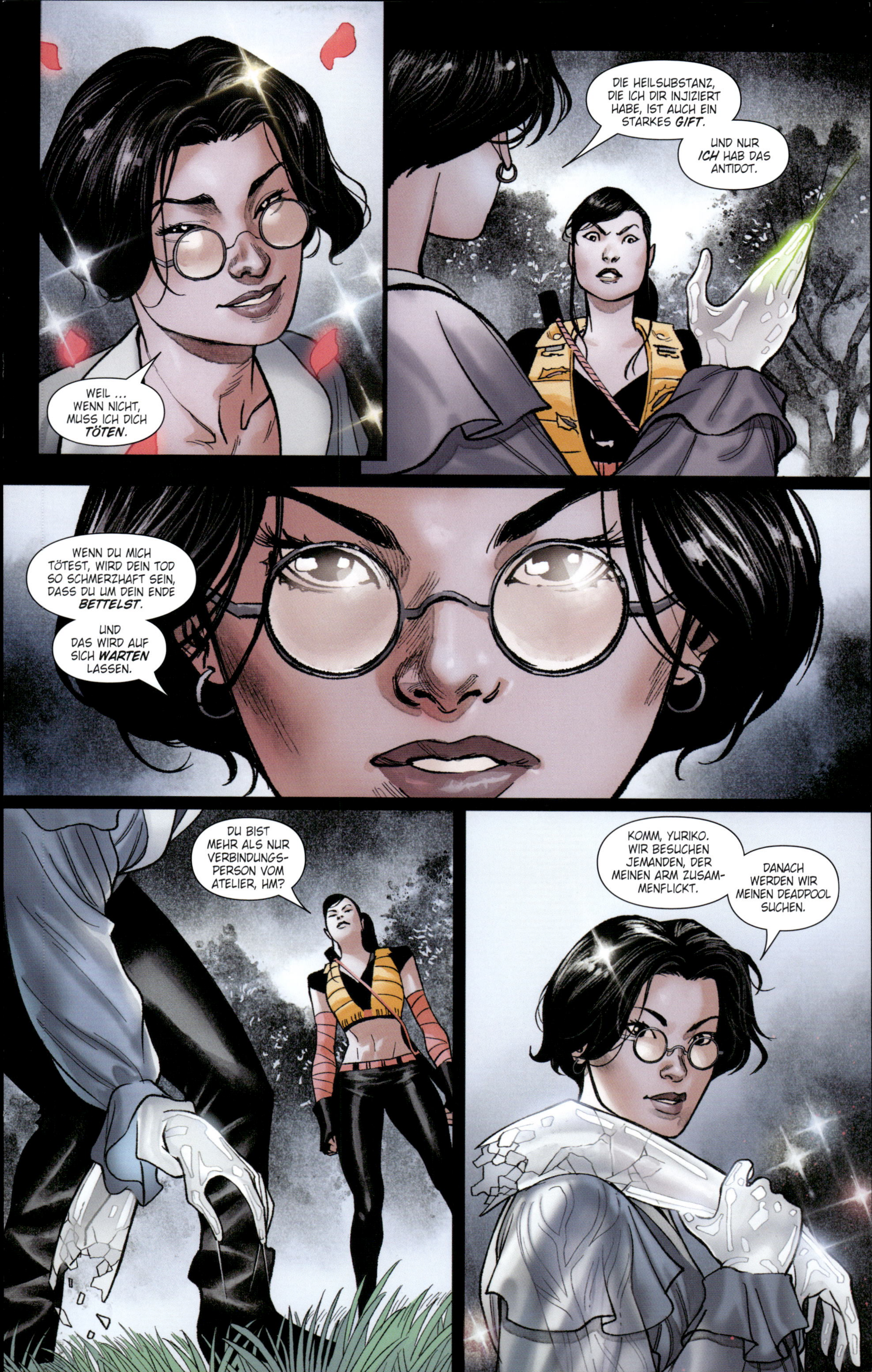

WEIL ... WENN NICHT, MUSS ICH DICH **TÖTEN**.

DIE HEILSUBSTANZ, DIE ICH DIR INJIZIERT HABE, IST AUCH EIN STARKES ***GIFT***.

UND NUR ***ICH*** HAB DAS ANTIDOT.

WENN DU MICH TÖTEST, WIRD DEIN TOD SO SCHMERZHAFT SEIN, DASS DU UM DEIN ENDE **BETTELST**.

UND DAS WIRD AUF SICH **WARTEN** LASSEN.

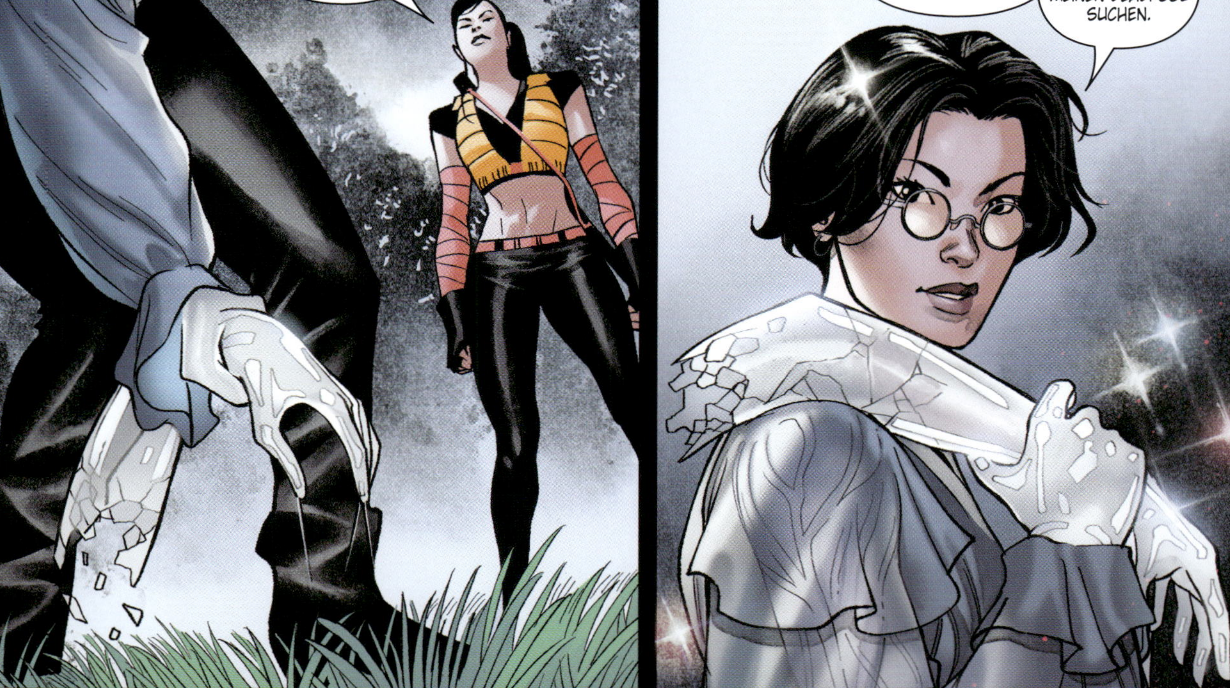

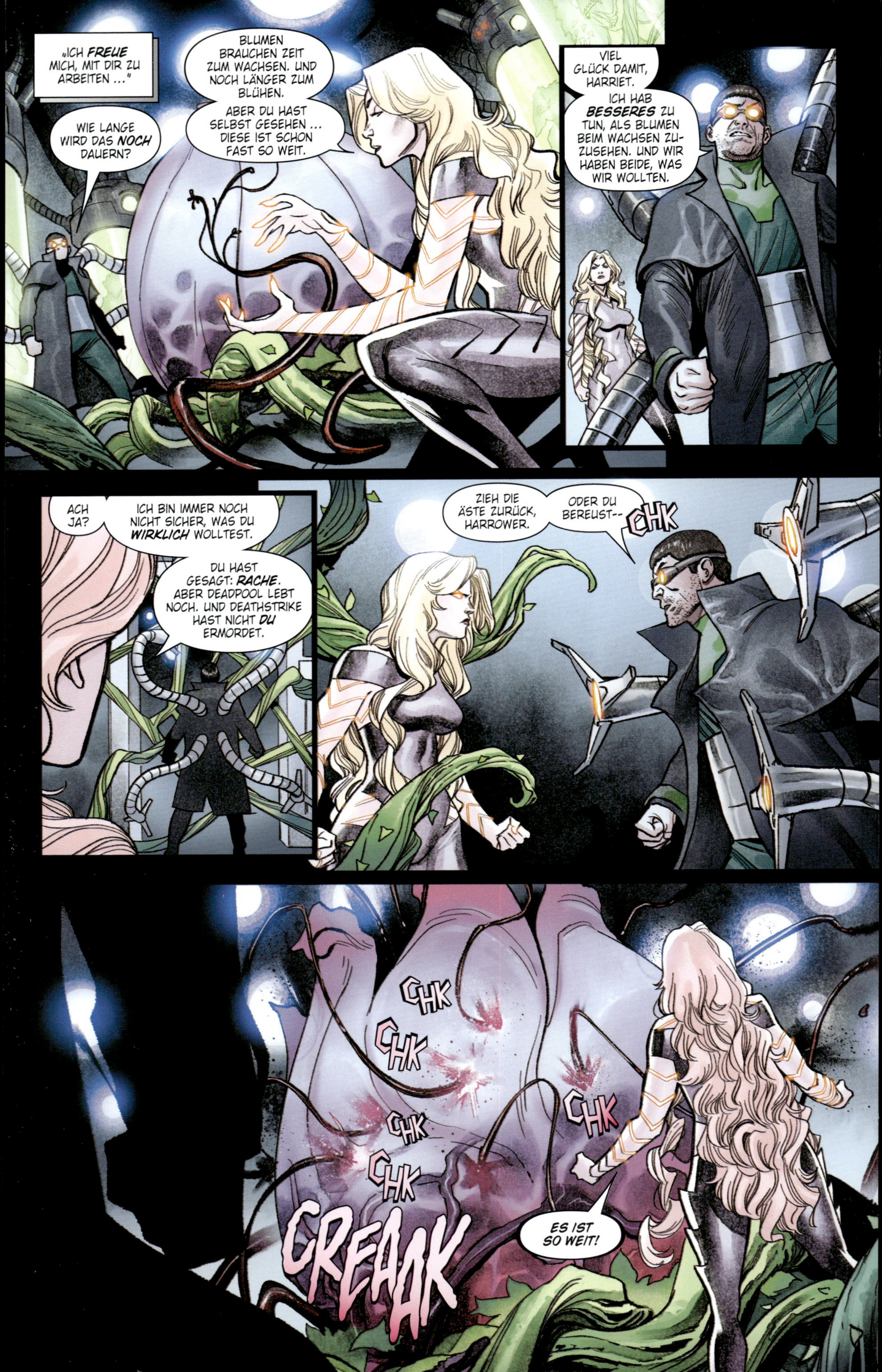
„ICH FREUE MICH, MIT DIR ZU ARBEITEN ...“
WIE LANGE WIRD DAS NOCH DAUERN?
BLUMEN BRAUCHEN ZEIT ZUM WACHSEN. UND NOCH LÄNGER ZUM BLÜHEN.
ABER DU HAST SELBST GESEHEN ... DIESE IST SCHON FAST SO WEIT.
VIEL GLÜCK DAMIT, HARRIET.
ICH HAB BESSERES ZU TUN, ALS BLUMEN BEIM WACHSEN ZUZUSEHEN. UND WIR HABEN BEIDE, WAS WIR WOLLTEN.
ACH JA?
ICH BIN IMMER NOCH NICHT SICHER, WAS DU WIRKLICH WOLLTEST.
DU HAST GESAGT: RACHE. ABER DEADPOOL LEBT NOCH. UND DEATHSTRIKE HAST NICHT DU ERMORDET.
ZIEH DIE ÄSTE ZURÜCK, HARROWER.
ODER DU BEREUST--
CHK
CHK
CHK
CHK
CHK
CHK
CREAAK
ES IST SO WEIT!

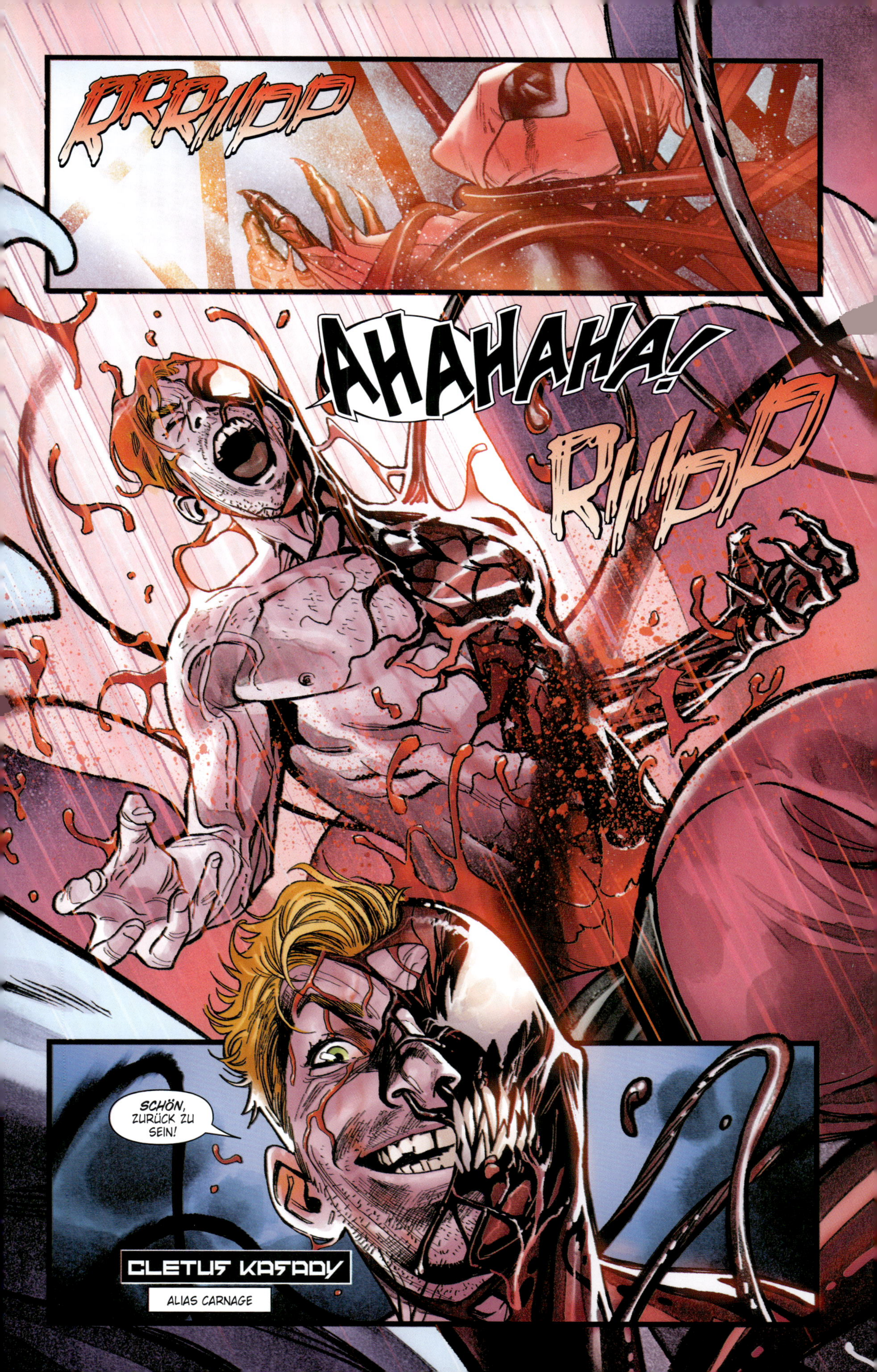
DRRIIPP
AHAHAHA!
RIIPP
SCHÖN, ZURÜCK ZU SEIN!
CLETUS KASADY
ALIAS CARNAGE

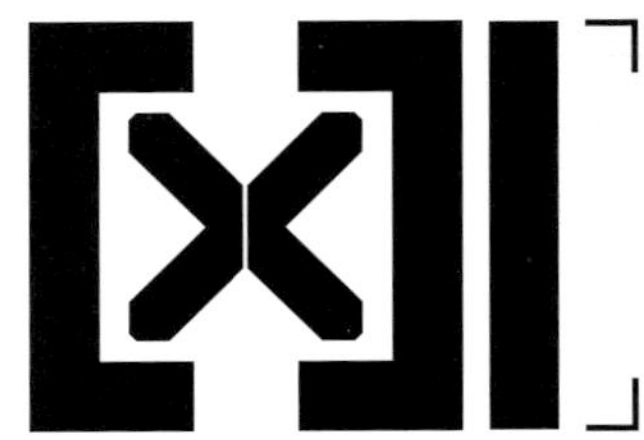

NAME: VALENTINE VUONG
ALIAS: ████
ALTER: ██
NATIONALITÄT: US-AMERIKANISCH
ZUGEHÖRIGKEIT: ATELIER
MUTANTENSTATUS: Y

Ich verstehe nicht, wieso wir so wenig über diese Person wissen. Ich habe ein Dutzend Geschichten gefunden, aber sie widersprechen sich immer wieder. Dazu ein Dutzend Namen, aber „Valentine Vuong" ist der häufigste von allen.

Geboren in Oakland. Boston. Tucson. Minneapolis. Atlanta.

Universitätsabschluss. Promoviert. Bei keinem College etwas zu finden.

Die Jüngste von acht Kindern. Einzelkind. Eins von vier adoptierten Kindern.

Die einzigen verifizierten Informationen sind die Zugehörigkeit zu Atelier und der Mutantenstatus. Soweit ich es sagen kann, war die Person nie in Krakoa (oder vielleicht war nur „Valentine Vuong" nie in Krakoa). Es sind viele Informationen verfügbar und keine davon bringt irgendetwas. Das macht mich verrückt.

Ich grabe weiter. Die Portale Krakoas stehen allen Mutanten offen, aber bei dieser Person habe ich ein mieses Gefühl.

– Sage

[Thema..........[X]
[Form.......[Liste]

POTENZIELLE SYMBIONTENNAMEN:

~~RENESMEE~~ – ICH WILL NICHT VON DER TWILIGHT-LADY VERKLAGT WERDEN

BABY WADE – DAS HAT POTENZIAL

~~WADE JR.~~ – NEE, DAS SOLLTE ICH FÜR EIN RICHTIGES KIND AUFSPAREN (AUSSER ES IST GESCHMACKLOS?)

~~WAFFLES~~ – ~~SÜSS~~ – <u>ZU</u> SÜSS?

~~OPHELIA~~ – GUT, ABER BRINGT ES NICHT PECH, WENN MAN JEMANDEN NACH EINEM ERTRUNKENEN MÄDCHEN NENNT?

HAMLET – NEIN

RIDLEY – NICHT ÜBEL

RENESMEE – FIND ICH IMMER BESSER

~~CARNEY???~~ – ABSOLUT NICHT

~~COCO~~ – JEDER ZWEITE HUND HEISST SO, ALSO NÖNÖ

~~RAMEN~~ – ICH GLAUB, ICH HAB HUNGER

PRINCESS – ???

~~DIAMOND~~ – NEE, FÜHL ICH NICHT

~~CHERRY~~ – ~~IRGENDWIE NETT~~? – NEE, IST AUCH NICHTS

[subj...Symbiontennamen]
[Autor.........Deadpool]

JUNGE ODER MÄDCHEN?

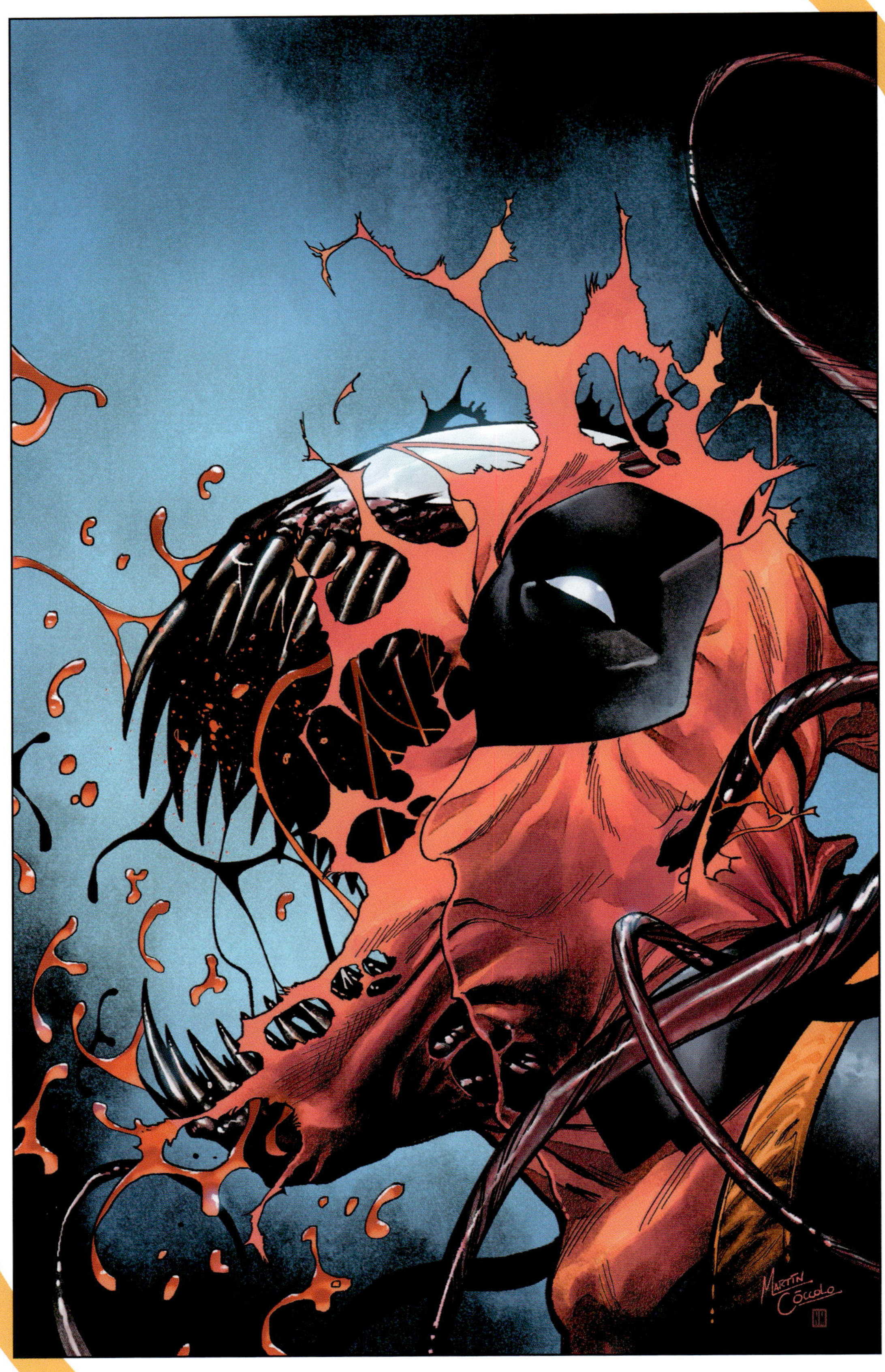

Deadpool (2023) 5
Cover von **MARTÍN CÓCCOLO**

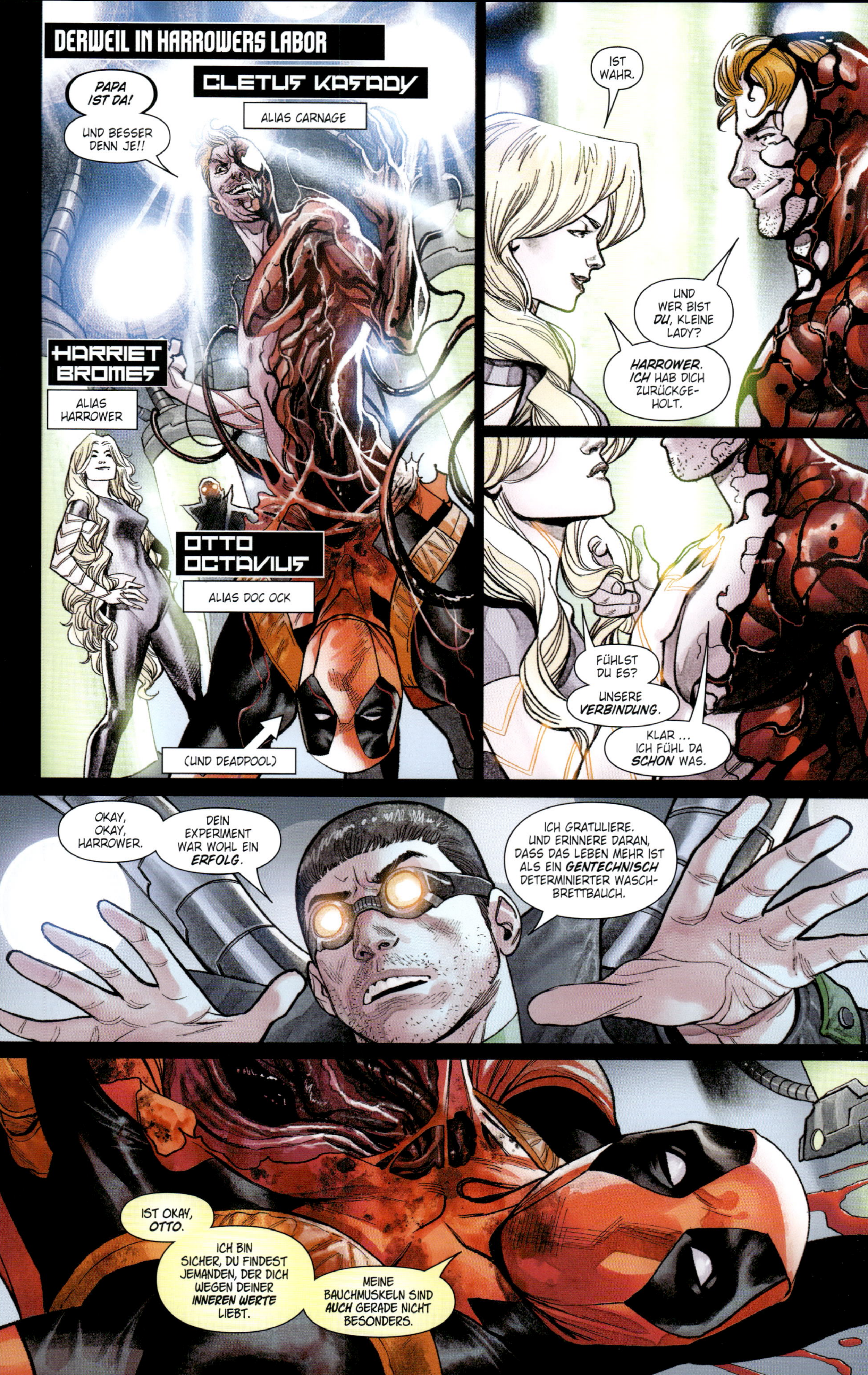
DERWEIL IN HARROWERS LABOR
CLETUS KASADY
ALIAS CARNAGE
PAPA IST DA!
UND BESSER DENN JE!!
HARRIET BROMES
ALIAS HARROWER
OTTO OCTAVIUS
ALIAS DOC OCK
(UND DEADPOOL)
IST WAHR.
UND WER BIST DU, KLEINE LADY?
HARROWER. ICH HAB DICH ZURÜCKGE-HOLT.
FÜHLST DU ES?
UNSERE VERBINDUNG.
KLAR ... ICH FÜHL DA SCHON WAS.
OKAY, OKAY, HARROWER.
DEIN EXPERIMENT WAR WOHL EIN ERFOLG.
ICH GRATULIERE. UND ERINNERE DARAN, DASS DAS LEBEN MEHR IST ALS EIN GENTECHNISCH DETERMINIERTER WASCH-BRETTBAUCH.
IST OKAY, OTTO.
ICH BIN SICHER, DU FINDEST JEMANDEN, DER DICH WEGEN DEINER INNEREN WERTE LIEBT.
MEINE BAUCHMUSKELN SIND AUCH GERADE NICHT BESONDERS.

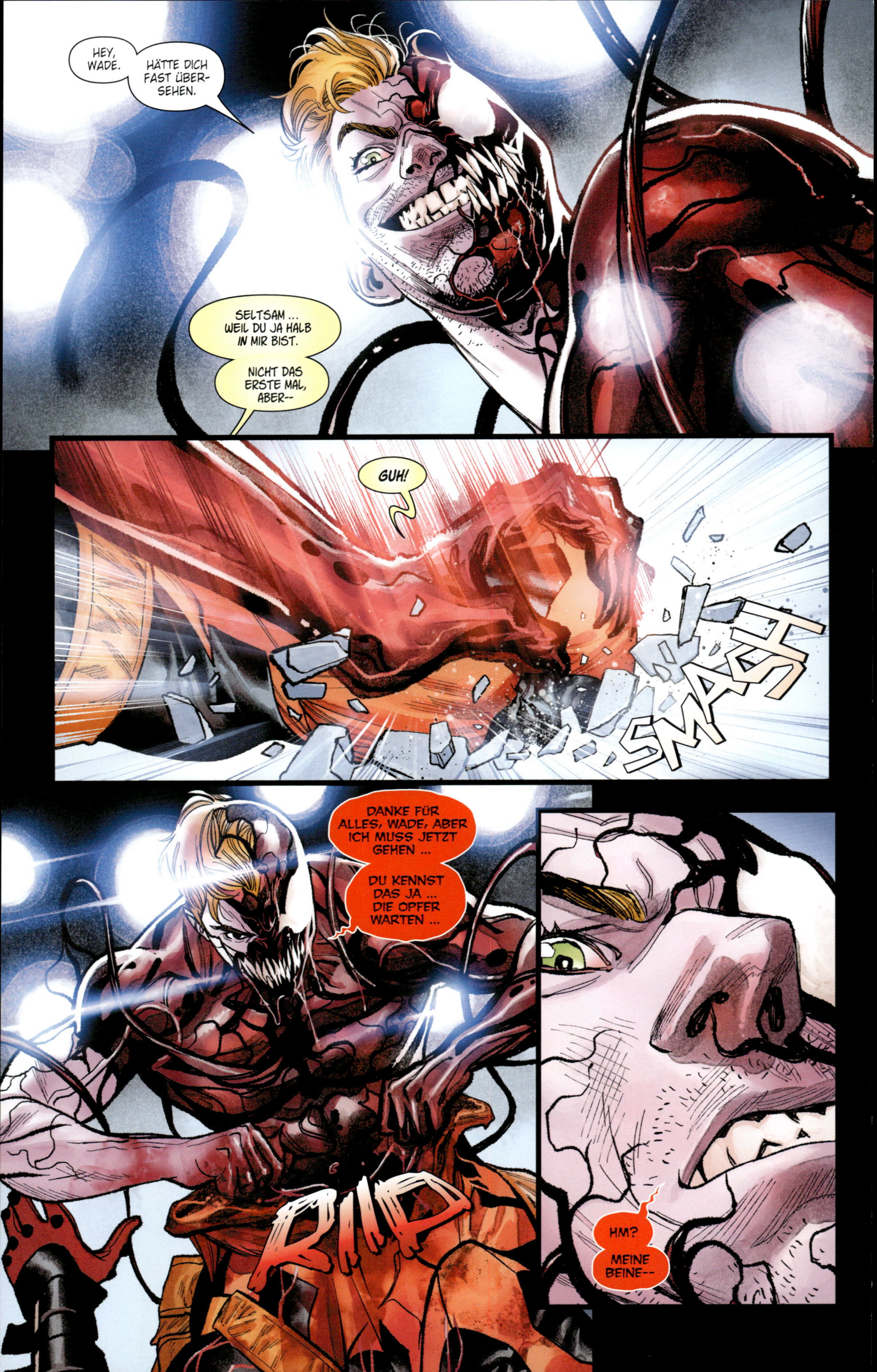
HEY, WADE.
HÄTTE DICH FAST ÜBER-SEHEN.
SELTSAM ... WEIL DU JA HALB IN MIR BIST.
NICHT DAS ERSTE MAL, ABER--
GUH!
SMASH
DANKE FÜR ALLES, WADE, ABER ICH MUSS JETZT GEHEN ...
DU KENNST DAS JA ... DIE OPFER WARTEN ...
RIP
HM?
MEINE BEINE--

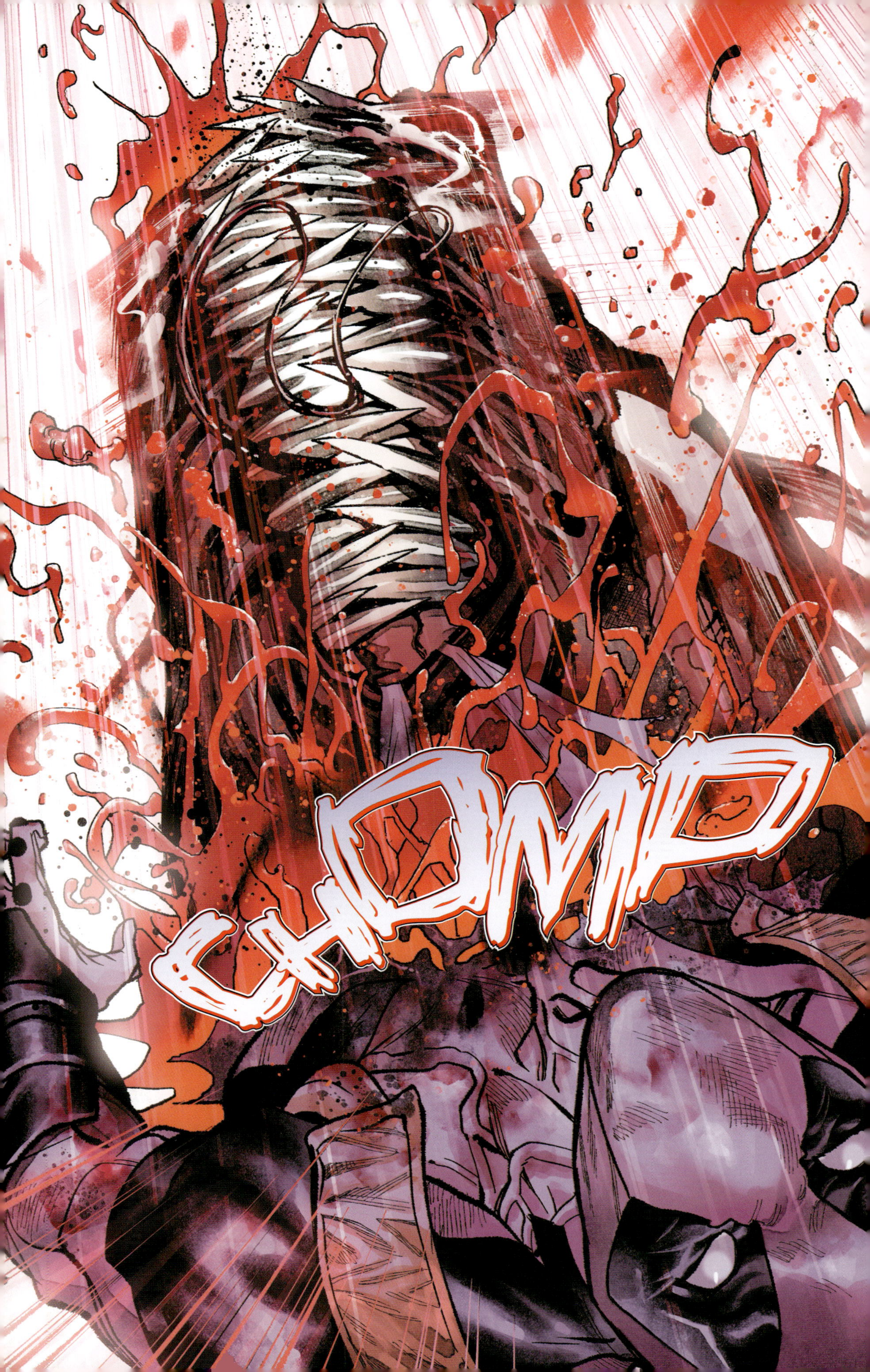
CHOMP

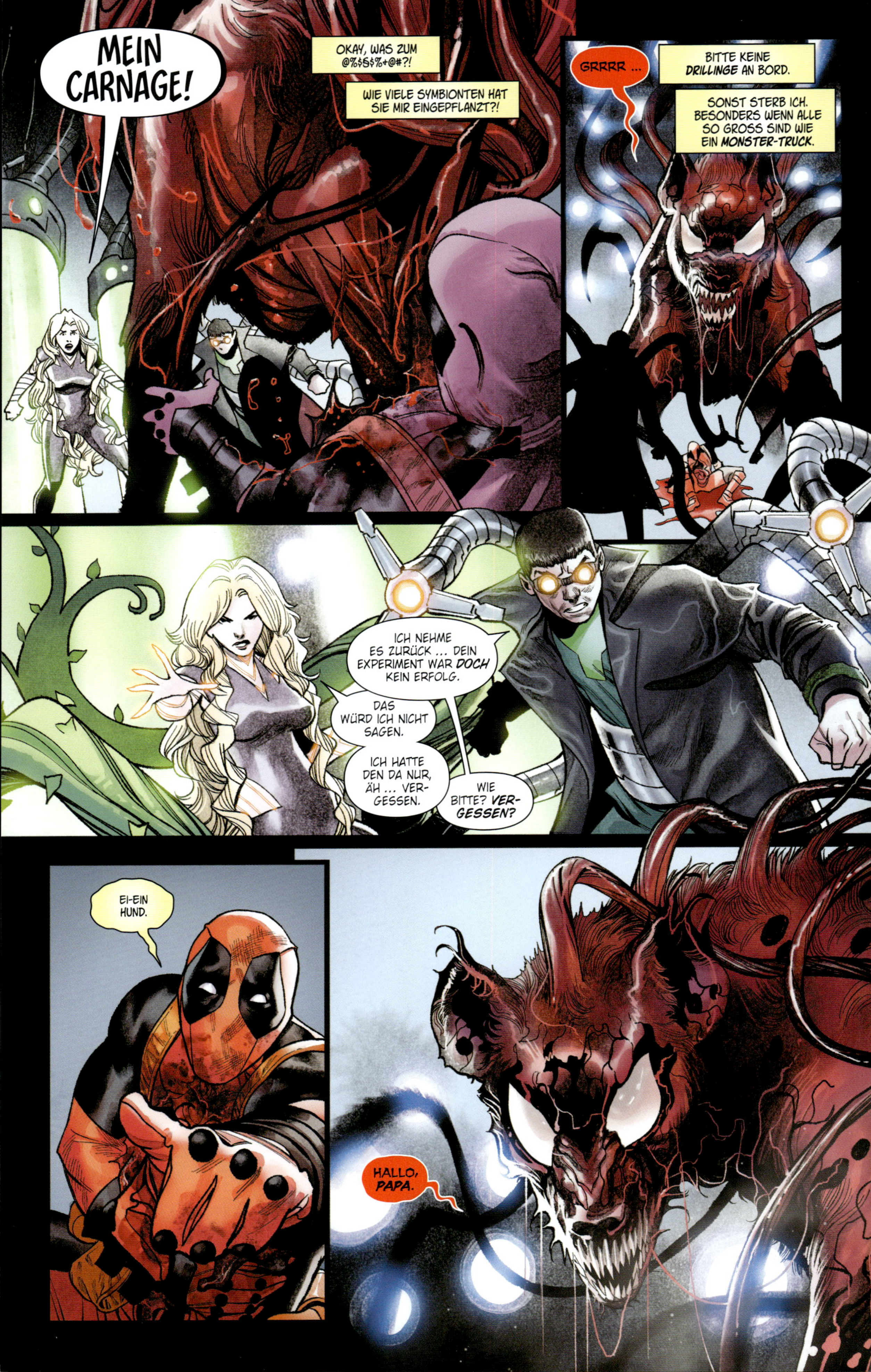
MEIN CARNAGE!
OKAY, WAS ZUM @%$§$%+@#?!
WIE VIELE SYMBIONTEN HAT SIE MIR EINGEPFLANZT?!
GRRRR ...
BITTE KEINE DRILLINGE AN BORD.
SONST STERB ICH. BESONDERS WENN ALLE SO GROSS SIND WIE EIN MONSTER-TRUCK.
ICH NEHME ES ZURÜCK ... DEIN EXPERIMENT WAR DOCH KEIN ERFOLG.
DAS WÜRD ICH NICHT SAGEN.
ICH HATTE DEN DA NUR, ÄH ... VERGESSEN.
WIE BITTE? VERGESSEN?
EI-EIN HUND.
HALLO, PAPA.

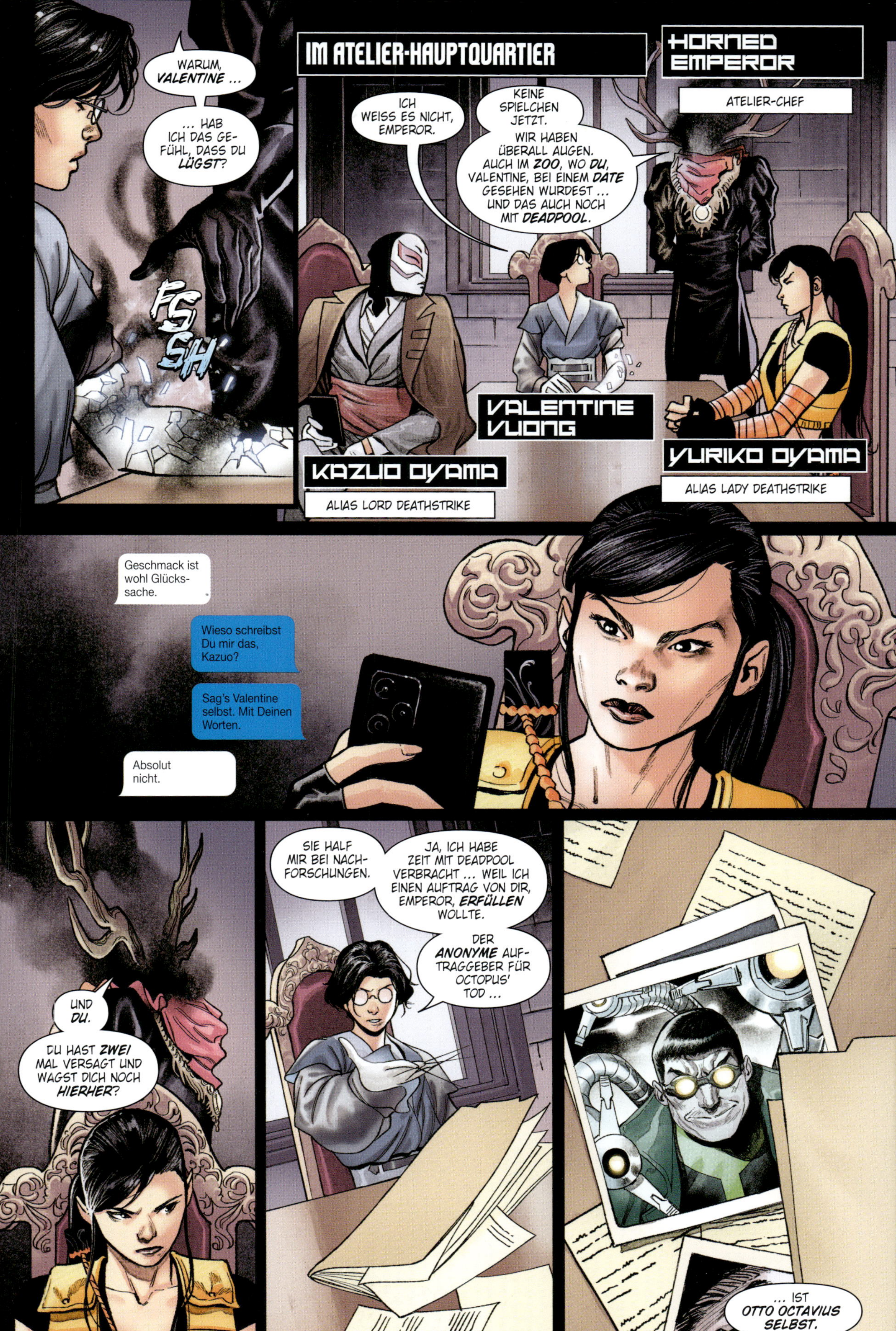
WARUM, VALENTINE ...
... HAB ICH DAS GEFÜHL, DASS DU LÜGST?
FSSH
IM ATELIER-HAUPTQUARTIER
HORNED EMPEROR
ATELIER-CHEF
ICH WEISS ES NICHT, EMPEROR.
KEINE SPIELCHEN JETZT.
WIR HABEN ÜBERALL AUGEN. AUCH IM ZOO, WO DU, VALENTINE, BEI EINEM DATE GESEHEN WURDEST ... UND DAS AUCH NOCH MIT DEADPOOL.
VALENTINE VUONG
KAZUO OYAMA
ALIAS LORD DEATHSTRIKE
YURIKO OYAMA
ALIAS LADY DEATHSTRIKE
Geschmack ist wohl Glückssache.
Wieso schreibst Du mir das, Kazuo?
Sag's Valentine selbst. Mit Deinen Worten.
Absolut nicht.
UND DU.
DU HAST ZWEI MAL VERSAGT UND WAGST DICH NOCH HIERHER?
SIE HALF MIR BEI NACHFORSCHUNGEN.
JA, ICH HABE ZEIT MIT DEADPOOL VERBRACHT ... WEIL ICH EINEN AUFTRAG VON DIR, EMPEROR, ERFÜLLEN WOLLTE.
DER ANONYME AUFTRAGGEBER FÜR OCTOPUS' TOD ...
... IST OTTO OCTAVIUS SELBST.

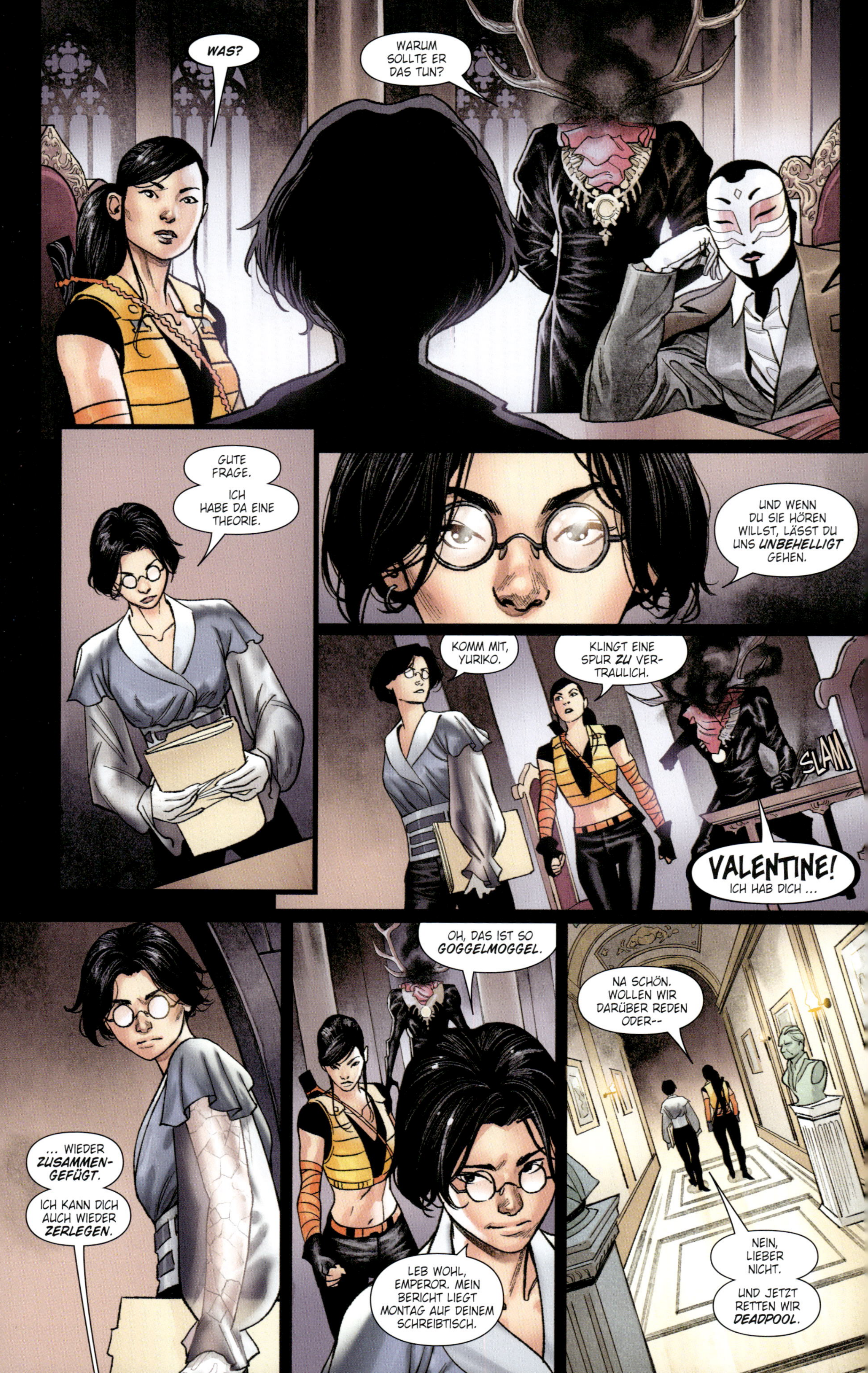
WAS?
WARUM SOLLTE ER DAS TUN?
GUTE FRAGE.
ICH HABE DA EINE THEORIE.
UND WENN DU SIE HÖREN WILLST, LÄSST DU UNS UNBEHELLIGT GEHEN.
KOMM MIT, YURIKO.
KLINGT EINE SPUR ZU VERTRAULICH.
SLAM
VALENTINE! ICH HAB DICH ...
... WIEDER ZUSAMMENGEFÜGT.
ICH KANN DICH AUCH WIEDER ZERLEGEN.
OH, DAS IST SO GOGGELMOGGEL.
LEB WOHL, EMPEROR. MEIN BERICHT LIEGT MONTAG AUF DEINEM SCHREIBTISCH.
NA SCHÖN. WOLLEN WIR DARÜBER REDEN ODER--
NEIN, LIEBER NICHT.
UND JETZT RETTEN WIR DEADPOOL.

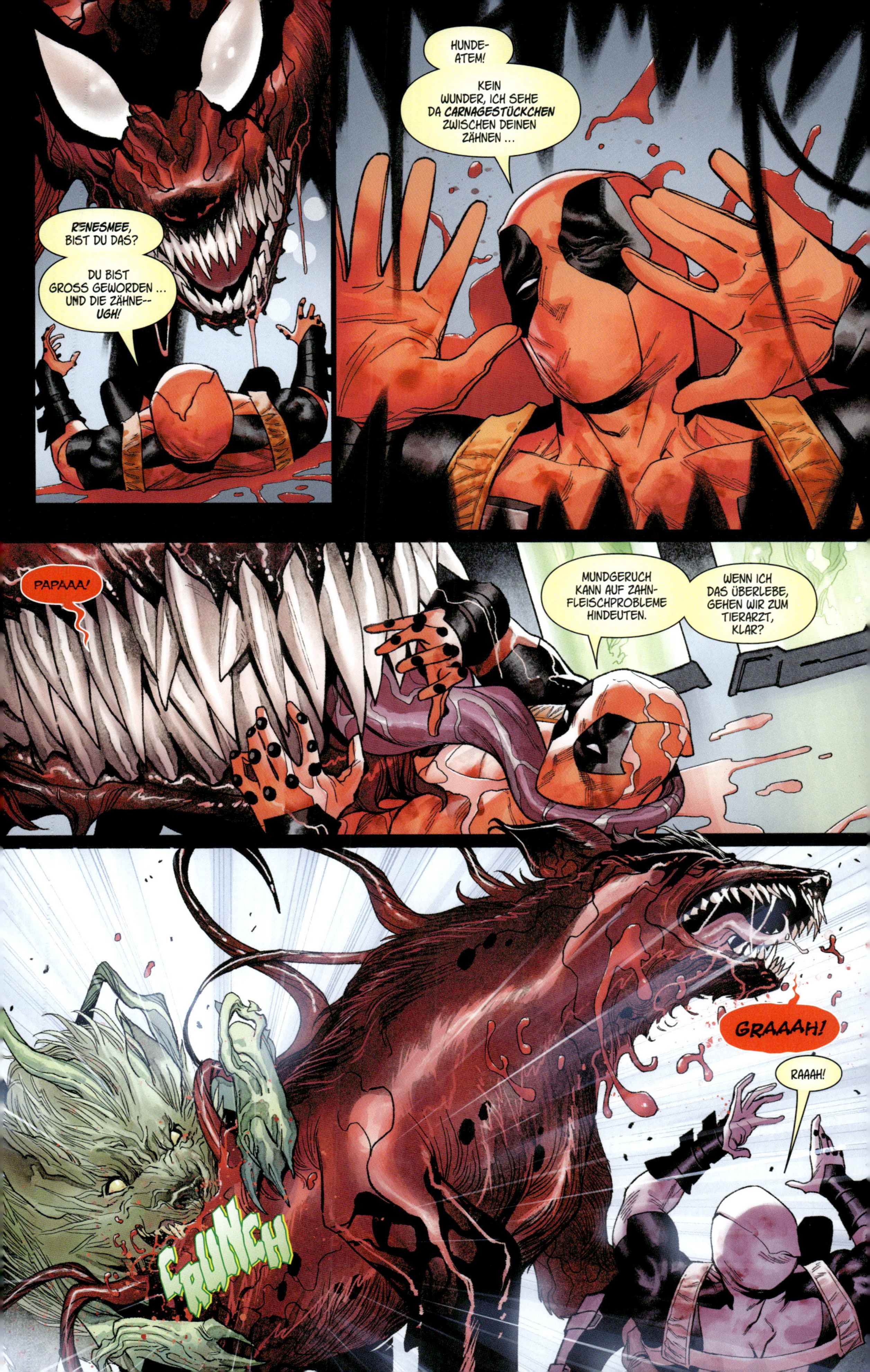

RENESMEE, BIST DU DAS?
DU BIST GROSS GEWORDEN ... UND DIE ZÄHNE-- UGH!
HUNDE-ATEM!
KEIN WUNDER, ICH SEHE DA CARNAGESTÜCKCHEN ZWISCHEN DEINEN ZÄHNEN ...
PAPAAA!
MUNDGERUCH KANN AUF ZAHN-FLEISCHPROBLEME HINDEUTEN.
WENN ICH DAS ÜBERLEBE, GEHEN WIR ZUM TIERARZT, KLAR?
CRUNCH
GRAAAH!
RAAAH!

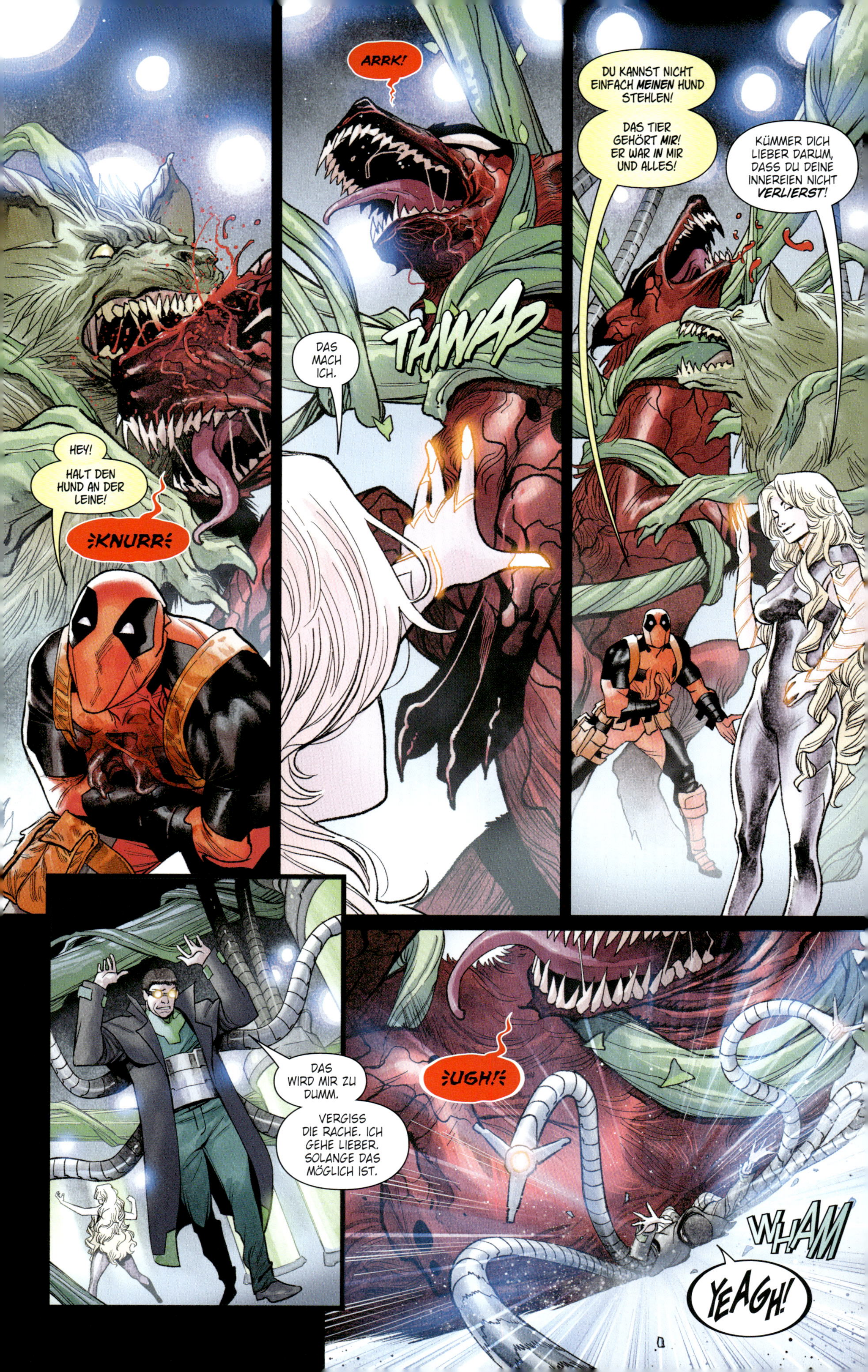
ARRK!
THWAP
DAS MACH ICH.
DU KANNST NICHT EINFACH MEINEN HUND STEHLEN!
DAS TIER GEHÖRT MIR! ER WAR IN MIR UND ALLES!
KÜMMER DICH LIEBER DARUM, DASS DU DEINE INNEREIEN NICHT VERLIERST!
HEY!
HALT DEN HUND AN DER LEINE!
KNURR
DAS WIRD MIR ZU DUMM.
VERGISS DIE RACHE. ICH GEHE LIEBER. SOLANGE DAS MÖGLICH IST.
UGH!
WHAM
YEAGH!

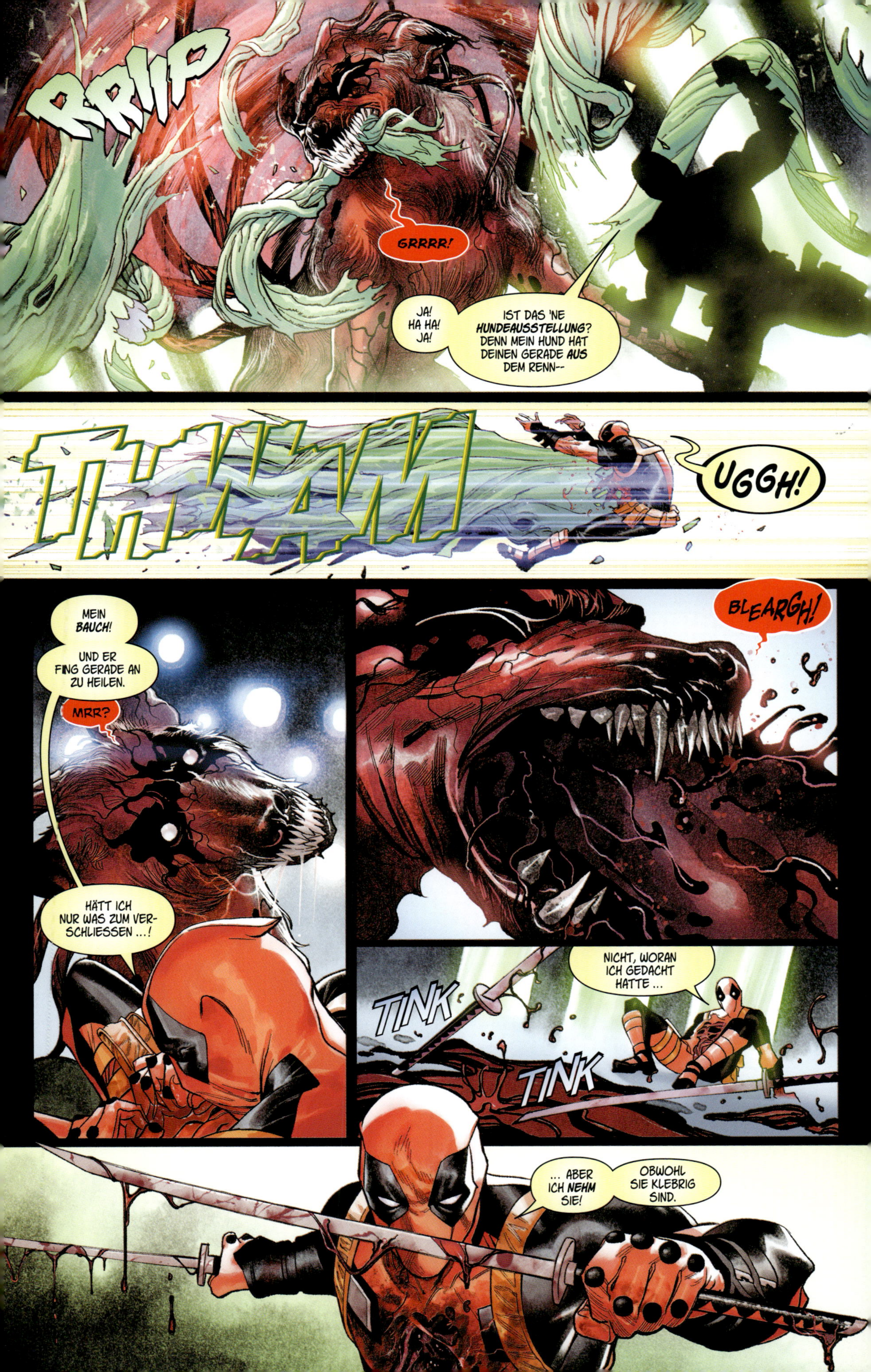
RRIIP
GRRRR!
JA! HA HA! JA!
IST DAS 'NE HUNDEAUSSTELLUNG? DENN MEIN HUND HAT DEINEN GERADE AUS DEM RENN--
THWAM
UGGH!
MEIN BAUCH!
UND ER FING GERADE AN ZU HEILEN.
MRR?
HÄTT ICH NUR WAS ZUM VERSCHLIESSEN ...!
BLEARGH!
NICHT, WORAN ICH GEDACHT HATTE ...
TINK
TINK
OBWOHL SIE KLEBRIG SIND.
... ABER ICH NEHM SIE!

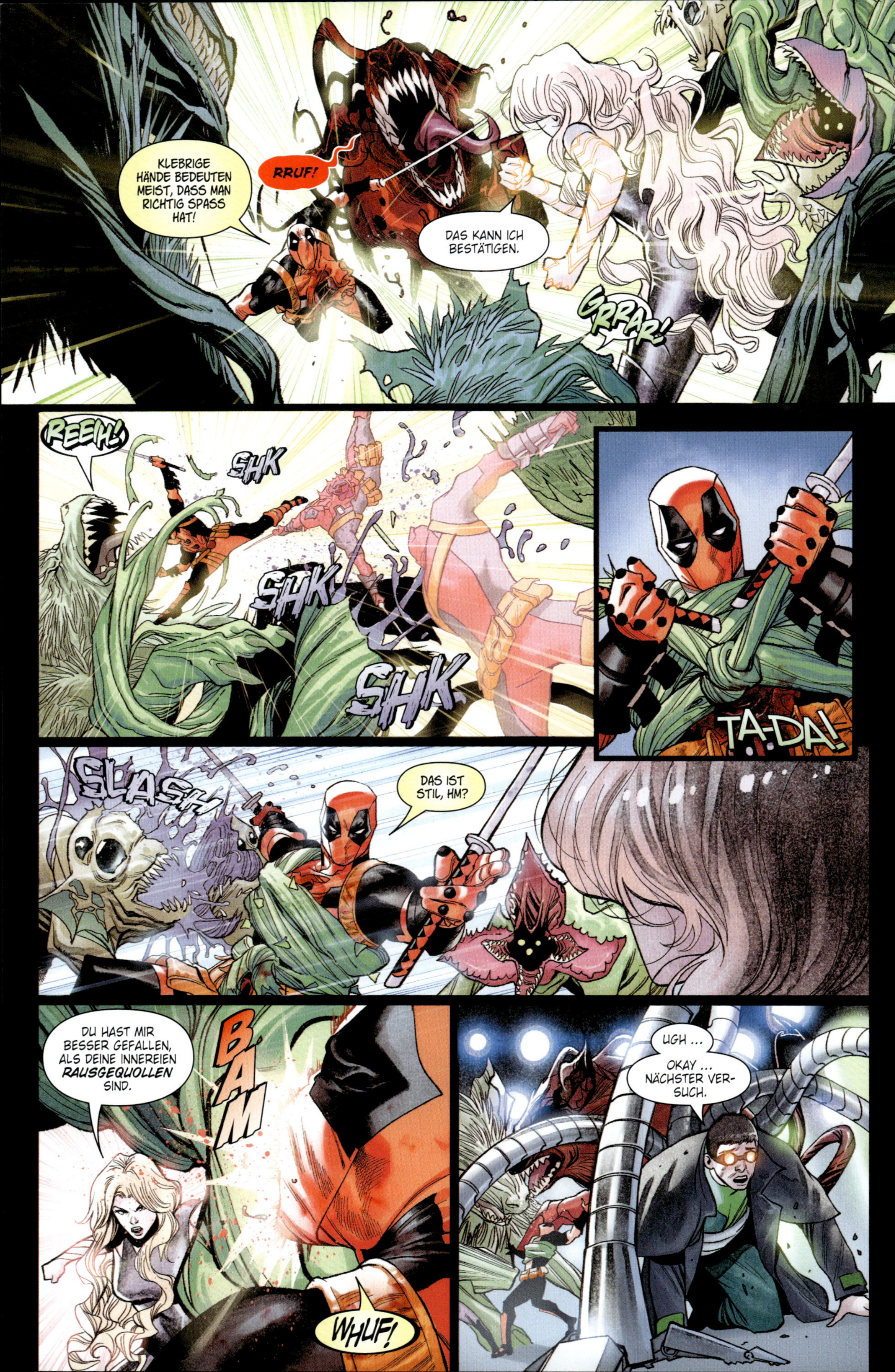
KLEBRIGE HÄNDE BEDEUTEN MEIST, DASS MAN RICHTIG SPASS HAT!
RRUF!
DAS KANN ICH BESTÄTIGEN.
GRRAR!
REEIH!
SHK
SHK
SHK
TA-DA!
SLASH
DAS IST STIL, HM?
DU HAST MIR BESSER GEFALLEN, ALS DEINE INNEREIEN RAUSGEQUOLLEN SIND.
BAM
WHUF!
UGH ...
OKAY ... NÄCHSTER VERSUCH.

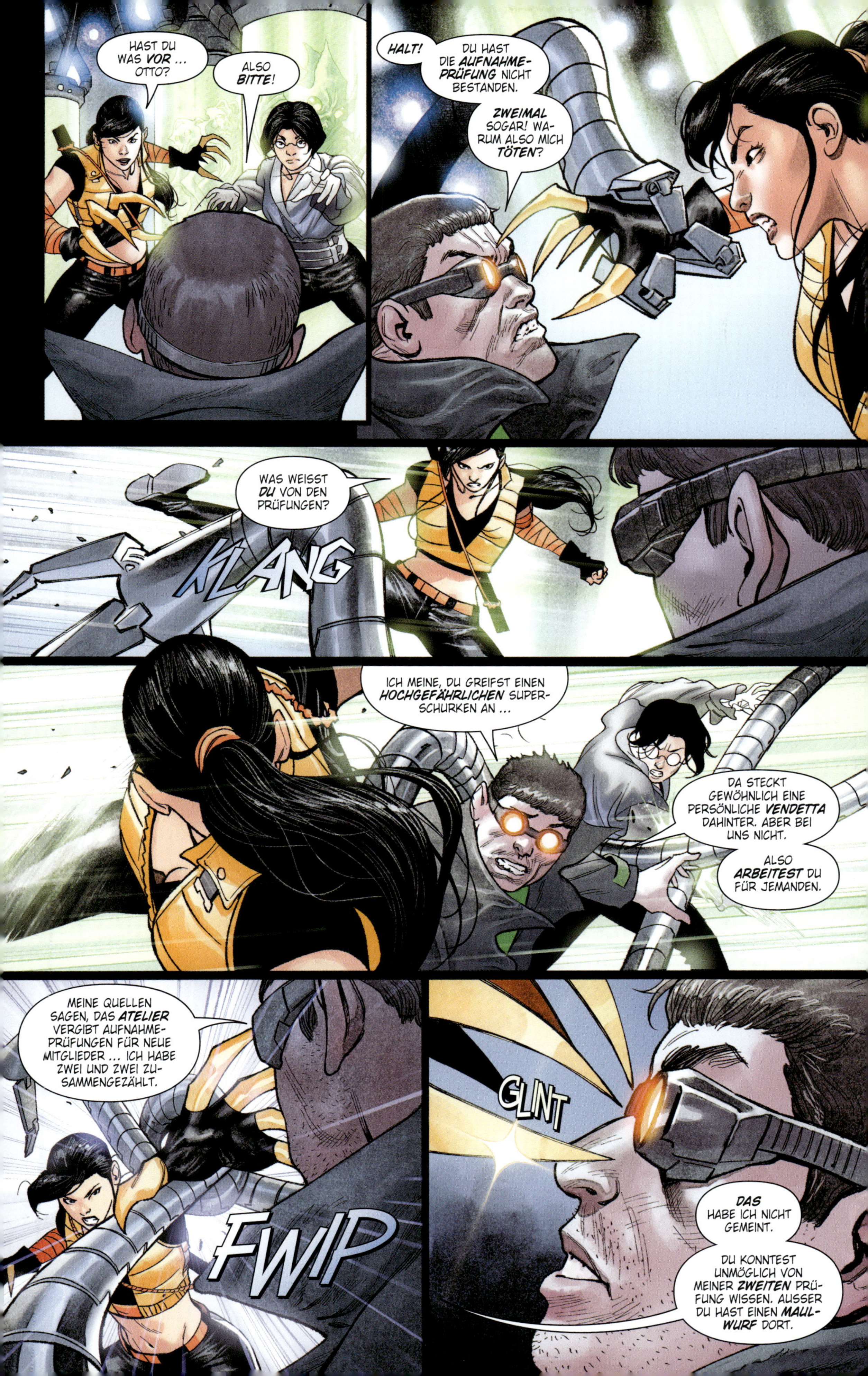
HAST DU WAS VOR … OTTO?
ALSO BITTE!
HALT!
DU HAST DIE AUFNAHME-PRÜFUNG NICHT BESTANDEN.
ZWEIMAL SOGAR! WARUM ALSO MICH TÖTEN?
WAS WEISST DU VON DEN PRÜFUNGEN?
KLANG
ICH MEINE, DU GREIFST EINEN HOCHGEFÄHRLICHEN SUPERSCHURKEN AN …
DA STECKT GEWÖHNLICH EINE PERSÖNLICHE VENDETTA DAHINTER. ABER BEI UNS NICHT.
ALSO ARBEITEST DU FÜR JEMANDEN.
MEINE QUELLEN SAGEN, DAS ATELIER VERGIBT AUFNAHMEPRÜFUNGEN FÜR NEUE MITGLIEDER … ICH HABE ZWEI UND ZWEI ZUSAMMENGEZÄHLT.
FWIP
GLINT
DAS HABE ICH NICHT GEMEINT.
DU KONNTEST UNMÖGLICH VON MEINER ZWEITEN PRÜFUNG WISSEN. AUSSER DU HAST EINEN MAULWURF DORT.

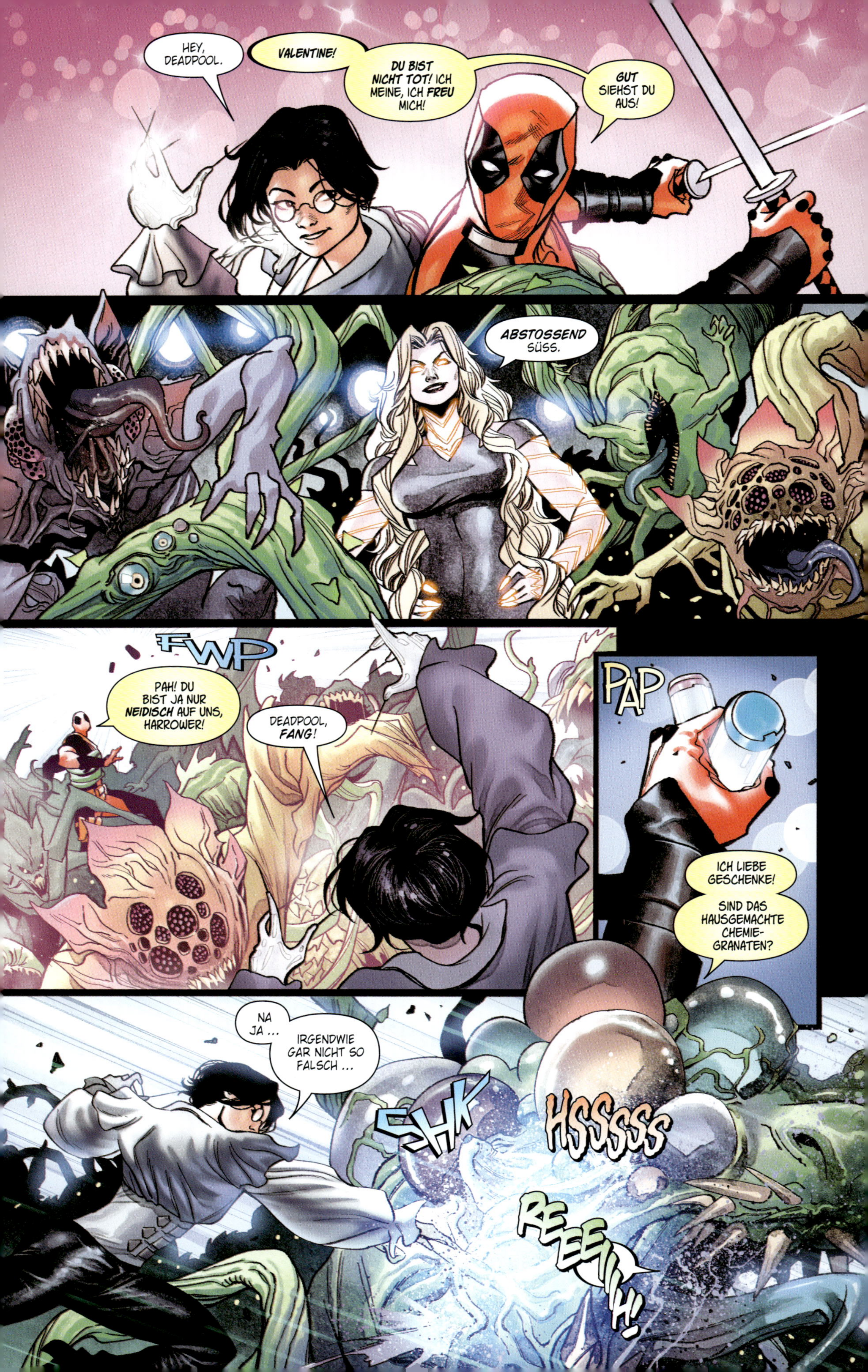
HEY, DEADPOOL.
VALENTINE!
DU BIST NICHT TOT! ICH MEINE, ICH FREU MICH!
GUT SIEHST DU AUS!
ABSTOSSEND SÜSS.
FWP
PAH! DU BIST JA NUR NEIDISCH AUF UNS, HARROWER!
DEADPOOL, FANG!
PAP
ICH LIEBE GESCHENKE!
SIND DAS HAUSGEMACHTE CHEMIE-GRANATEN?
NA JA ...
IRGENDWIE GAR NICHT SO FALSCH ...
SHK
HSSSSS
REEEIIIH!

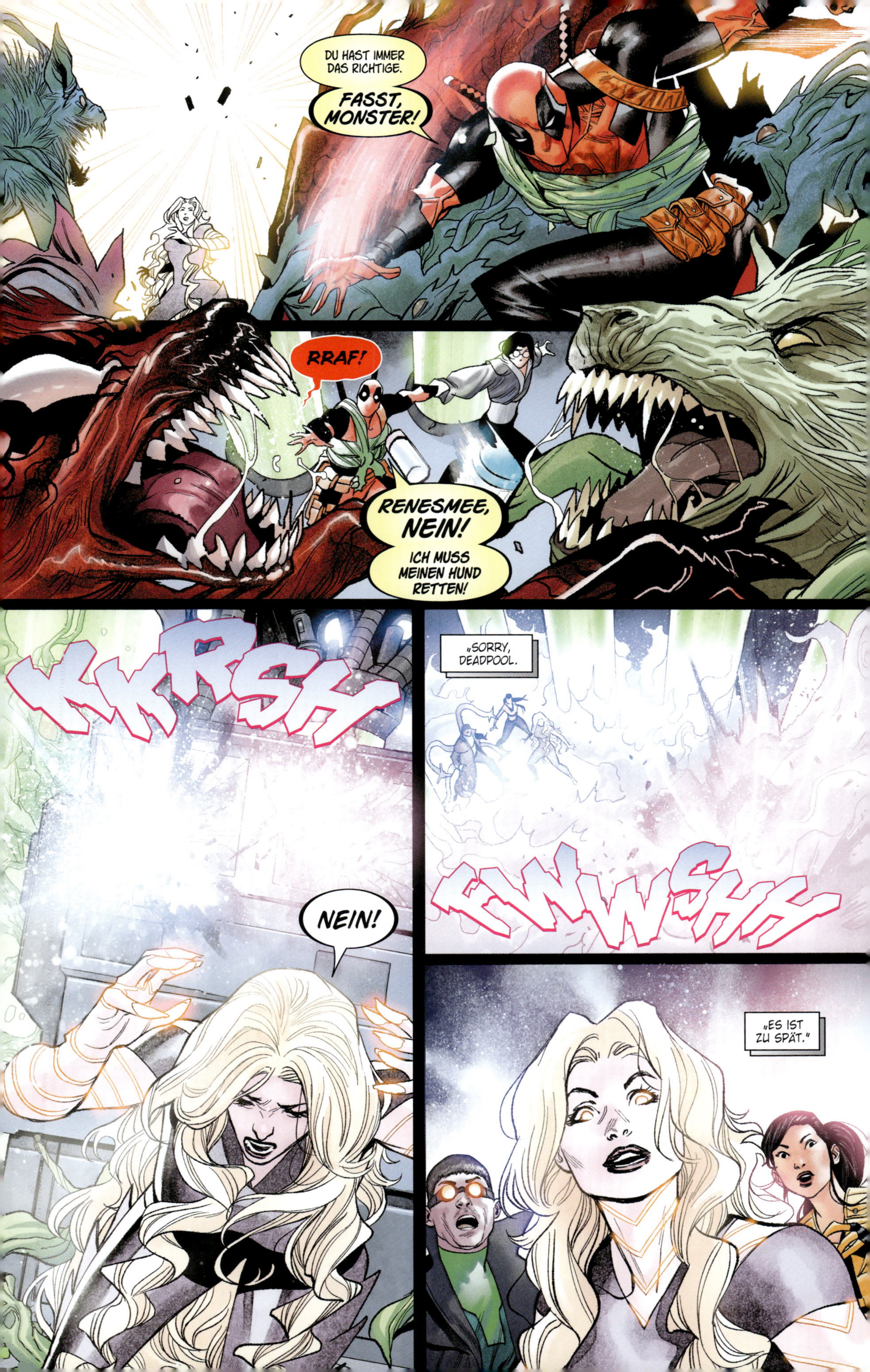
DU HAST IMMER DAS RICHTIGE.
FASST, MONSTER!
RRAF!
RENESMEE, NEIN!
ICH MUSS MEINEN HUND RETTEN!
KKRSH
NEIN!
„SORRY, DEADPOOL.
FWWSHH
„ES IST ZU SPÄT."

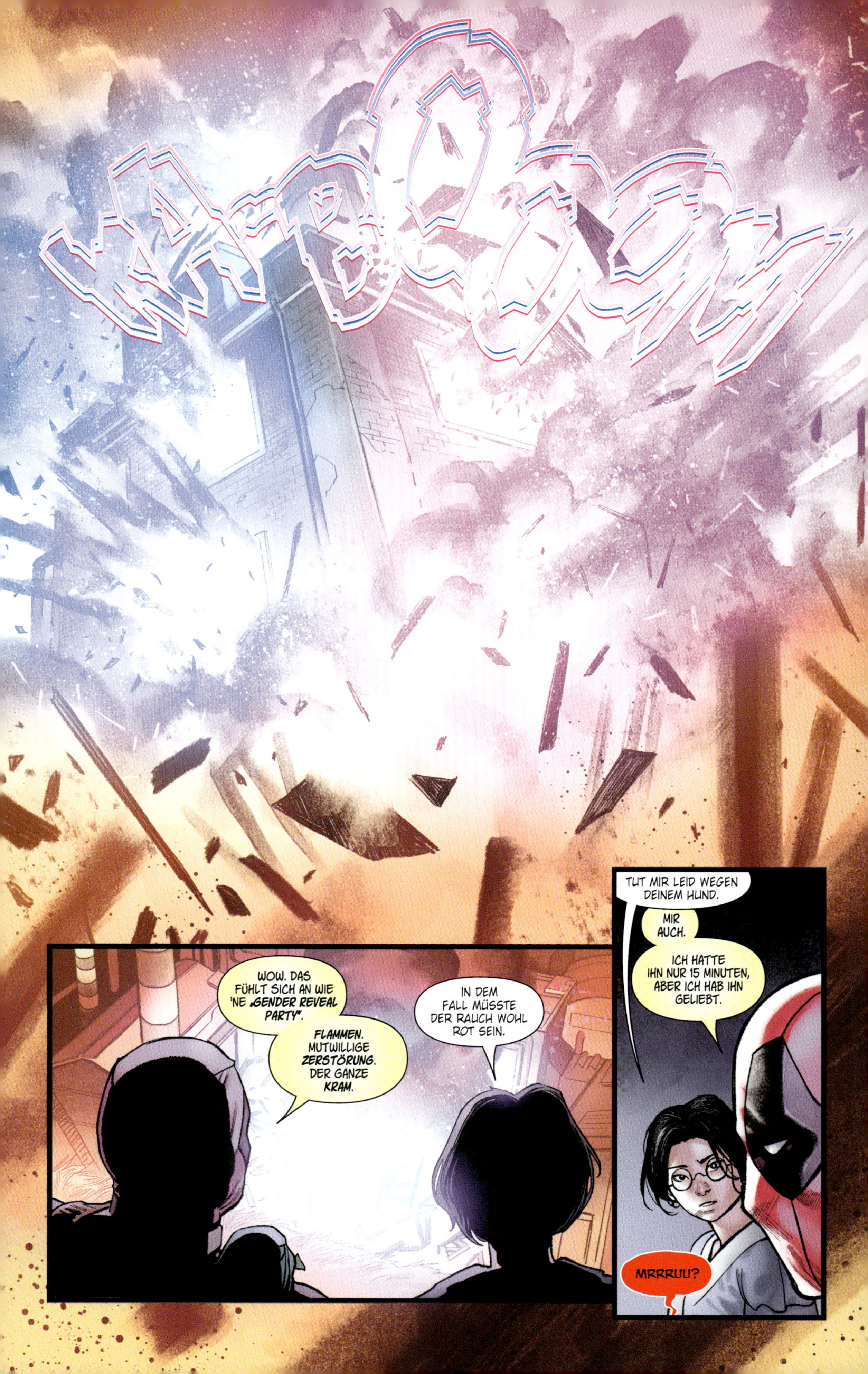
WOW. DAS FÜHLT SICH AN WIE 'NE „GENDER REVEAL PARTY".
FLAMMEN. MUTWILLIGE ZERSTÖRUNG. DER GANZE KRAM.
IN DEM FALL MÜSSTE DER RAUCH WOHL ROT SEIN.
TUT MIR LEID WEGEN DEINEM HUND.
MIR AUCH.
ICH HATTE IHN NUR 15 MINUTEN, ABER ICH HAB IHN GELIEBT.
MRRRUU?

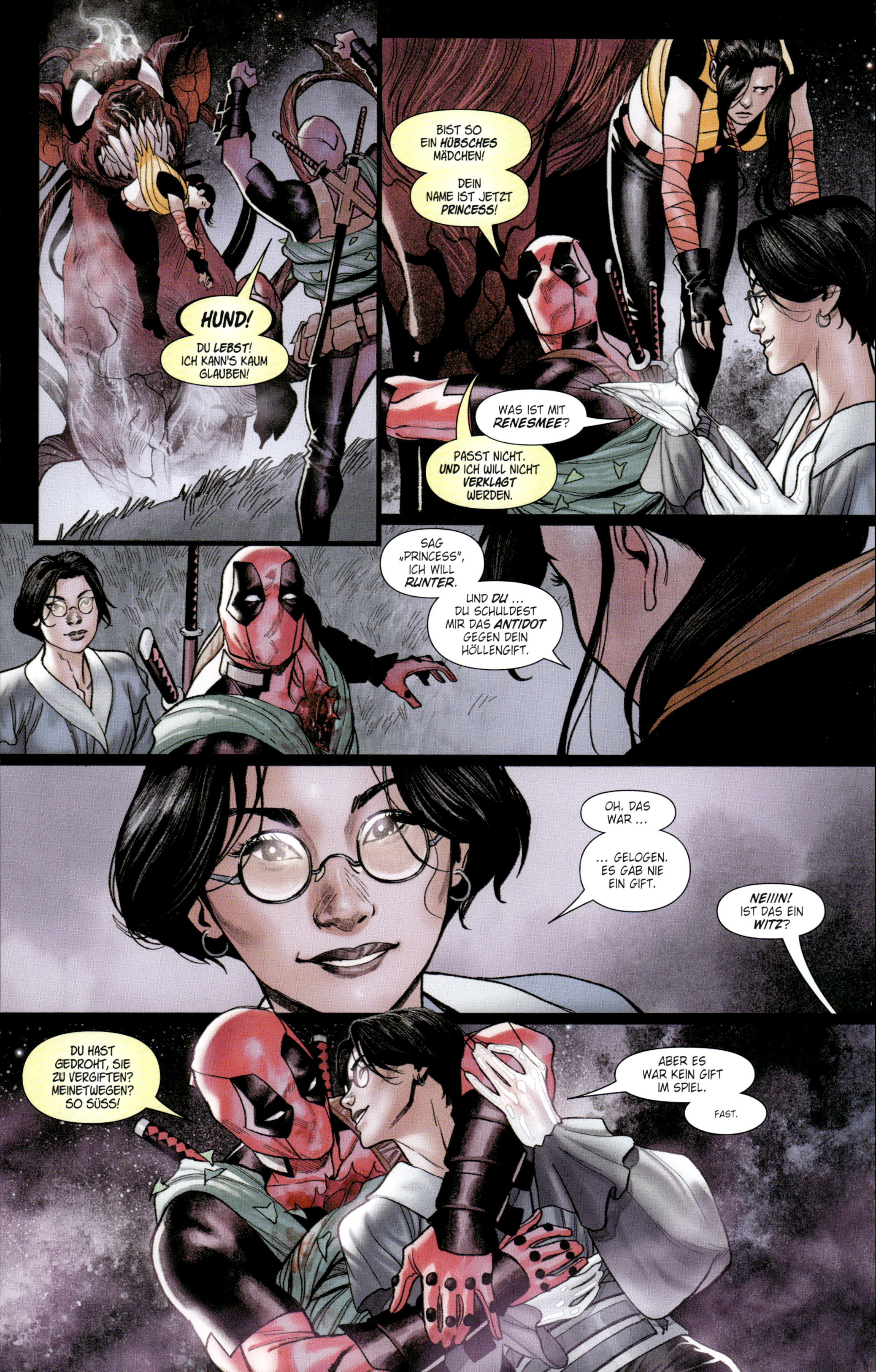
HUND!
DU LEBST! ICH KANN'S KAUM GLAUBEN!
BIST SO EIN HÜBSCHES MÄDCHEN!
DEIN NAME IST JETZT PRINCESS!
WAS IST MIT RENESMEE?
PASST NICHT. UND ICH WILL NICHT VERKLAGT WERDEN.
SAG „PRINCESS", ICH WILL RUNTER.
UND DU ... DU SCHULDEST MIR DAS ANTIDOT GEGEN DEIN HÖLLENGIFT.
OH. DAS WAR ...
... GELOGEN. ES GAB NIE EIN GIFT.
NEIIIN! IST DAS EIN WITZ?
DU HAST GEDROHT, SIE ZU VERGIFTEN? MEINETWEGEN? SO SÜSS!
ABER ES WAR KEIN GIFT IM SPIEL.
FAST.

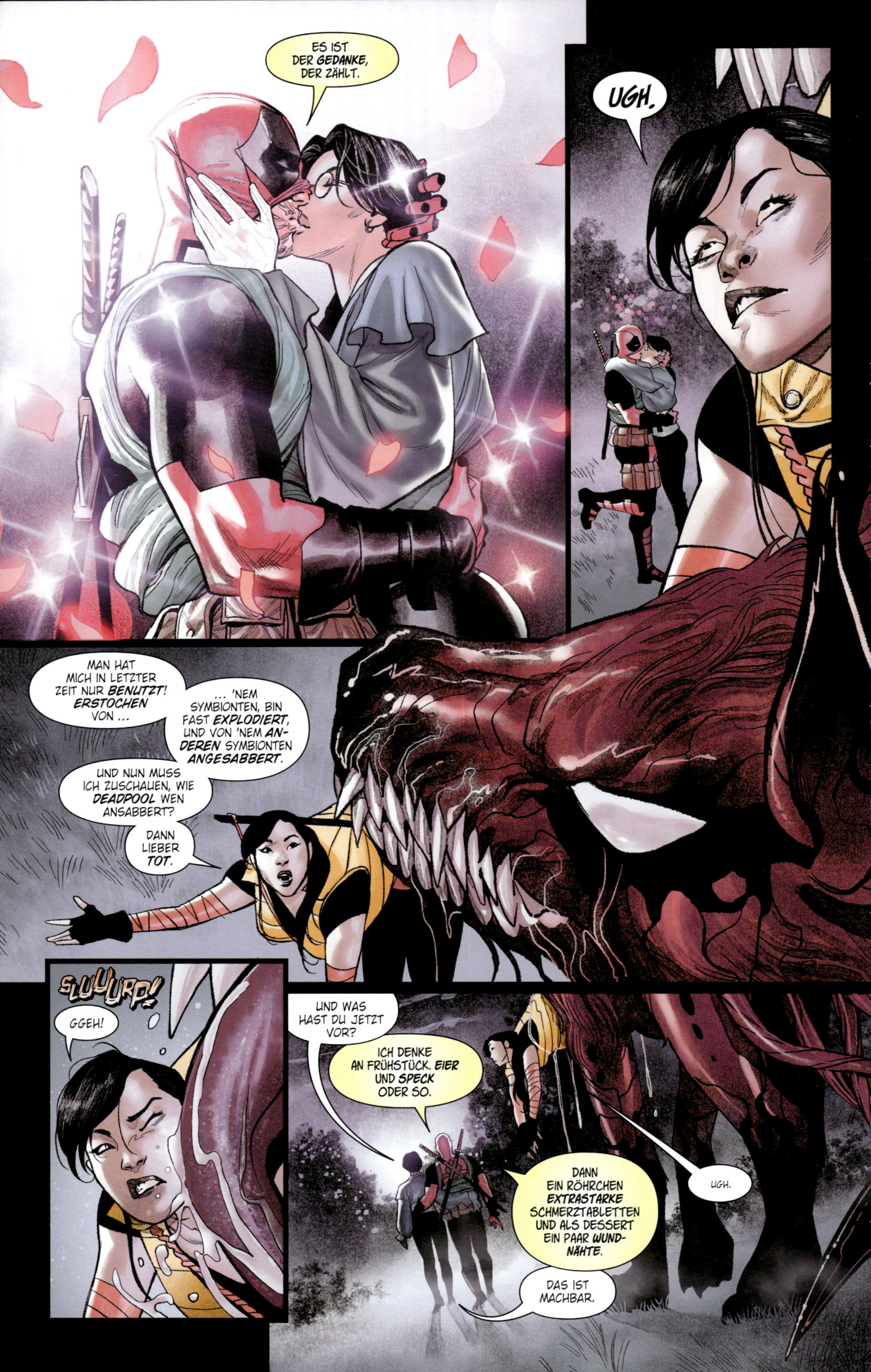
ES IST DER GEDANKE, DER ZÄHLT.
UGH.
MAN HAT MICH IN LETZTER ZEIT NUR BENUTZT! ERSTOCHEN VON ...
... 'NEM SYMBIONTEN, BIN FAST EXPLODIERT, UND VON 'NEM ANDEREN SYMBIONTEN ANGESABBERT.
UND NUN MUSS ICH ZUSCHAUEN, WIE DEADPOOL WEN ANSABBERT?
DANN LIEBER TOT.
SLUUURP!
GGEH!
UND WAS HAST DU JETZT VOR?
ICH DENKE AN FRÜHSTÜCK. EIER UND SPECK ODER SO.
DANN EIN RÖHRCHEN EXTRASTARKE SCHMERZTABLETTEN UND ALS DESSERT EIN PAAR WUNDNÄHTE.
UGH.
DAS IST MACHBAR.

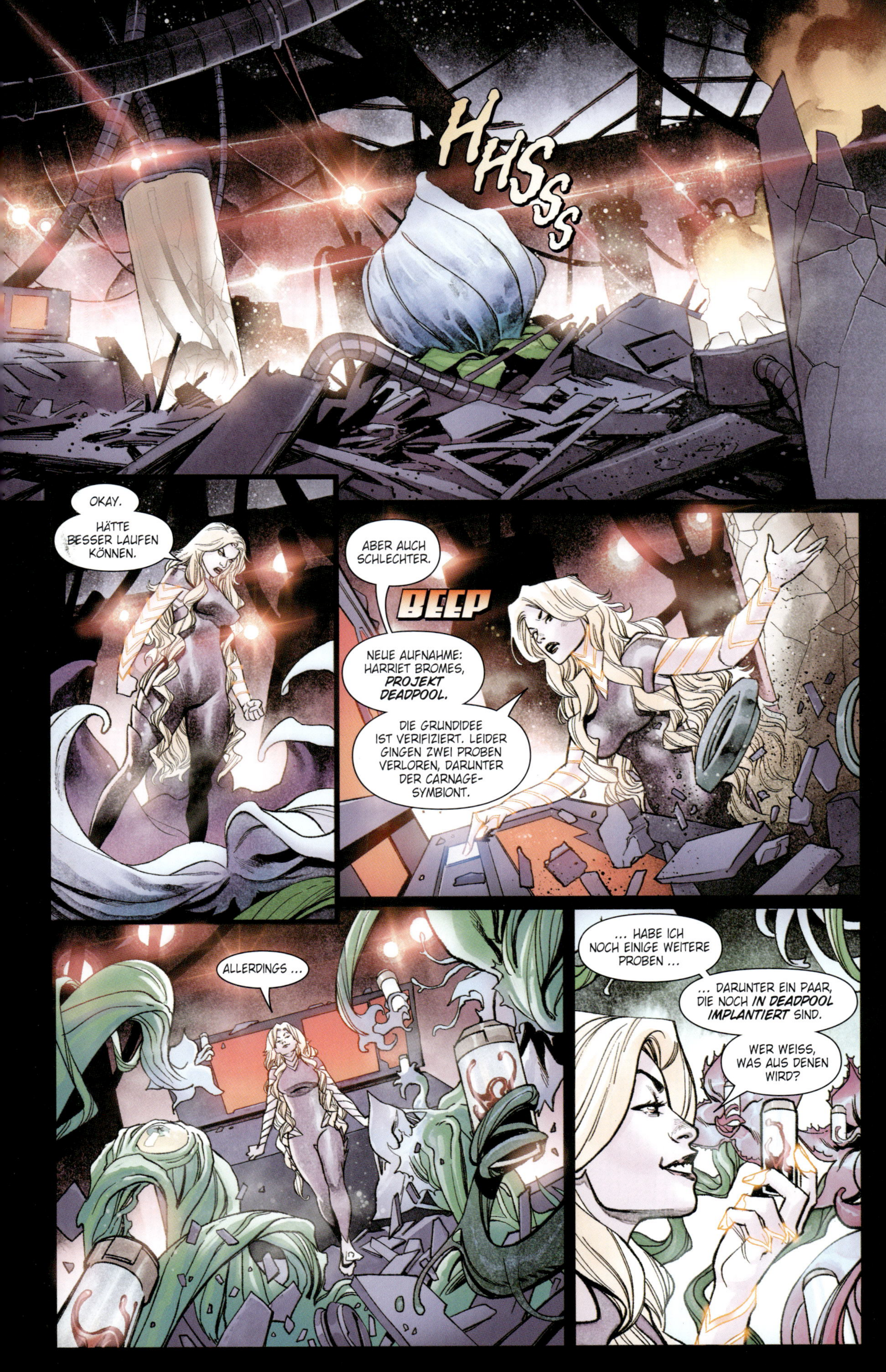
HHSSS
OKAY.
HÄTTE BESSER LAUFEN KÖNNEN.
ABER AUCH SCHLECHTER.
BEEP
NEUE AUFNAHME: HARRIET BROMES, PROJEKT DEADPOOL.
DIE GRUNDIDEE IST VERIFIZIERT. LEIDER GINGEN ZWEI PROBEN VERLOREN, DARUNTER DER CARNAGE-SYMBIONT.
ALLERDINGS ...
... HABE ICH NOCH EINIGE WEITERE PROBEN ...
... DARUNTER EIN PAAR, DIE NOCH IN DEADPOOL IMPLANTIERT SIND.
WER WEISS, WAS AUS DENEN WIRD?

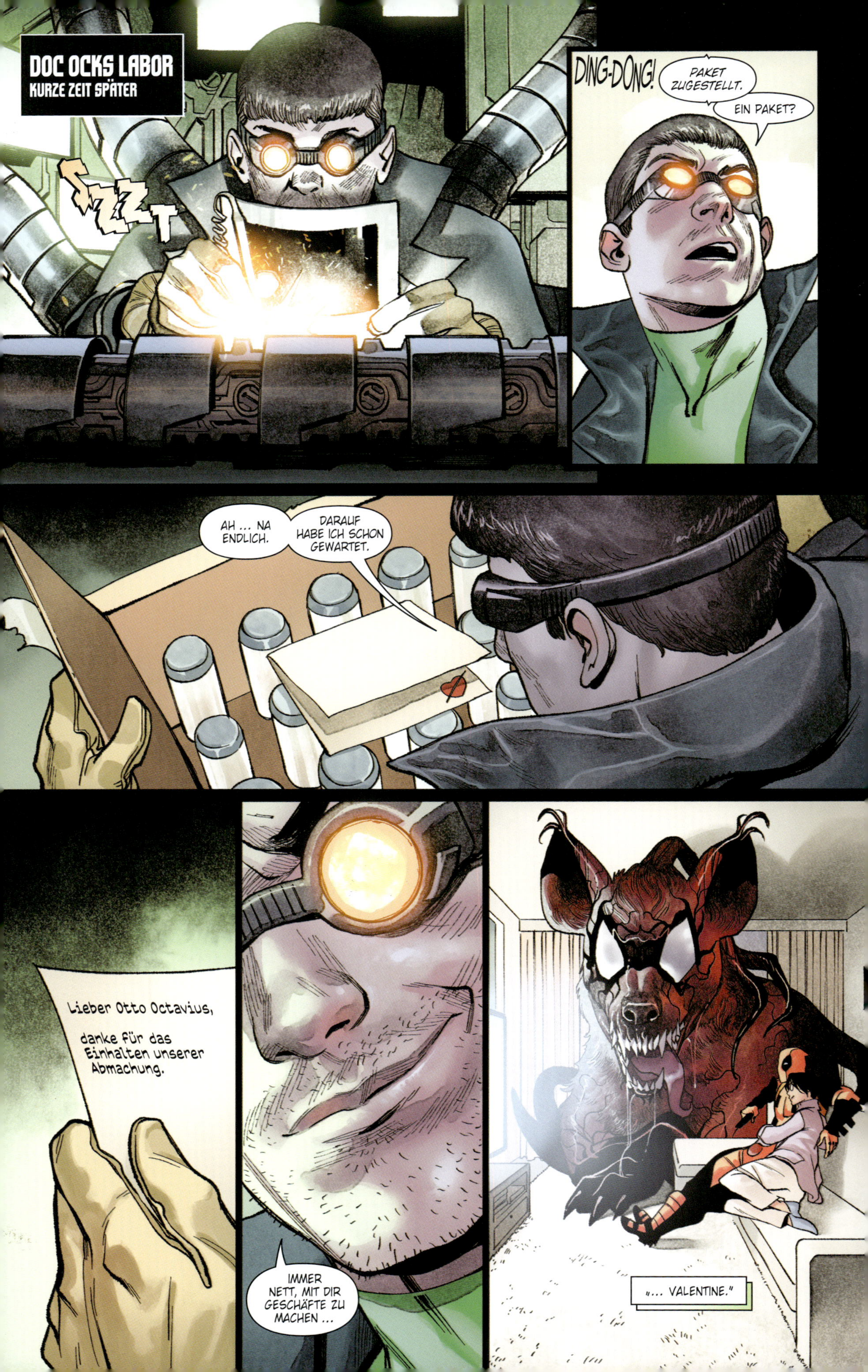

DOC OCKS LABOR
KURZE ZEIT SPÄTER
SZZZT
DING-DONG!
PAKET ZUGESTELLT.
EIN PAKET?
AH ... NA ENDLICH.
DARAUF HABE ICH SCHON GEWARTET.
Lieber Otto Octavius,
danke für das Einhalten unserer Abmachung.
IMMER NETT, MIT DIR GESCHÄFTE ZU MACHEN ...
„... VALENTINE."

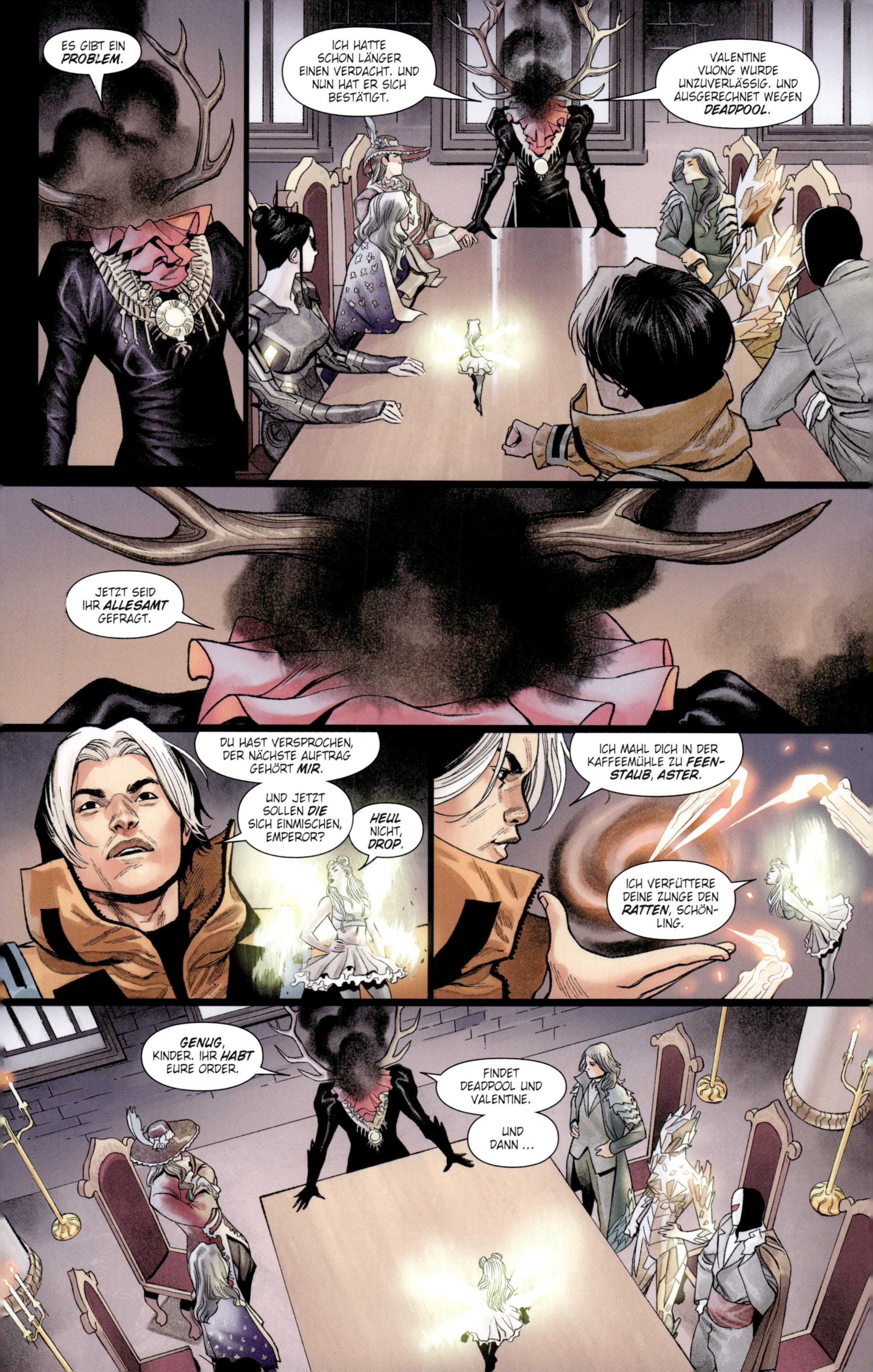
ES GIBT EIN PROBLEM.
ICH HATTE SCHON LÄNGER EINEN VERDACHT. UND NUN HAT ER SICH BESTÄTIGT.
VALENTINE VUONG WURDE UNZUVERLÄSSIG. UND AUSGERECHNET WEGEN DEADPOOL.
JETZT SEID IHR ALLESAMT GEFRAGT.
DU HAST VERSPROCHEN, DER NÄCHSTE AUFTRAG GEHÖRT MIR.
UND JETZT SOLLEN DIE SICH EINMISCHEN, EMPEROR?
HEUL NICHT, DROP.
ICH MAHL DICH IN DER KAFFEEMÜHLE ZU FEEN-STAUB, ASTER.
ICH VERFÜTTERE DEINE ZUNGE DEN RATTEN, SCHÖN-LING.
GENUG, KINDER. IHR HABT EURE ORDER.
FINDET DEADPOOL UND VALENTINE.
UND DANN ...

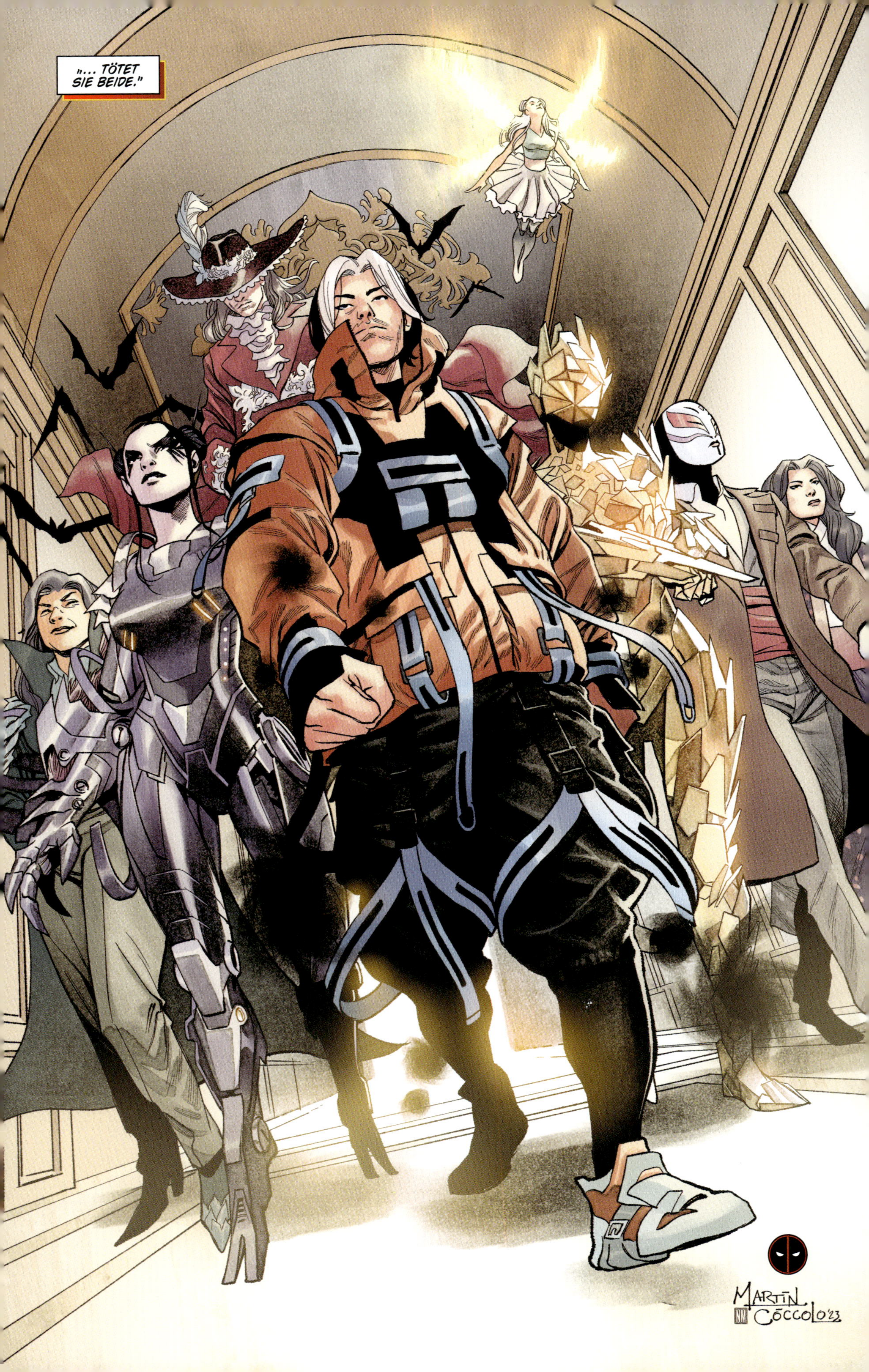
"... TÖTET SIE BEIDE."
MARTÍN CÓCCOLO '23

Lieber Otto Octavius,

Sie kennen mich nicht, aber ich will nur Ihr Bestes.

Atelier nimmt neue Killer als Mitglieder auf und vergibt zu diesem Zweck Aufnahmeprüfungen. Sie sind als potenzielles Opfer für die Kandidaten im Gespräch. Noch ist keine Entscheidung gefallen, aber sie steht kurz bevor.

Atelier wird Sie früher oder später auswählen, ob Sie nun vorbereitet sind oder nicht. Vielleicht wäre der einfachste Weg, dies zu überleben, indem sichergestellt wird, dass Sie für dieses Jahr ausgewählt wurden ... und dafür zu sorgen, dass die Kandidaten zu unfähig sind, die ihnen gestellte Aufgabe zu erfüllen.

Denken Sie darüber nach. Und wenn Sie bereit sind, lassen Sie es mich wissen.

Herzlichst

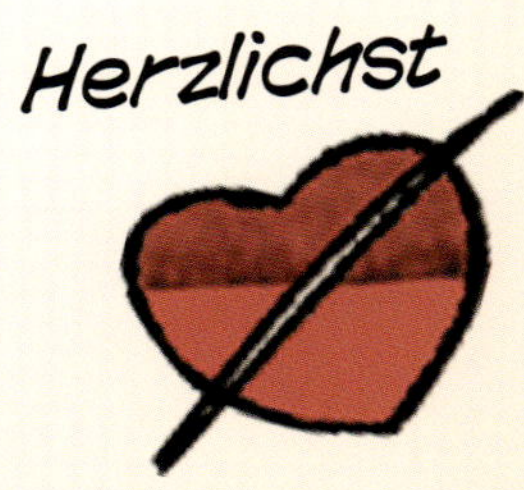

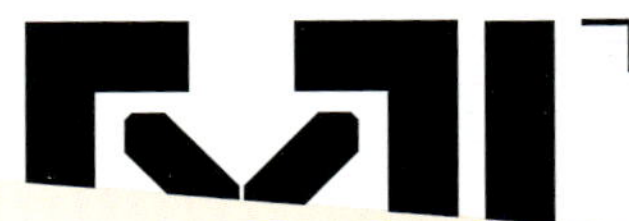

Lieber Otto Octavius,

danke für das Einhalten unserer Abmachung.

Bitte nehmen Sie das Beiliegende als Zeichen meiner Wertschätzung an.

Ich melde mich wieder.

Herzlichst

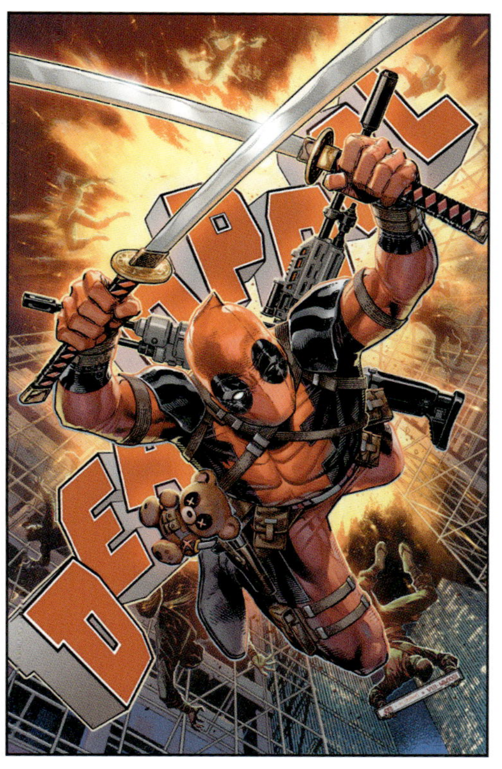

Deadpool (2023) 1
Variant-Cover von **JIM CHEUNG**

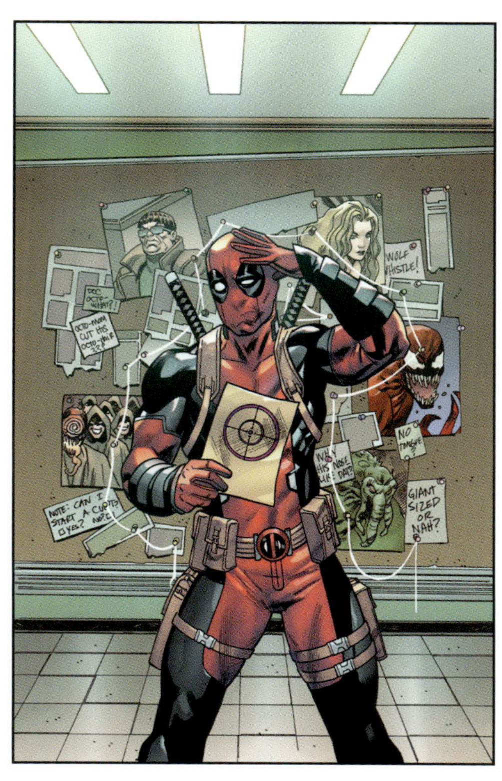

Deadpool (2023) 1
Variant-Cover von **MIKE HAWTHORNE**

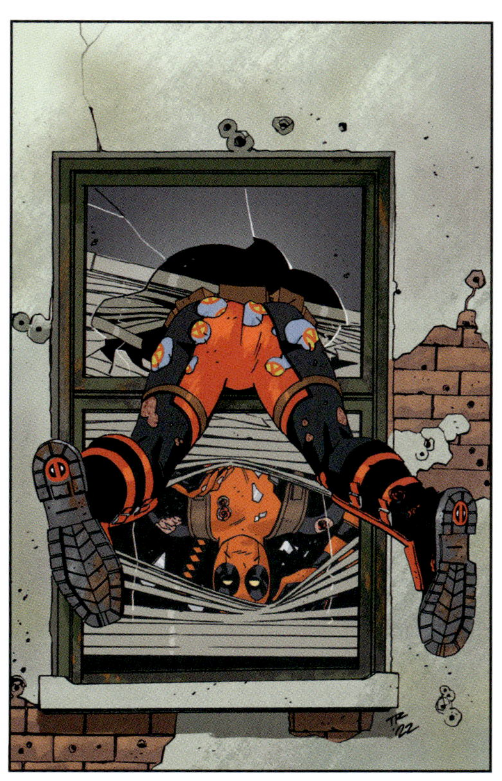

Deadpool (2023) 1
Variant-Cover von **TOM REILLY**

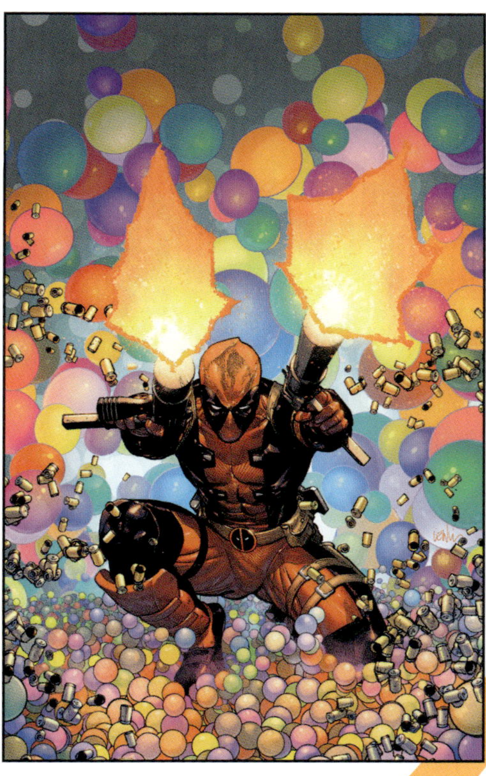

Deadpool (2023) 1
Variant-Cover von **LEINIL FRANCIS YU**

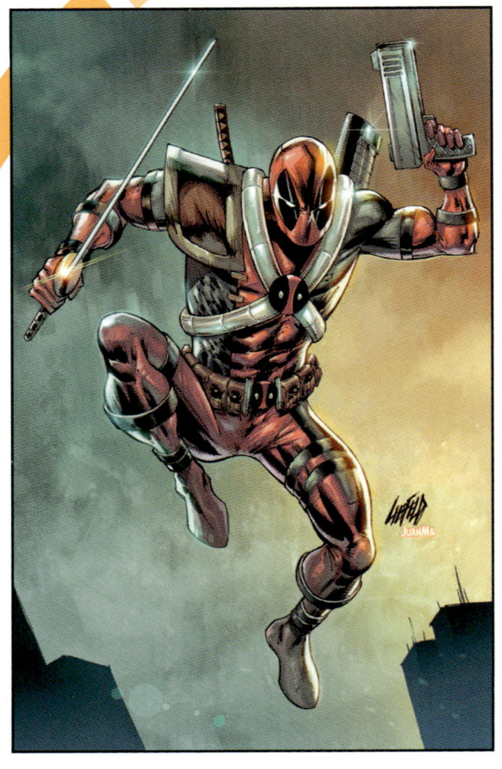

Deadpool (2023) 1
Variant-Cover von **ROB LIEFELD**

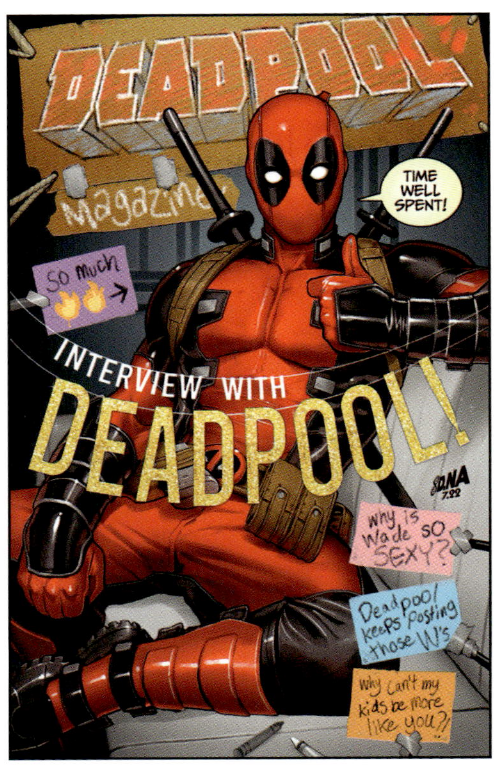

Deadpool (2023) 1
Variant-Cover von **DAVID NAKAYAMA**

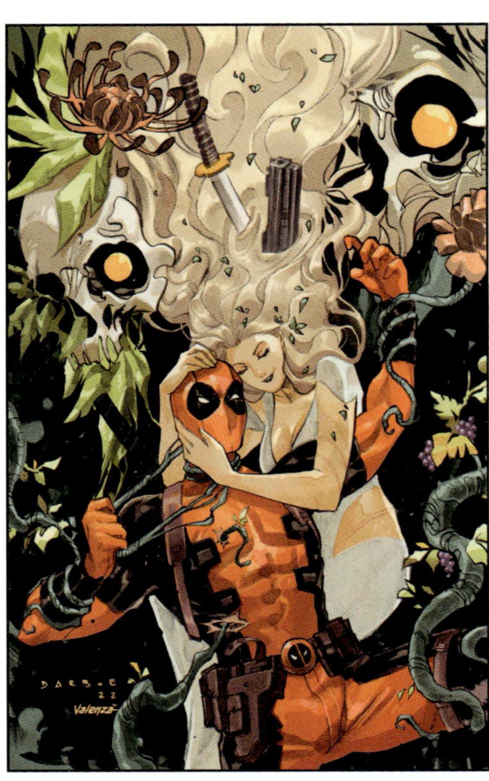

Deadpool (2023) 2
Variant-Cover von **KAREN S. DARBOE**

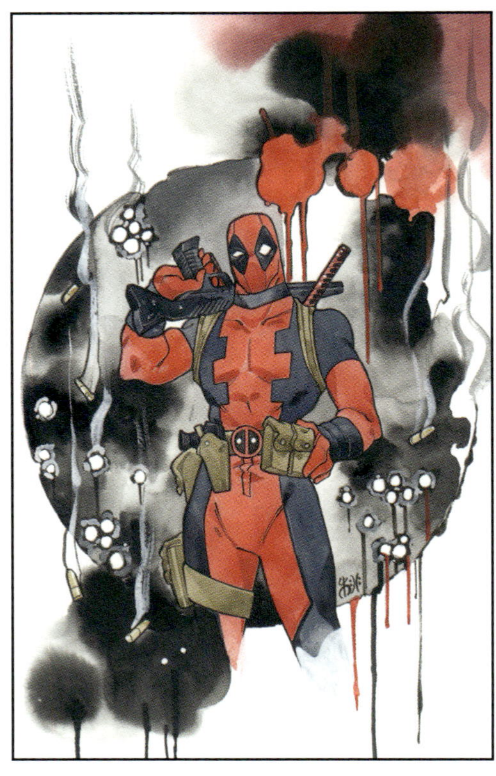

Deadpool (2023) 2
Variant-Cover von **PEACH MOMOKO**

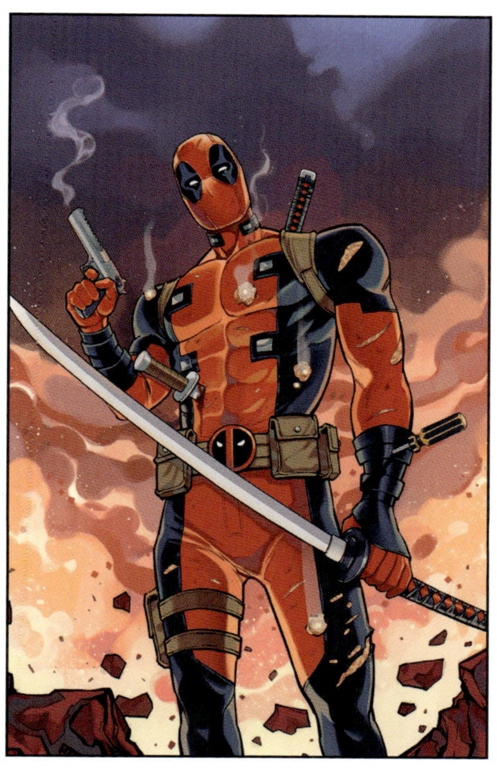

Deadpool (2023) 3
Variant-Cover von **ROMY JONES**

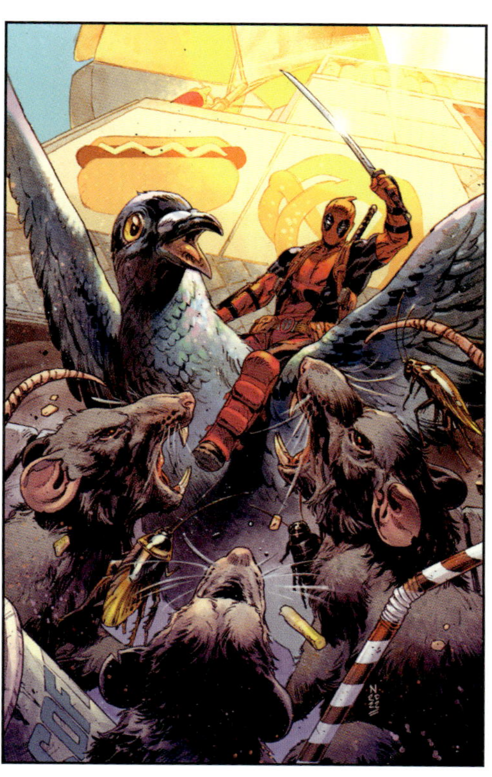

Deadpool (2023) 4
Variant-Cover von **NIC KLEIN**

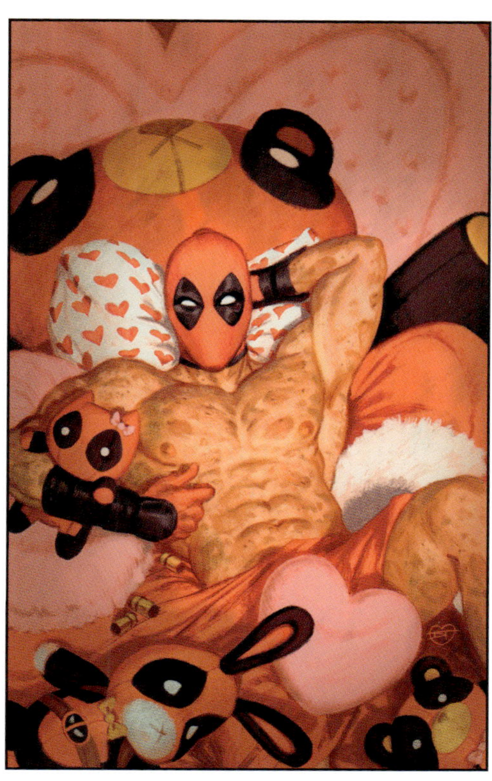

Deadpool (2023) 5
Variant-Cover von **DAVID TALASKI**

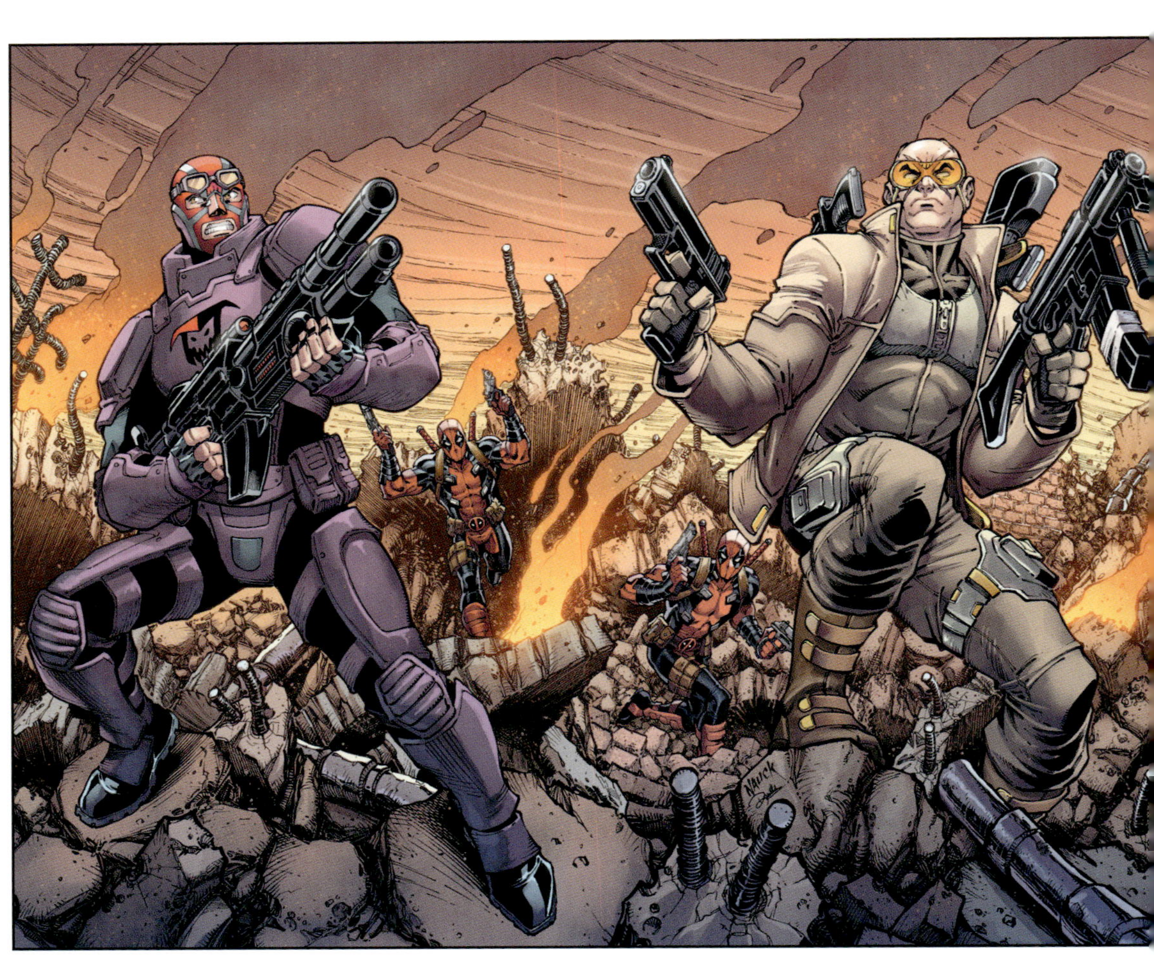

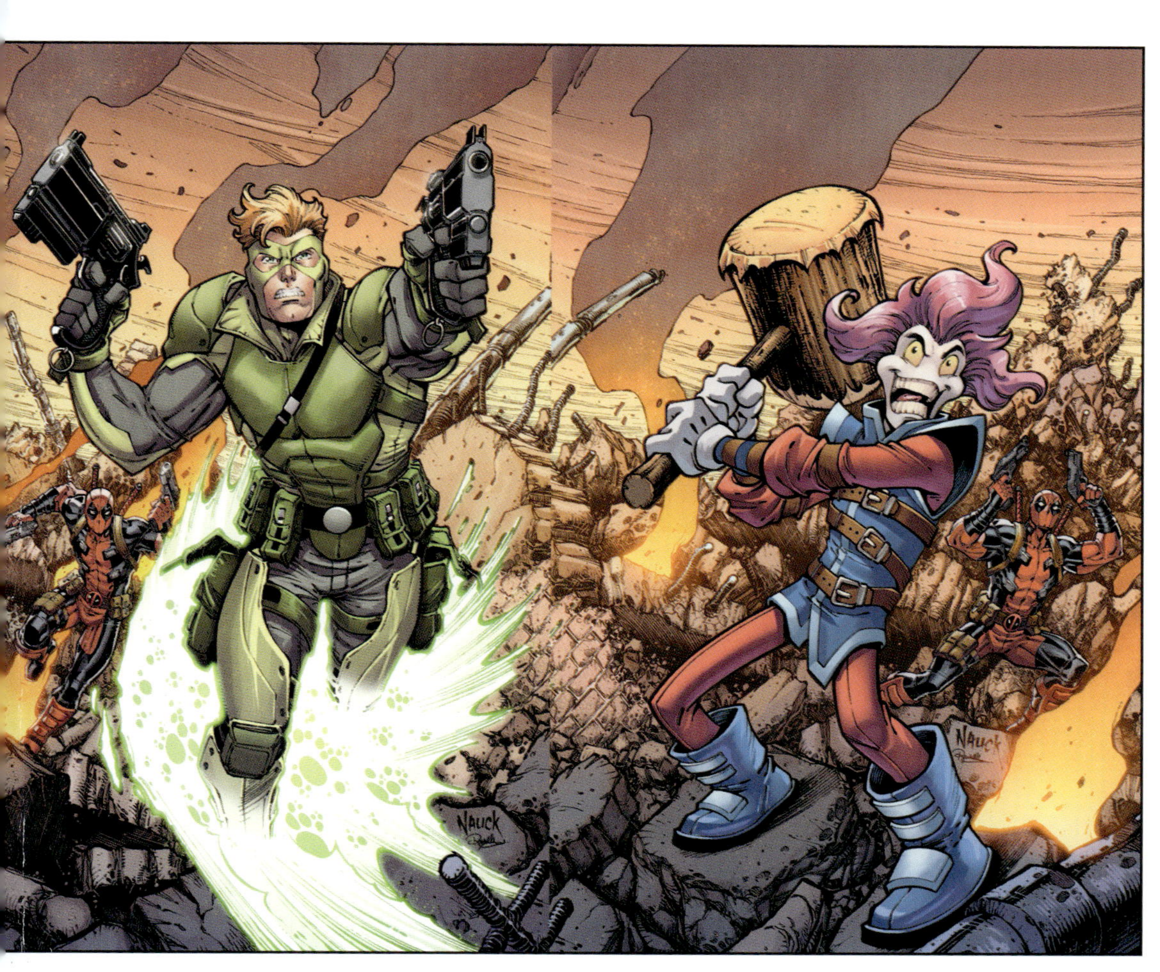

Deadpool (2023) 2-5
Variant-Cover von **TODD NAUCK**

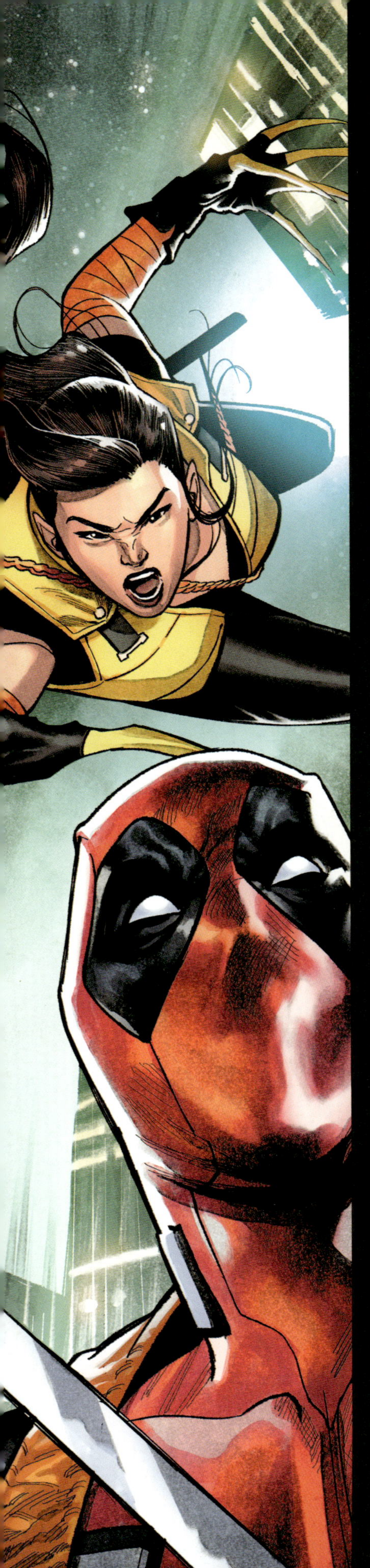

POOL-GEPLÄNKEL

NATURVERBUNDEN

2021 stand die Welt nicht nur unter dem Einfluss der Coronapandemie, sondern auch einer starken Umwelt- und Klimabewegung. In der Folge schickte das Haus der Ideen eine eigene radikalere Version von DCs Poison Ivy an den Start. Während die Gegnerin des Dunklen Ritters ihre Opfer mitunter an fleischfressende Pflanzen verfüttert, beabsichtigt Marvels Variante, die gesamte Menschheit zum Schutz des Planeten auszurotten. **Harrower** feierte ihr Debüt in *Avengers: Curse of the Man-Thing* 1. Die Idee zur Figur stammt von Autor **Steve Orlando**, mit der Gestaltung wurde **Carmen Carnero** betraut. Die Künstlerin wählte eine Frau mit Albinismus, auch Noach-Syndrom genannt, um farbliche Kontraste zu setzen.

Harriet Bromes, wie die Bio-Terroristin mit bürgerlichem Namen heißt, fiel schon als Kind durch unsoziales Verhalten auf. Aufgrund ihrer Wutausbrüche wurde die Halbwaise von sieben Schulen verwiesen. Der Vater starb bei einem Brand, nachdem beide der Zivilisation den Rücken gekehrt hatten. Harriets Großtante **Augusta Bromes** nahm das Mädchen bei sich auf und schürte ihren Hass auf die Gesellschaft. Tatsächlich ist Augusta der Kopf von **Hordeculture** – eine Vereinigung vier betagter Wissenschaftlerinnen, die auf Manipulation und Verbreitung botanischer Lebensformen spezialisiert ist und schon den **X-Men** das Leben schwer machte. Auch das Quartett träumt davon, auf der Erde ideale ökologische Bedingungen zu schaffen, allerdings ohne die Menschen auszulöschen. Als Harriet sich der Zauberei zuwandte und die Technik von Hordeculture magisch optimierte, erregte sie den Unmut der wissenschaftsaffinen älteren Damen. Harriet packte ihre Koffer, nahm den Namen Harrower an und begann, den Planeten in ihrem Sinne „umzupflügen“. Um das Ökosystem von der Spezies Homo sapiens zu reinigen, wählte sie das Sumpfwesen **Man-Thing** als tödliches Werkzeug aus. Harriet klaute die Kräfte der Kreatur, riss ihr das Rückgrat samt Gehirn heraus und stürzte die Erde ins Chaos. Mithilfe der **Avengers**, X-Men und **Spider-Man** stoppte das wiedergenesene Man-Thing den Amoklauf von Harrower.

Thomas Witzler